谨以此书
致敬西安交通大学管理学院恢复建院40周年

中国工程院院士
是国家设立的工程科学技术方面的最高学术称号，为终身荣誉。

中国工程院院士传记

汪应洛传

（修订版）

李志杰 吕绚丽 编著

科学出版社

人民出版社

内 容 简 介

　　汪应洛院士是举世公认的著名教育家、管理科学与工程专家，中国现代管理教育的奠基人和开拓者之一。他创建了中国管理工程学科和管理学门类，重建西安交通大学管理学院，培养了中国大陆（内地）第一位管理工程博士。在国内最早开办培养既具有工程知识又有管理能力的高级管理人才的工业工程双学位，最早开办国内 MBA、EMBA 教育。作为国务院学位委员会管理科学与工程学科评议组召集人、国家自然科学基金委员会管理学科评审组组长、长江三峡工程重大科学技术研究专家组专家，汪应洛院士为国家经济社会发展、管理学科建设和西安交通大学管理学院的发展作出了重大贡献。他学识渊博，著作等身，科研成果丰硕，桃李满天下，是广大青少年学子和科技工作者学习的榜样。

　　本书通过翔实的文史资料和丰富精美的图片，记录和彰显了这位管理科学泰斗的多彩人生与卓越的教学科研成果。本书适合管理学等领域的专业研究者、科研工作者、教育工作者，以及社会各界群众，尤其是广大青少年学习与阅读，亦是学习科学家精神的良好读本。

图书在版编目（CIP）数据

　　汪应洛传 / 李志杰，吕绚丽编著 . -- 修订版 . -- 北京：科学出版社，2024. 10. -- （中国工程院院士传记）. -- ISBN 978-7-03-079571-7

　　Ⅰ . K825.1

中国国家版本馆 CIP 数据核字第 2024R0N434 号

责任编辑：张　莉 / 责任校对：邹慧卿
责任印制：师艳茹 / 封面设计：有道文化

科学出版社 出版
北京东黄城根北街 16 号
邮政编码：100717
http://www.sciencep.com

北京中科印刷有限公司印刷
科学出版社发行　各地新华书店经销
*
2024年10月第　一　版　开本：720×1000　1/16
2024年10月第一次印刷　印张：25　插页：12
字数：330 000

定价：**98.00 元**
（如有印装质量问题，我社负责调换）

汪应洛　中国工程院院士

国务院学位委员会管理科学与工程学科评议组成员合影（前排右二为汪应洛）

1995 年，全国工商管理硕士教育指导委员会第二次全体会议参会人员合影
（前排左五为汪应洛）

汪应洛（中）与中国工程院院士李京文（左）、中国工程院院士张寿荣（右）

汪应洛（中）与中国工程院院士刘源张（左）及其夫人

汪应洛参加中国管理学家代表团访美，在华盛顿纪念碑前留影

20 世纪 80 年代，汪应洛访问加拿大多伦多大学

汪应洛（左二）、李怀祖（右二）接待来访的加拿大管理学院院长 R. 史密斯
（Roger Smith）和米鲁斯（Rolf Mirus）教授

汪应洛（左）与诺贝尔经济学奖获得者罗伯特·A. 蒙代尔
（Robert A. Mundell）座谈

2005 年 9 月，汪应洛（左一）、刘源张（中）两位院士到企业调研

2005 年 4 月 19 日，汪应洛（左）、殷瑞钰（中）、何继善（右）三位院士
考察三峡大坝

2001 年，汪应洛（左二）出席第四届管理国际会议

2006 年 10 月 23 日，汪应洛在中美工程技术研讨会工程管理论坛上作报告

汪应洛在机械工程国际会议上发言

汪应洛（右一）参加机械工程国际会议

汪应洛（中）与张迈曾（左）、王树国（右）

2009 年 12 月 16 日，汪应洛院士（右二）、孙林岩教授（右一）、吕绚丽博士
（左一）应香港与交大联合知识管理与创新研究中心李荣彬教授（左二）
邀请参观香港科技园未来研究中心

2007 年，汪应洛在首届现代制造业项目管理高层论坛上发言

2007 年，参加全国工程哲学学术年会（前排左二为汪应洛）

2005 年，汪应洛（左）与陈劲教授参加中国－欧盟科技战略高层论坛

2005 年，汪应洛参加中国－欧盟科技战略高层论坛时留影

2006 年，汪应洛（右二）参加中美工程技术研讨会管理论坛

2007 年，汪应洛（前排中）参加中国工程院主办的工程科技论坛

汪应洛（左二）参加中国管理科学与工程论坛学术委员会扩大会议
（右二为杨善林院士）

汪应洛参加中国廉政建设国际合作项目陕西省警示训诫防线网络系统专家鉴定会

2008 年 9 月 6 日，汪应洛（左）在鄂尔多斯沙湾煤矿调研

2006 年，李寿生（右）、宋远方（左）看望汪应洛（中）

汪应洛在香港城市大学工程科技论坛上发言

汪应洛（左二）与外国专家等合影

在西安交通大学管理学院主办的知识管理与领导力国际会议上，汪应洛（右）与"智力资本之父"利夫·埃德文森（Leif Edvinsson，左）、西安开米公司董事长于文（中）合影

2002 年，汪应洛获西安交通大学首届"伯乐奖"

汪应洛在光华工程科技奖颁奖大会上发言

2015 年 10 月，汪应洛院士获得"复旦管理学终身成就奖"

汪应洛与夫人张娴如女士在西安交通大学校园

汪应洛夫妇在结婚 50 周年纪念日与部分学生合影

汪应洛全家福

汪应洛与家人和学生在一起

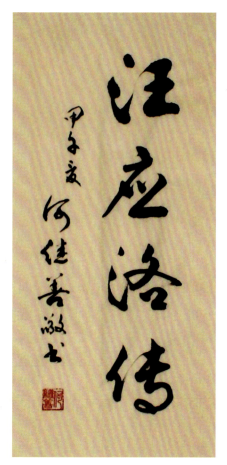

何继善院士为《汪应洛传》书写的书名

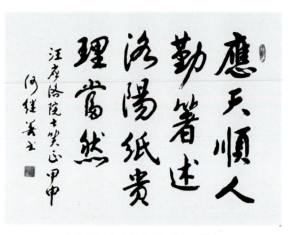

何继善院士给汪应洛的题字

中国工程院院士传记丛书

总　序

20 世纪是中华民族千载难逢的伟大时代。千百万先烈前贤用鲜血和生命争得了百年巨变、民族复兴，推翻了帝制，肇始了共和，击败了外侮，建立了新中国，独立于世界，赢得了尊严，不再受辱。改革开放，经济腾飞，科教兴国，生产力大发展，告别了饥寒，实现了小康。工业化雷鸣电掣，现代化指日可待。巨潮洪流，不容阻抑。

忆百年前之清末，从慈禧太后到满朝文武开始感到科学技术的重要，办"洋务"，派留学，改教育。但时机瞬逝，清廷被辛亥革命推翻。五四运动，民情激昂，吁求"德、赛"升堂，民主治国，科教兴邦。接踵而来的，是国民大革命、10 年内战、14 年抗日和 4 年解放战争。恃科学救国的青年学子，负笈留学或寒窗苦读，多数未遇机会，辜负了碧血丹心。

1928 年 6 月 9 日，蔡元培主持建立了中国近代第一个国立综合性科研机构——中央研究院，设理化实业研究所、地质研究所、社会科学研究所和观象台四个研究机构，标志着国家建制科研机构的诞生。20 年后，1948 年 3 月 26 日遴选出 81 位院士（理工53 位，人文 28 位），几乎都是 20 世纪初留学海外、卓有成就的科学家。

中国科技事业的大发展是在新中国成立以后。1949 年 11 月 1

日成立了中国科学院，郭沫若任院长。1950—1960 年有 2500 多名留学海外的科学家、工程师回到祖国，成为大规模发展中国科技事业的第一批领导骨干。国家按计划向苏联、东欧各国派遣 1.8 万各类科技人员留学，全都按期回国，成为建立科研和现代工业的骨干力量。高等学校从新中国成立初期的 200 所增加到 600 多所，年招生增至 28 万人。到 21 世纪初，高等学校 2263 所，年招生 600 多万人，科技人力总资源量超过 5000 万人，具有大学本科以上学历科技人才达 1600 万人，已接近最发达国家水平。

新中国成立 60 多年来，从一穷二白成长为科技大国。年产钢铁从 1949 年的 15 万吨增加到 2011 年的粗钢 6.8 亿吨、钢材 8.8 亿吨，几乎是 8 个最发达国家（G8）总年产量的 2 倍。水泥年产 20 亿吨，超过全世界其他国家总产量。中国已是粮、棉、肉、蛋、水产、化肥等第一生产大国，保障了 13 亿多人口的食品和穿衣安全。制造业、土木、水利、电力、交通、运输、电子通信、超级计算机等领域正迅速逼近世界前沿。"两弹一星"、高峡平湖、南水北调、高公高铁、航空航天等伟大工程的成功实施，无可争议地表明了中国科技事业的进步。

党的十一届三中全会以后，实行改革开放，全国工作转向以经济建设为中心。加速实现工业化是当务之急。大规模社会性基础建设，大科学工程、国防工程等是工业化社会的命脉，是数十年、上百年才能完成的任务。中国科学院张光斗、王大珩、师昌绪、张维、侯祥麟、罗沛霖等学部委员（院士）认为，为了顺利完成中华民族这项历史性任务，必须提高工程科学的地位，加速培养更多的工程科技人才。中国科学院原设的技术科学部已不能满足工程科学发展的时代需要。他们于 1992 年致书党中央、国务院，建议建立"中国工程科学技术院"，选举那些在工程科学中做出重大的、创造性成就和贡献、热爱祖国、学风正派的科学家和工程师为院士，授予终身荣誉，赋予科研和建设任务，请他们指导学科发展，培养人才，对国家重大工程科学问题提出咨询建议。中央接受了他们的建议，于1993年决定建立中国工程院，聘请30名中国科学院院士和遴选66名院士共96名为中国工程院首批院士。于1994年6月3日，召开了中国工程院成立大会，选举朱光亚院士为首任院长。中国工程院成立后，全体院士紧密团结全国工程科技界共同奋斗，在各条战线上都发挥了重要作用，做出了新的贡献。

中国的现代科技事业比欧美落后了200年。虽然在20世纪有了巨大进步，但与发达国家相比，还有较大差距。祖国的工业化、现代化建设，任重道远，还需要有数代人的持续奋斗才能完成。况且，世界在进步，科学无止境，社会无终态。欲把中国建设成科技强国，屹立于世界，必须持续培养造就数代以千万计的优秀科学家和工程师，服膺接力，担当使命，开拓创新，更立新功。

中国工程院决定组织出版"中国工程院院士传记"丛书，以记录他们对祖国和社会的丰功伟绩，传承他们治学为人的高尚品德、开拓创新的科学精神。他们是科技战线的功臣，民族振兴的脊梁。我们相信，这套传记的出版，能为史书增添新章，成为史乘中宝贵的科学财富，俾后人传承前贤筚路蓝缕的创业勇气、魄力和为国家、人民舍身奋斗的奉献精神。这就是中国前进的路。

宋健

2012年6月

第 一 版 序

汪应洛先生是我国管理工程类教育与研究的开拓者,是我国系统管理学科的奠基人之一,是一位成就卓著的管理工程专家和教育家。在汪先生的主持下,西安交通大学管理学院自20世纪80年代初恢复建立至今,保持着国内一流管理学院的地位,并成为我国西部乃至全国培育高层次管理人才的摇篮。汪先生精勤育人,桃李满天下。他作为试点协作组组长,积极推动了我国工商管理硕士的培养工作。他培养出了我国大陆(内地)第一位管理工程博士。汪先生在担任国务院学位委员会学科评议组召集人期间,推动设立了管理科学与工程一级学科,相继推动设立了管理学门类,为扩大培养创新型管理人才作出了突出贡献。汪先生的学术思想和丰硕的成果,奠定了他在中国管理学领域的泰斗地位。我作为西安交通大学的前任校长,对他在西安交通大学发展和建设中的奉献精神表示钦佩与敬仰。

我与汪先生在中国工程院工程管理学部共事十余年,汪先生不遗余力地把自己的毕生热情和智慧完全地倾注于国家经济与社会发展中,以敏锐的洞察力和创新的思维,以及不断开拓的精神和勇气,率先将系统工程和管理工程的理论与方法综合应用于解决管理与工程实践及社会经济问题,完成了多项国家科研项目,为国家、经济发展作出了卓越贡献。他是老一辈交大人形象的代表,西安交通大学为有汪先生这样杰出的教授而感到无比自豪和骄傲。

　　中国工程院组织出版《汪应洛传》，我很高兴应邀作序。《汪应洛传》的出版，既是汪先生治学精神和科研成果的总结，也是读者了解中国管理科学发展史的好教材。

郑南宁

2014 年 5 月 22 日

本 版 序

　　汪应洛先生主持的西安交通大学管理学院恢复建院已经40周年了。西安交通大学在管理学院恢复建院40周年庆典之际，给复建的管理学院首任院长汪应洛先生竖立雕像，修订再版《汪应洛传》，使汪应洛先生的光辉形象永驻校园，我对此极力赞同，故欣然应邀为再版《汪应洛传》作序。

　　汪应洛先生是创建中国管理工程学科和管理学门类的重要贡献者，培养了我国大陆（内地）第一位管理工程博士，在国内最早开办培养兼备工程知识与管理理论知识的工业工程双学位高级管理人才，最早升办国内MBA、EMBA教育。汪应洛先生作为国务院学位委员会管理科学与工程学科评议组召集人、国家自然科学基金委员会管理学科评审组组长、长江三峡工程重大科学技术研究专家组成员，为管理学科建设和国家经济社会发展作出了重大贡献，他是公认的著名科学家、教育家，是中国现代管理教育的奠基人和开拓者之一。

　　《汪应洛传》的作者李志杰和吕绚丽是汪应洛先生不同时期的学生，他们亲受汪先生的教诲，热忱追随汪应洛恩师研习管理科学，他们融入亲身经历和切身感悟，以翔实史料和生动笔触，撰写出版了《汪应洛传》，把汪应洛先生的高风亮节和卓越教学科研成就彰显于世，受到广大读者的一致好评。

　　在西安交通大学管理学院恢复建院40周年之际，作者又将新发现的汪应洛先生晚年的一些教学科研成果等珍贵史料补充修订到新版《汪应洛传》中，使该书更加完整和准确地呈现汪应洛先生的精神风貌和管理学泰斗形象。读者研读这本修订版的《汪应洛传》，一定会被汪应洛先生厚重的家国情怀、攀登管理科学高峰的坚强意志和为振兴中华所作出的卓越贡献而感动，从而激发起爱祖国、爱科学、敢开拓、多贡献的情怀！

　　是为序。

中国工程院院士

2024 年 9 月 9 日

前　言

　　汪应洛自 1980 年参加中国管理学家代表团访美归来，就在国内率先开展和大力推动战略管理的理论研究与应用推广，在其 1982 年主编的《系统工程导论》一书中专列有"战略研究"一章。20 世纪 80 年代初期，汪应洛参加了"山西能源重化工基地发展战略研究"工作，并提出我国发展战略研究的理论框架，建立了发展战略的模型体系，在国内率先推动了运用系统工程的理论方法进行发展战略的研究。此后，汪应洛指导一批博士生广泛开展了战略研究方法论的研究和战略决策组织行为学的研究，先后出版了《战略研究理论及企业战略》《战略决策》两本专著。

　　同时，汪应洛广泛开展发展战略研究，曾先后参加"2000 年的中国"发展战略研究，如"2000 年的中国"中的"人口与经济协调发展"、"2000 年的教育"中的定量分析研究，三峡区域经济发展战略研究，欧亚大陆桥与东西双向开放战略研究，图们江经济区和东北亚国际贸易发展战略研究，以及我国管理科学学科发展战略研究等。

　　汪应洛首先在国内将系统工程、管理工程与工业工程融会贯通、有机结合，形成具有特色的决策理论和决策分析方法。特别是在大型工程决策方面，他以三峡特大型工程的决策分析为背景，开展了系统深入的研究，从而形成了大型工程决策的理论框架和方法论体系。此项成果获得国家教育委员会（简称国家教委）科技进步奖一等奖，并在国家科学技术委员会（简称国家科委）组织的长江三峡工程综合经济论证中得到实际应用。

随着计算机在管理决策中的广泛应用，汪应洛早在20世纪80年代初期就开始研究决策支持系统（decision support system, DSS）及其在社会经济系统中的应用，其中支持决策全过程的决策支持系统具有创新性。20世纪90年代初期，汪应洛开始研究智能化决策支持系统，并承担了陕西省科技、经济、社会协调发展的智能化决策支持系统的研制任务，担任首席专家，完成了开发任务。

在战略研究中，需要深入研究系统运行规律和机制，同时需要研究维持系统全面、长期、稳定发展的调控机制。汪应洛及其弟子席酉民率先开展了"和谐理论"的研究，用定性与定量相结合的方法，分析系统的和谐程度，寻求系统从不和谐转化到和谐的状态，使系统形成总体和谐机制，达到一个和谐的整体，并提出了系统状态和谐性诊断模型。

随着现代社会的发展，将会出现许多规模庞大、结构复杂、影响因素众多、内部因素与外部环境交互影响的复杂大系统，这就要求人们创造新的方法和理论，以适应社会发展的需要。20世纪90年代初期，汪应洛与弟子许进创造性地提出了一种研究复杂大系统的新理论和新方法——系统的核与核度理论。这种方法能够抓住系统的关键和本质，通过参数核度进一步刻画系统的核，为系统分析开辟了一个新领域。现在已经取得了重要成果，弄清了核度及网络顶点数固定条件下系统网络可能具有最大的或最小的网络结构及相应的构造方法，研究了在核与核度意义下的优化理论。在应用方面，将系统核与核度应用于可靠通信网络的优化设计、信息交流网络系统、管理科学中的组织行为问题、社会心理学问题等，特别是在人工神经网络的应用研究方面取得了令人满意的成果。

20世纪80年代初期，汪应洛受国家教委委托，在国内倡导应用系统工程的定性与定量相结合的研究方法，并建立了教育规划模型，编制了全国和省（区、市）级教育规划模型的软件。此项研究成果被国家教委采纳，并协助国家教委制定了全国教育规划，还为国务院发展研究中心研究"2000 年的中国"中的"2000 年的教育"提供了定量分析的科学方法。为此，汪应洛获得国家教委科技进步奖二等奖和国务院发展研究中心的嘉奖。1984 年，国务院责成国家教委等单位组织制定全国人才规划，汪应洛研究并提出了人才规划的系统分析方法，被采纳后，受命协助国家教委组织全国 80 多个部委和单位研究制定了全国人才规划。同期，中国系统工程学会教育系统工程专业委员会成立，汪应洛当选为主任委员。

从 20 世纪 90 年代开始，汪应洛着手研究多层次科技人才的选拔、培养，特别是高层次管理人才的培养教育，以适应社会主义市场经济发展的需要。早在 20 世纪 80 年代后期，他就向国务院学位委员会建议培养工商管理硕士（MBA）。20 世纪 90 年代初期，国务院学位委员会批准设立工商管理硕士学位，汪应洛及其领导的西安交通大学管理学院参加了首批试点任务，他作为试点协作组组长积极推动了我国工商管理硕士的培养工作，培养出了我国大陆（内地）第一位管理工程博士。汪应洛深邃的学术思想和丰硕的成果，奠定了他在中国管理学领域的崇高地位。

作　者

目　　录

中国工程院院士传记

汪应洛

传（修订版）

第|一|章

抗日烽火
浸染的童年

第一节　安徽芜湖是故乡

　　汪应洛出生于安徽芜湖，位于长江南岸的芜湖是一座有着2600多年历史的著名古城。1930年5月21日汪应洛就出生在这个历史悠久、工业发达、商贸繁荣、文化深厚的地方。

　　汪应洛的父亲汪石清毕业于上海美术专科学校，在芜湖一所中学担任美术教师。他对中国传统文化有着很深的造诣，尤其偏爱程朱理学，所以用北宋理学四大学派——濂派、洛派、关派、闽派的名称为自己的孩子取名，希望他们遵从理学思想，修身立业，报国济民。汪石清同原配夫人共生育了3个孩子，为长子取名"汪应濂"，为次子取名"汪应洛"，第三个孩子是女孩，就按儒学传统为其取名"汪应模"，希望她长大后做一个贤妻良母、女中楷模。汪石清给抱养来的朋友妹妹的孩子，也就是汪应洛的小弟弟取名"汪应关"，仍然以理学学派取名。

汪应洛夫妇偕儿子汪时奇重归安徽故里

理学是宋代以后儒家学说的核心内容。以北宋哲学家周敦颐为首的理学（即道学），人称"濂派"。汪应洛之名来源于以北宋理学家程颢、程颐兄弟为首的理学"洛派"。

南宋理学家朱熹在浙闽创宗立派，世称理学"闽派"。如果汪石清再得第四子，其名将是"汪应闽"了。

20世纪30年代的中国，军阀混战，匪盗横行，外夷侵扰，天灾频繁，实为时局动荡，民不聊生。汪石清携家带口赴南京谋生，经友人介绍，进入国民政府财政部当职员，一家人才有了比较稳定的经济来源。1936年，6岁的汪应洛进入南京实验小学一年级读书。

天资聪颖的汪应洛受当教师的父亲影响，对读书有着非常浓厚的兴趣。他进入正规的南京实验小学后，发奋读书，努力学习，在这个难得的学习环境中汲取知识的营养。

第二节　重庆八年磨难多

1937年，抗日战争全面爆发，汪应洛平静的求学生活被打乱，汪石清一家随国民政府财政部由南京迁到重庆后，住在财政部的家属宿舍内。1937～1943年，汪应洛先后在重庆广益小学、隆昌师范附小、重庆德精小学上学，1943年，他从重庆德精小学毕业。

非常重视孩子教育的汪石清希望自己的孩子能在重庆较好的中学读书。当时重庆最著名的中学是南开中学，但它位于重庆郊区，距离国民政府财政部家属区较远。当时社会治安比较混乱，交通不便利，让孩子离家比较远去上中学，实在有许多不便之处。于是，汪石清将汪应洛、汪应濂送到了离家较近的巴蜀学校上学。

在重庆，巴蜀学校是声名仅次于南开中学的著名学校，创办于1933年，创建人是原国民政府四川省主席王缵绪。巴蜀学校坐落于嘉陵江畔的张家花园，是一座集幼稚园、小学、初中和高中于一体的著名学校。创办初期，著名爱国人士黄炎培亲荐教育家周勖成出任首任校长，著名人士卢作孚、康心如、何鲁等担任校董，定下了"公正诚朴"的校训。抗日战争期间，周恩来在巴蜀学校操场发表过爱国斗争的演讲。著名教育家、作家叶圣陶

1940年，汪应洛（右）与哥哥汪应濂合影

创作了《巴蜀学校校歌》。1950年，巴蜀学校由西南军政委员会接办，改为西南局干部子弟学校。1954年西南大区撤销后，校中各部独立分设，中学部改为重庆市第四十一中学。1958年，学校被评为重庆市中学唯一"白面红旗"。第四十一中学于1978年被定为四川省首批重点中学，1991年更名为巴蜀中学。

巴蜀中学（前身为巴蜀学校）校门（摄影：吕绚丽）

黄炎培是创建巴蜀学校的有力推手，他是中国教育家、实业家、政治家，也是中国民主政团同盟的主要发起人之一。他立志教育救国，竭尽全力倡导和推行职业教育，对中国近现代学制的演变，以及传统教育的改革作出了极大的贡献。

黄炎培着重推荐优秀教育家周勖成担当重任入川办学。作为首任校长，周勖成力主"创造一个新的学校环境，实验一些新的学校教育"。不论是军政要员的孩子，还是贫穷寒家的孩子，只要是巴蜀学校学生，都要有"科学的头脑，劳工的身手，前进的思想，合作的精神，平民的生活，纪律的行动，艺术的兴趣，爱国的观念"；对教师的要求是建立在"以身作则的基础上"的"导师信条"："专业的精神，德业的修养，丰富的知识，教学的技能，纯正的思想，慈爱的心地，强健的身体，耐劳的习惯"。在周勖成校长的苦心经营下，巴蜀学校很快成为四川教育界的一颗明珠。建校三周年时，黄炎培入川考察，下轮船后首先到巴蜀学校参观，他对学校的发展给予高度评价，称学校"处处见不苟精神"。后来黄炎培还多次在巴蜀学校作报告，他的博学多才和炽热的爱国情怀对汪应洛产生了深远的影响。

黄炎培的夫人姚维钧当时在巴蜀学校任教，她是汪应洛的国文教师。日本帝国主义的残酷侵略、颠沛流离的逃亡生活，让汪应洛产生了强烈的读书救国思想。在巴蜀学校这么好的学习环境中，又遇到姚维钧这样优秀的老师，汪应洛的学习劲头更大了。受父亲儒家思想的影响，汪应洛对中华传统文化本来就有着浓厚的兴趣，现在又有名师姚维钧授课，因而他的国文学习成绩总在班里名列前茅。抗日战争时期，重庆不断遭到日军飞机的轰炸，学校难以正常上课。姚维钧除了在课堂上认真给学生授课外，还经常给学生安排一些家庭学习内容，以便学生在不能来校上课时，在家里仍能坚持学习，不致耽误功课。每逢在家躲避警报，汪应洛便在父亲的指导下自学《唐诗三百首》《古文观止》等文学典籍，并坚持写作文，打下了坚实的文学基础，为日后从事教学和著述创造了良好的条件。可以说，姚维钧的人格魅力和学术造诣对汪应洛产生了极大的影响。

读书救国的思想促使汪应洛对各门功课都十分珍爱，尤其对数理化更是下苦功夫。初中三年，他的学习成绩总是全班前一二名。他认真学习数学，为日后考取工科大学打下了坚实的基础；他爱好英文，为后来学习国外管理工程研究成果创造了有利的条件。当时，汪应洛的班上有位同学家住重庆英国大使馆附近，大使馆每个周日都放露天电影，这位同学就经常带汪应洛去大使馆看英语电影，增强了他学习英语的兴趣，他的英语水平在潜移默化中得到了提高。

汪应洛爱好广泛，在学习之余，他十分喜欢看文艺演出。抗日战争期间，大批思想进步的文化工作者集聚重庆，重庆的文化队伍空前壮大，成为大后方的文化中心。汪应洛家附近就住有不少电影明星、作家、记者，如白杨、张瑞芳等，他们经常进行抗日宣传、演出活报剧和话剧。汪应洛对这些进步话剧很感兴趣，从中感受文艺工作者的爱国精神。

彼时的重庆，一直是日本侵略者攻击的主要目标之一，对其狂轰滥炸，妄图摧毁而后快。

1938 年 2 月 18 日至 1943 年 8 月 23 日，日本侵略者对重庆进行了长达 5 年半的轰炸。据不完全统计，在此期间日本对重庆实施轰炸超过 200 次，出动 9000 多架次飞机，投弹 11 500 枚以上。重庆死于轰炸者 10 000 人以上，超过 10 000 幢房屋被毁，市区大部分繁华地区被破坏。轰炸时不分前线及后方，亦不以军事目标为主要对象，反而多以居民区、繁华的商业区等为目标。

1940 年 5 月，日本发动"101 号作战"，由陆、海军同时对中国后方进行轰炸。陆军主要以山西运城为基地，海军的主要基地为汉口。轰炸重庆的日机超过 2000 架次。8 月 19 日的轰炸尤为惨烈，日本海军投入超过 140 架轰炸机，以零式战机护航轰炸，重庆 2000 多户民居被毁，被称为"八一九"大轰炸。

1941 年初，日军在发动太平洋战争前先向中国集中力量进行空袭，发动名为"102 号作战"的大规模轰炸。有一天，汪应洛上学时，日军飞机突然空袭，路上火光冲天，横尸遍野。他冒着刺鼻的浓烟，赶快往家里跑，越过坍塌的建筑和焦土赶到自己家附近时，房屋已不复存在，成为一片废墟，家人亦不知去向。他在火海中呼喊亲人，四处找寻，最后在江边找到了父亲和母亲。

日军飞机大轰炸给重庆人民带来了深重的灾难，汪应洛家的房子被炸毁，全家人逃到重庆郊外去避难。在这一时期，无家可归，寄人篱下，难以读书，汪应洛就同小伙伴们在田野中玩耍。他们在乡村中追逐游戏，在农田中采摘豌豆苗，放在小锅里，在地上挖个坑，拾来柴火煮豌豆苗吃。这些多少减轻了战乱积攒在孩子们心头上的烦恼。警报解除后，他们又回到重庆，赁屋居住，焦急地等待着战争的结束。

随着时局的变化，身为财政部职员的汪石清深刻认识到国民政府财政政策的腐败是政治腐败的缩影，于是在 1946 年下半年离开国民政府财政部，赴上海经商办企业。

第三节　汪石清弃政经商

汪石清携一家老小由重庆来到上海，和朋友一起做水果生意。重庆地区出产橘子，价格便宜，他和朋友一起租船从重庆贩卖橘子到上海出售。当然他也贩运重庆地区出产的其他一些土特产。汪应洛的一个表哥在美国读书，看到美国在第二次世界大战以后有很多剩余物资，如呢绒军大衣等物资非常丰富，就同汪石清做纺织品进出口生意，把呢绒产品运到上海销售，这些产品在上海十分受欢迎，所以做纺织品贸易生意利润可观，汪石清因而逐渐有了一定的经济实力。后来，汪石清的朋友卢绪章拉他一起做医药生意。中华人民共和国成立前夕，上海局势紧张，卢绪章和汪石清的医药公司在经营上遇到了很大困难。后来，汪石清才知道，卢绪章是地下共产党员，他以经营医药公司为掩护，实际上是给解放区弄药品与医疗器械。他之所以拉汪石清一起做，是基于对汪石清人品及业务能力的高度信任。中华人民共和国成立前，出于形势发展的需要，卢绪章动员汪石清办工厂，工业救国。正是在卢绪章的帮助下，汪石清走上了为发展民族工业而奋斗的新道路。上海解放后，汪石清先后与友人经办天胜实业公司、侨商实业公司等，搞化工生产。1952年，这些工厂经营遇到困难，汪石清不得不变卖家产，用自己的积蓄支付工人工资，最后还是破产歇业了。

第|二|章

力圆读书
救国梦

1946 年，汪应洛从重庆来到上海，对一切都感到很陌生。汪应洛在重庆巴蜀学校时的一个同学以前在上海生活，对上海的学校比较熟悉，便介绍汪应洛去上海徐汇中学初中三年级插班学习。从此，汪应洛就进入了上海徐汇中学，一直读到高中毕业。

徐汇中学是地处繁华喧嚣的徐家汇商业中心的一所古老、宁静的学校，是一所特色创新学校，创办于清道光三十年（1850 年）。

道光二十九年（1849 年），江南地区洪水泛滥，到上海徐家汇的难童很多，徐家汇本地居民无力食养，便将难童送至徐家汇天主教堂，请求徐家汇司铎设法收容并施以教育。时任徐家汇耶稣会院长的晁德莅慨然允诺，即拨茅屋数间，以充教室。

1931 年，教会向中国政府教育部门办理立案登记，易名徐汇中学。1949 年上海解放后，实行学校教育和宗教分离的政策，并取消分院制。1953 年 6 月学校改为市立，并开始招收女生，现校址为虹桥路 68 号。

汪应洛进入上海徐汇中学，来到一个崭新的学习环境，十分高兴。由险象环生的重庆到了相对比较安静的上海教会学校，汪应洛获得了十分难得的学习机会，他潜心学习，努力实现读书救国的理想。他早出晚归，在学校埋头苦读，学习成绩十分优秀。徐汇中学是法国人创办的教会学校，学生第一年学习法语，再学习英语，因而学生都有较好的外语水平。徐汇中学位于交通大学[①]旁边，许多功课都是请交通大学的教授来讲授的，教会学校经费充足，也乐意聘请著名教授来校任教，以提高学校的教育质量，扩大学校的社会影响。汪应洛的物理学就是交通大学著名教授许国宝讲授的，数学、

① 交通大学，前身为南洋公学，1896 年由中国近代著名实业家、教育家盛宣怀创办。20 世纪 50 年代中期，学校响应国家建设大西北的号召，根据国务院决定，迁往西安，在迁校过程中，一度分为交通大学上海部分和西安部分。1959 年 7 月，经国务院批准，分别建制，交通大学上海部分启用"上海交通大学"校名，交通大学西安部分启用"西安交通大学"校名。

化学都是交通大学教授授课的。

徐汇中学西校区现校址

　　徐汇中学是教会学校，不允许参与政治活动，请交通大学教授来校授课，但不支持教授和学生从事政治活动。这在客观上给学生提供了更多的读书和学习的时间。在这种环境中，汪应洛扎扎实实地读了三年书，为今后的科研工作打下了坚实的基础。

第三章

进入交通大学成为新中国首届大学生

第一节　交大同窗张娴如

1949年5月，上海解放，汪应洛也高中毕业了。在报考大学时，他最早是先报考的上海圣约翰大学，因为他的高中母校徐汇中学是教会学校，圣约翰大学也是教会学校，是美国人支持办的，在当时的上海是中国一流的大学。该校与国际接轨，出国留学也比较方便。后来，汪应洛考虑到已经解放了，再去上教会学校似乎不大妥当。当时交通大学离徐汇中学很近，许多交通大学的教授给自己授过课，交通大学的"民主堡垒"形象在社会上很有名。交通大学招生条件要求很高，学生们都以能考入交通大学为荣，许多全国知名中学都以考入交通大学学生人数的多少来衡量这一级高中毕业生的质量。苏州中学每年做毕业生考入大学的名录统计，总把交通大学排在第一位，其次是浙江大学等。当时交通大学的招生考试录取比例，大都是二三十人中取一人，所以成绩一般的学生，对交通大学都是望而却步的。汪应洛学习基础好，又在徐汇中学得到了交通大学名师的培养，所以他报考了交通大学。结果汪应洛被圣约翰大学和交通大学同时录取，但他最终选择了交通大学。

一天，在交通大学入学考试报名处，汪应洛遇见了一位身材娇小、端庄文静的女生，当时她正在一位男青年的陪伴下报名应考。两人双目对视，汪应洛立刻对这个女孩产生了好感。入学后，在新生体检时，他又与这个女孩邂逅。后来，新生正式报到，他惊喜地发现，他们竟是同班同学，她叫张娴如，是全班仅有的两名女生之一。他们都是新中国自己培养的第一批大学生。

汪应洛和张娴如在上海徐汇区的交通大学上学，图为交通大学校门

　　1949 年 10 月 1 日，中华人民共和国成立，交通大学全体师生员工在大草坪上举行了国旗升旗典礼，鸣礼炮 12 响，并在校内进行庆祝大游行。这是一个令人欢欣鼓舞的日子。饱受战乱之灾、备尝颠沛流离之苦的汪应洛站在鲜艳的五星红旗之下，心情格外激动。交通大学是一座神圣的知识殿堂，是他实现读书救国梦的地方。中华人民共和国的成立，为他大展宏图、报效祖国铺平了道路。他觉得自己是幸运儿，赶上了充满光明、前途似锦的好时代。同时，他又感到自己肩负着历史重任，作为新中国的首届大学生，应该义无反顾地扛起科技兴国、振兴中华的大旗，为祖国的繁荣富强作贡献。他下定决心加倍努力学习，在本专业领域有所建树，做建设新中国的栋梁之材。

　　在同班同学中，史维祥是一名地下共产党员，他以前在学校是学科技类专业的，后来组织上调他到上海市委党校学习，毕业后本来要分配他去上海公安局工作，因为国家经济建设需要科技人才，提倡科技人才归队，便把史维祥召回了交通大学。史维祥同汪应洛同班级、同小组，还住在同一宿舍。他们这个小组有六七个人，班里仅有的两名女同学张娴如、张宝琴都在他们这个组。史维祥是交通大学党组织的领导成员之一，负责组织发展工作。他政治立场坚定，工作作风稳健，待人忠诚友善，学习刻苦努力，是同学们一致推崇和爱戴的核心人物。汪应洛追求进步，所以更喜欢同史维祥接近，他以史维祥为榜样，积极参加各种社会活动，阅读政治书刊，不断提高自己的思想觉悟。史维祥告诉汪应洛，作为学生，要成为一名共产党员，不但要积极完成组织交给自己的各项任务，还必须把自己的学习搞好，在学习上起带头作用。汪应洛禀赋聪颖，学习成绩一直优秀，在史维祥的影响下，他学习更加刻苦，上课更加认真听讲，课后作业总比其他同学提前完成，得到了大家的一致好评。

汪应洛积极参加学校组织的各种社会活动。学校举行的"保卫世界和平、庆祝中华人民共和国诞生"晚会，让他感受到了新生的交通大学的勃勃生机，激发了他热爱新中国、热爱中国共产党的政治热情。他同全校师生员工一起参加了上海市庆祝开国暨保卫世界和平百万人示威大游行，参加迎接中华人民共和国成立后第一个新年的师生员工义务劳动，清洁校园，修筑道路。

这一年，交通大学校委会将工业管理系改名为工业管理工程系，庄智焕教授任系主任。1950 年 6 月 20 日，许应期教授接任工业管理工程系主任。

20世纪80年代，汪应洛（右一）与交通大学北美校友会会长
李玉和院士夫妇在交通大学校门前合影

第二节　加入共青团和下厂实习

　　作为一名学生干部，汪应洛在努力搞好自己学习的同时，主动关心和帮助同学，带动大家积极参加各种社会活动，团结同学，活跃班级生活。平时，班内同学彼此交流不多，尤其是男女同学之间更少来往。汪应洛就主动接近班上的两位女同学。在食堂就餐时，两位女同学一块用餐，汪应洛就端着饭碗凑过去，同她们聊天闲谈，交流思想。在支持抗美援朝运动中，学校发起捐款活动，用于捐献一尊"交大"号高射炮。汪应洛带头捐了5元钱，在他的影响下，张娴如也捐献了5元钱，以表达自己的爱国之情。

　　这件事情让汪应洛对张娴如更加有了好感，他怀着忐忑不安的心情，送给了张娴如一张自己的小照片，在照片的背面写下了这样

汪应洛于1951年加入中国
共产主义青年团时留影

几句话："娴如同志留念：开始了大学生活，这时上海已经解放，但是我的思想还未真正地解放。应洛。"感情的涟漪已耀出缕缕邻光，稚嫩的年轻心灵涌动着喜爱的波涛，深受儒家思想影响的汪应洛，用这样的形式和语言表达着对张娴如的情感。

　　汪应洛积极要求进步，学习努力，工作认真，在同学中树立了较高的威信，在被批准加入中国共产主义青年团时，他怀着激动的心情又给张娴如送了一张

自己的照片，在照片背面写道：

娴如同志留念：

真正有意义的生活开始了……在党和团组织的培养和教育下，我初步认识了真理，坚定了为新民主主义事业奋斗到底的信念。我入团了！

应洛.1951

张娴如出身于职员家庭，性情文静，举止娴雅，思想进步。作为团支部委员，汪应洛主动找她谈学习，谈工作，谈思想，把她作为入团对象加以培养，使她的政治觉悟和认识水平有了很大的提高。

大学二年级，学校要安排汪应洛他们下厂实习。当时他们的一位授课教师是上海电机厂的管理干部，汪应洛就找张娴如商量，想通过这位老师进上海电机厂实习。张娴如很乐意去实习，他俩就一起找到这位老师沟通。因为汪应洛和张娴如都是成绩优异的学生，这位老师便很高兴地答应了他们的请求，还带了另外一名学生，共三名学生到上海电机厂实习。学习生产组织专业，下厂实习是很重要的一个环节，是理论联系实践、提高工作能力、开阔视野的好形式。他们到上海电机厂后，认真跟随技术人员学习绘图，参加工人班组劳动，了解生产工艺和组织管理体系，也学习一些设备操作和维修技能。他们同工厂的技术人员和工人打成一片，为完成工厂生产任务作出了有益的贡献。工厂给他们发了一些劳务津贴，他们用自己的劳动第一次挣到钱，心里非常高兴，学习、工作更加卖力了。他们每天按时相约乘班车去工厂上班，从不迟到和早退，受到了工厂领导和工人的一致好评。工厂实习生活使汪应洛和张娴如有了更多的接触，二人一起去工厂上班，一起参加劳动，加深了对彼此的了解，爱情的种子开始萌芽。

第三节　提前毕业搞建设

中华人民共和国成立以来，经过全国人民的艰苦奋斗和多方面的努力，国家财政经济状况得以根本好转，圆满地结束了三年国民经济恢复时期，不但度过了中华人民共和国成立初期一段艰难的岁月，而且为有计划的经济建设创造了条件。

大规模的经济建设高潮就要到来，国家急需技术和管理干部，中央决定，交通大学在中华人民共和国成立后招收的首届大学生提前毕业，四年制学生改为三年毕业。因此，本该1953年毕业的汪应洛、张娴如和他们的同学1952年就毕业了。党和政府对新中国的首批大学生寄予很高的期望，学校也加强了对这些学生的教育和培养。1952年9月，学校党组织讨论汪应洛的入党问题。张娴如作为要求进步的积极分子，也被邀请参加了汪应洛入党事宜的党员大会。会上，汪应洛介绍了自己的家庭背景、社会关系和对党组织的认识后，党支部和汪应洛的入党介绍人介绍了对他的培养与考察情况，与会党员对汪应洛的思想认识、政治觉悟、学习和工作成绩给予了高度评价。

在入党志愿书中，汪应洛忠诚地表述了自己的入党追求和对党的认识。他写道：

> 通过对共产主义理论的学习，我认识到共产主义社会是最幸福、最理想的社会。这里没有阶级也没有剥削，生产力空前提高，劳动是最光荣最愉快的事。劳动人民再也不会受到歧视

和压迫，人民的觉悟水平都提高到人类最高的道德标准。人民生活在团结友爱、积极劳动的社会里，过着和平的幸福的生活。为了共产主义事业的彻底实现，我有决心参加工人阶级的先锋队——中国共产党，用无产阶级的思想武装自己，做革命先烈的继承者，担负起保卫祖国和建设共产主义社会的神圣任务。

我坚信共产主义社会一定会到来的。中国共产党是真正代表人民最大利益的，党的政策是从群众中来又到群众中去的，因此必然会得到全国人民的支持而获得革命的最后胜利，过去的各种运动都充分说明了这一真理。同时我体验到，工人阶级的特征就是与大生产相结合的，由于生产力和生产关系得到了调整，所以生产是可以空前发展的，因此只有工人阶级的政党才能够领导全国人民走向共产主义社会。我坚决要放弃个人利益，批判非无产阶级立场和阶级利益，争取做一个光荣的共产党员，全心全意为劳动人民服务，为共产主义社会的实现奋斗到底。

汪应洛的入党介绍人史维祥对汪应洛作了这样的评价：

汪应洛同志出身于资产阶级家庭（现正走向没落），由于尚在青年阶段，又长期在学校中，所以剥削阶级的观点、思想等对其影响不深。通过长期党团的教育觉悟提高，能克服得较彻底，故在"五反"中与资产阶级斗争中表现得很坚决、主动。自入团一年多来，工作一贯地积极主动，作风亦能艰苦，如每晚工作到12点，很主动，说明有一定阶级觉悟。主要缺点为有点个人英雄主义，今后要继续努力，达到工人阶级化。

党支部会议讨论汪应洛入党的决议是：

支部大会认为汪应洛同志虽出身没落资产阶级家庭，但对其影响尚不是很深，在长期工作中未发现有严重的剥削阶级思想与行为。自入团以来进步很快，工作一贯积极负责，有主人翁态度，在每次中心工作中都积极响应党的号召，特别在"三反"、"五反"运动中对资产阶级的斗争及"打虎"工作中都立场很坚定，都发挥了革命的积极性，支部大会认为从行动中从他的对党的认识上都说明有无产阶级觉悟。另外汪同志存在着个人英雄主义的缺点，入党后要防止自满倾向，努力改造非无产阶级思想。同意他入党。

参加讨论汪应洛入党事宜的支部大会，让张娴如心情十分激动。她是一个洁身自好、矜持自信的女孩子，大学一年级时，和男同学接触不多，到了大学二年级，通过下厂实习，积极要求加入中国共产主义青年团，参与班级社会工作，她对汪应洛有了好感，但从来没有了解过他的家庭情况和社会关系，更没有刻意了解其他同学和老师对他的看法。在这次党支部大会上，党员们对他的评价如此之高，更激起了她对汪应洛的好感和崇敬。一散会，她立即跑回宿舍，对同学张宝琴讲述支部大会的情况，激动地说："真没想到汪应洛这个人竟这么好！"这时候，爱情的火花已经迸发。

不久，中共交通大学党委会批准汪应洛加入中国共产党，党委的审批意见是：

同意支部意见，批准汪应洛同志为中共候补党员。

汪同志已具备了一定的阶级觉悟，今后还需在党的教育下努力学习，提高阶级觉悟，克服个人英雄主义，树立正确的群众观点，密切与群众的关系，更好地为党的事业奋斗到底。

候补期一年，自 1952 年 9 月 3 日至 1953 年 9 月 3 日。

张娴如比较单纯，觉得只要汪应洛人好，两人又能谈得来，就可以做朋友，对家庭问题考虑不多。通过参加讨论汪应洛入党事宜的党员大会，张娴如对汪应洛的家庭才有了一些了解。当她知道汪应洛父亲与友人合伙经营天胜实业公司、侨商实业公司等，家境比较富裕时，对汪应洛有了更深刻的认识。在她的印象中，有钱人往往比较高傲，难以相处，她家一个有钱的亲戚就是这样，她就不喜欢同他们有过多来往。汪应洛虽出身民族资产阶级家庭，但他没有一点儿富家公子哥儿的不良习气。他勤奋好学，思想进步，待人谦和，生活简朴，平时衣着简单，冬天常穿一件对襟大棉袄，与周围同学相比，甚至显得有些土气。他工作认真，喜欢帮助别人，是一位值得信赖和依靠的好同学。她也了解到，汪应洛的父亲是一位受过美术专业教育、热爱中华传统文化、具有浓厚儒家思想的文化人，他还当过中学教师，做过国民政府财政部的职员，因厌恶国民党腐败无能而弃政从商，又在地下共产党的引导和支持下创办民族工业，生产国家急需的化工产品，思想比较开明。汪应洛作为新中国培养的大学生，能够正确处理家庭关系，既防止和消除资产阶级思想对自己的影响，又注重从家庭民族资本主义的生产经营方式中汲取生产组织方面的有用经验，丰富自己的专业知识，为新中国的经济建设服务，确实难能可贵。这是一个十分理想的终身伴侣，于是张娴如决定立即同汪应洛确定恋人关系。

没有花前月下的卿卿我我，没有优柔缠绵的书信往来，在平凡而又紧张的学习生活中自然而然摩擦出的感情火花逐渐升温成爱情之炬。在即将毕业分配之际，张娴如以交换一支钢笔的形式，成为汪应洛的未婚妻。

汪应洛毕业后留在交通大学任教，张娴如被分配到上海电机厂工作。上海电机厂以前在市区，后来搬到郊区，离学校较远，张娴如就在工厂里吃住。工厂里的共青团组织和她谈话，知道她积极申请加入中国共产党，就对她加以重点培养，有意识地给她压担子，让她承担较多的社会工作。她积极要求进步，工作特别卖力。一方面她要熟悉并开展自身的业务工作，另一方面要承担多种社会工作。中华人民共和国刚成立，全国都在学习苏联的生产和管理经验，工厂领导要她给技术人员教授俄语。她本人学习俄语的时间不长，便一边自学，一边给技术人员讲课。她还承担了工人业余学校的教学任务，工作之余，给工人读报，讲时事，还给工人教语文、数学，开展扫盲工作。她和工人打成一片，受到工人的欢迎和爱戴。她每天工作很忙碌，晚上回到宿舍，还要学习业务知识，有时星期天来到交通大学，汪应洛也总是忙忙碌碌，两人难得有时间一起玩耍。一对恋人就这样在各自的岗位上工作着、奋斗着。

在难得经常在一起的情况下，张娴如以一个姑娘特有的方式，向汪应洛表达着自己的感情。她特地到照相馆拍了一张照片，在背后写下这样一段话："应洛同志：经过党和人民的教育和培养，今天我终于成为一个人民的干部了。我要向工人阶级学习，以实际行动争取入党。你看着吧！"她把这张照片送给了汪应洛，也把一位姑娘的爱和决心送给了自己的爱人。

第|四|章

哈工大研究生
学习经历

第一节 成为首位管理学研究生

1952 年 11 月，教育部下达通知，要求各所大学派一批骨干人员到哈尔滨工业大学（简称哈工大）去学习。当时全国都在学习苏联，教育部聘请了一批苏联专家教授在哈工大办研究生班。哈尔滨有一批 20 世纪上半叶流亡到东北等地的俄裔居民，这里因而有比较好的学习俄语的语言环境，便于学生较快地掌握俄语。交通大学选派汪应洛等十多位年轻教师去哈工大学习。到交通大学上班才两个月，汪应洛又要去哈尔滨跟苏联专家读研究生，这对已与他确定了恋爱关系的张娴如来说，既高兴又恋恋不舍。虽然毕业后一个在学校，一个在工厂，离得比较远，见面不容易，但毕竟都在上海，星期天总可以抽点时间团聚一下。现在汪应洛要去哈尔滨上学，见面就更不容易了。张娴如心里充满了矛盾。但想到这是祖国建设的需要，也是有志青年大展宏图、立志报国的好机会，便毅然决然支持汪应洛去读研究生。

汪应洛前往哈尔滨报到，张娴如到火车站去送他。汪应洛的父亲、母亲和妹妹汪应模也到火车站送行，他们三人坐在候车室的座椅上，默默地望着不远处漫步惜别的两个年轻人。老人完全理解两个孩子此时此刻的心情，便没有打扰他们，让他们在这宝贵的时间里尽量多待一会儿。汪应洛和张娴如此时既有难舍难分的感情流露，但更多的是激情澎湃的相互鼓励和珍重嘱咐。汪应洛上了火车，随着汽笛一声长鸣，他辞别了家人、恋人，踏上了开往哈尔滨的火车。

望着远去的列车，汪应洛的母亲对汪应模说："叫一辆车，把你张姐送回家！"转身又对张娴如说："星期天到家里来玩吧！"汪应模叫了一辆三轮车，陪张娴如回家。张娴如心里很是过意不去，应模比自己小一岁，还亲自陪送自己回家，实在有点儿承受不起，同时也感受到汪应洛父母对自己的关照和疼爱。

到了星期天，按照汪应洛留给她的地址，张娴如从工厂出发坐公交车找到汪应洛的家。汪应洛的父母和小妹热情地招待张娴如，嘘寒问暖，递茶送果，场面非常温馨。张娴如深深地感受到了两位老人对自己的接纳和疼爱，第一次来到汪应洛家，她就立刻融入这个和谐的家庭。

到了哈工大以后，根据苏联专家教授的业务构成和研究生的课程设置，学校给学员分配专业。苏联教授中有一位管理学专家，交通大学选送的学员中没有专门学习管理学的，汪应洛是机械系毕业的，但学过一年工业管理工程，于是学校便分配汪应洛跟随这位苏联专家攻读硕士研究生。同他一起跟阿布拉莫夫学习管理学的，还有华南理工大学的叶春生、哈工大的洪宝华和孙梦菊（俄语专业）。

1952年，汪应洛（前排左二）在哈工大师从苏联专家学习期间合影

研究生的学习和生活是非常艰苦且紧张的。汪应洛从相对温暖的上海来到天寒地冻的哈尔滨，对当地的气候环境很不适应。他只带了几件单薄的冬衣，冻得受不了。当地同学就给他出招，教他加

强体育锻炼，这样既能抵御寒冷，又能促进肠胃消化。当时在上海，大家主要吃大米，在哈尔滨主要吃杂粮。中华人民共和国成立初期，国家经济困难，群众生活艰苦，就是这些国家视为珍宝的研究生，生活供应也很差，早饭是玉米糁，中午饭是高粱米，晚饭是稀粥，蔬菜只有土豆和大白菜。粗糙的饭菜难消化，汪应洛的胃吃坏了。为了应对这种困难的生活环境，汪应洛加强体育锻炼，学会了滑冰，经过一个阶段的调整，他逐渐适应了哈尔滨的寒冷气候，身体也逐渐强壮起来。

学校要求学生在一年内掌握俄语，后面的两年时间集中学习专业课。汪应洛有较好的英语基础，但之前没有接触过俄语，学习俄语一切都是从零开始。好在外语学习有许多相通的地方，较好的英语基础为他学好俄语创造了不少有利条件，当然也带来了一些麻烦，如他常常把俄语和英语的语法、词汇记混淆。为了尽快掌握俄语，他既向苏联专家学习，也向俄语水平较高的同学学习，业余时间还去找学校周围的俄国人补习俄文，增强俄语会话交流的能力，同时尽量利用哈工大较好的学习氛围，提高自己的俄语视听和会话能力。汪应洛较快地掌握了俄语，达到了运用自如的程度，受到了苏联专家和同学们的一致好评。

1952 年，汪应洛（中）在哈工大向苏联专家学习期间与同学合影

汪应洛几乎把一切时间和精力都用在了学习上，很少外出休闲和游玩。哈工大每个星期六晚上都有舞会，苏联的老师们都去跳舞，汪应洛从来不进舞场，节假日仍在教室或宿舍学习。学校一年有两个假期，汪应洛只是暑假回上海一次，寒假全留在哈工大学习，就是暑假回上海，也只是小住几天，便匆匆返回学校学习。

1954年暑假，汪应洛回到上海，同张娴如领了结婚证，还没有来得及操办婚礼，哈工大就发来电报，说是松花江发大水，哈尔滨闹水灾，让他立即返校抗洪救灾。汪应洛立即坐火车赶往哈尔滨。作为学生，经济条件不好，他买的是硬座火车票，沿途交通状况不好，多处有洪灾，火车走走停停，在路上走了十多天才到达哈尔滨，他为此吃了不少苦头。回到学校，顾不上休息，汪应洛便投入紧张的抗洪救灾和学习工作中。

事后汪应洛得知，这次学校发电报催他返校，除了确实因为哈尔滨遭水灾需要学生返校抗洪救灾外，还涉及他与张娴如的婚姻问题。张娴如当时正积极申请加入中国共产党，她把自己要和汪应洛结婚的事汇报给了上海电机厂的党组织。可能上海电机厂党组织与哈工大党组织有沟通，哈工大党组织因对汪应洛的这桩婚事有疑虑，所以急电召汪应洛回哈尔滨。原来，上海电机厂党组织在审查张娴如的历史时，发现她在高中临毕业前，参与班上办的一个油印刊物的一些工作，包括刻蜡版、写稿件。组织上对这个刊物的性质和背景没有搞清楚，还处于调查之中，所以比较谨慎。哈工大党组织比较关注汪应洛的这桩婚姻问题，不希望汪应洛立即结婚，所以急电召他回校。这个情况汪应洛和张娴如当时完全不知道。后来查证落实，张娴如参与编印的刊物是中国共产党地下组织的外围刊物，其宗旨是团结和组织一批进步青年开展爱国活动，迎接上海解放。事情最后搞清楚了，1955年，汪应洛研究生毕业后，与张娴如正式举办婚礼。后来过了几十年，张娴如和她的高中同学谈起这件事时，有位同学说："你怎么不早来找我啊，我帮你去找咱们班的同学尉健行，是他组织干的，我们是地下党员！"张娴如说："我哪里知道这些情况啊！"

汪应洛在哈工大攻读研究生的三年时间里，不但学习任务重，还承担繁重的社会工作。他担任研究生班的学生会主席，经常要同其他专业的同学打交道，组织开展一些文娱活动和联谊活动，帮助同学解决学习和生活上的困难。他还承担了哈工大管理学科学生的部分教学任务，编写了一本教材——《企业组织与计划》。这是汪应洛的第一本管理学著作，也是中国管理科学方面的第一本教材。《企业组织与计划》既吸纳了苏联管理科学教科书的精华，又加入了汪应洛在多个工厂实习时的经验总结，在理论和实践相结合方面比他学习的苏联教材更胜一筹。尤其是在探讨管理科学为新中国经济建设服务方面有精辟的见解，成为汪应洛日后编著高等学校管理教育企业生产组织教科书的基础。

汪应洛和张娴如平时工作都很忙，相互很少联系。汪应洛偶尔给张娴如写封信，也只是寥寥数语，报个平安而已，并且总是这几句话："你好吗？我很忙！祝你工作顺利……"张娴如收到汪应洛的唯一一封"长信"，就是他寄来的《企业组织与计划》教材。她明白，这是汪应洛给她的"学习成绩单"。她虽然读不懂，但仍然看得很认真。从这本书里，她看到了汪应洛在管理科学方面的天赋，也感知到他在这一领域将有不凡的成就和建树，她要为汪应洛的成功鼓劲加油。

苏联专家的治学非常严肃和认真，他们要求学生树立牢固的专业思想，要始终不渝地热爱自己的专业，并为之奋斗终生，要为学习继承和发展本专业作出贡献。这种治学思想为汪应洛在管理科学领域持之以恒、不断开拓创新奠定了基础。

研究生阶段的学习，有两点让汪应洛印象最为深刻，并影响着他一生的教学和科研工作：一是理论联系实践，理论指导实践，为实践服务；二是拓宽专业领域，以提高本专业的综合效能。

被派到哈工大任教的教授，都是苏联国内十分优秀的专家。苏联政府要尽快帮助新中国培养一批技术人才，以适应新中国即将开始的大规模经济建设，壮大社会主义阵营的力量。苏联专家授课非常认真，他们知识渊博，业务熟练，教案编排严密细致，板书程序都在教案中事先设计完整，上课时有条不紊，便于学生抄录和理解。专家们上课总是西装革履，仪表堂堂，展现出课堂的肃穆和庄严。他们也要求学生衣着整洁、举止文雅，有时还检查学生的手绢，看是否干净。专家们视教室为神圣的殿堂，视教学为传经布道，这种严肃认真的教学态度为增强学生的求知欲和培养学生的科研精神打下了良好的基础。

汪应洛用一年的时间学习俄语，第二年开始学习专业课。刚开始，他在机械系学习生产组织专业，授课专家名为阿布拉莫夫，是苏联著名的教授。第二年，汪应洛在工程经济系学习，学习的不只是单纯的工科内容了，莫斯科经济学院的柳巴夫斯基教授教授经济管理。

1955年，汪应洛在哈工大进行研究生毕业论文答辩

苏联专家在教学中十分重视理论联系实际，把课堂上讲授的知识拿到生产实际中去应用、去充实，提高学生对生产实际的管理和运作能力。苏联专家带领汪应洛和生产组织专业的其他研究生先后到哈尔滨、沈阳、大连三个城市的机床厂实习，要求研究生的论文要到企业中结合实际去做，撰写的论文既要有学术价值，也要有应用价值。在苏联专家的精心培养下，加上自己三年的艰苦奋斗，最终汪应洛以优异的成绩通过了毕业论文答辩，成

为苏联专家柳巴夫斯基教授所带的四个研究生中唯一通过毕业论文答辩的，也成为新中国培养的首批管理科学专业人才中的第一位研究生。这为汪应洛成为中国管理学领域的领军人物奠定了坚实的基础。

2007 年，汪应洛（前排左二）参加哈工大工程经济系建系 52 周年庆祝大会

汪应洛参观哈工大校史馆

从哈工大研究生毕业后，汪应洛回到交通大学，和张娴如举行了十分简单的婚礼，婚礼是在一个星期六的晚上举行的。第二天是星期天，汪应洛和张娴如一起去拜见了张娴如的父母。当时张娴如的一位同事的爱人不在家，他们就借住在这位同事的家里。过了三天，汪应洛就回交通大学上班了，张娴如也回厂里上班了。

第二节　撰写首部企业管理学著作

在苏联教授的指导下，汪应洛结合在哈尔滨几家大型工厂的实习经验，撰写了新中国第一部管理科学学术著作，并面向哈工大工业管理工程专业学生进行了讲授，受到学生们的欢迎和苏联教授的好评。

这部《企业组织与计划》共包括十一章，各章的内容如下。第一章：序言，课程对象与任务，第二章：社会主义工业企业及其组织与计划的基本原则；第三章：生产过程及生产类型；第四章：流水作业组织；第五章：机械制造企业的生产结构；第六章：社会主义机械制造企业的管理组织；第七章：生产技术准备组织；第八章：技术检查组织；第九章：基本生产服务组织；第十章：技术定额制定原理；第十一章：劳动组织与工资制度。

这部管理学著作，提出了我国社会主义工业企业管理的基本理论，规划了社会主义工业企业管理的组织机构、实施流程和发展方向，具有很强的操作性和实用性，对培养社会主义建设急需的管理人才发挥了很好的作用。

汪应洛在这部著作的序言中写道：

社会主义工业企业组织是建立在消灭了生产资料私有制而代之以生产资料公有制的社会主义生产方式的基础上，在这里，人们在生产过程中相互关系的特征乃是不受剥削的同志合作和社会主义互助，在这里生产关系完全适合于生产力的性质，因而也保证了社会主义工业企业的无限发展，这比之根据资本主义生产方式的规律而发展起来的资本主义企业优越得多了。社会主义社会以前各个社会的生产方式，尤其是资本主义生产方式的基本特征就是生产资料的私有制，剥削别人劳动的必然性以及把劳动力也变为商品等。在帝国主义阶段，生产力和生产关系的矛盾，生产的社会性和生产资料私人占有形式的矛盾及劳动与资本的矛盾更加尖锐化，这些不调和的矛盾阻碍了社会的发展和各个企业的发展。工业企业组织与计划是一门经济科学，它研究社会主义经济法则在企业活动中的具体表现，研究党和政府根据企业工作中高度技术的基础上制定的有计划的、合乎经济原则的和能获得高生产率的决议，以及在企业的生产经济活动中执行这些决议的措施和方法。

汪应洛认为，工业企业组织与计划这门学科，研究对象有两个：一是社会主义经济法则在企业活动中的具体表现；二是党和政府关于提高劳动生产率和计划管理的决议，并决定贯彻决议的方法。研究企业组织与计划这门学科的方法是马列主义的辩证法，其特征是：①自然界中各个对象或各个现象都是互相密切联系、互相依赖和互相制约的；②自然界处于不断运动和不断变化的状态；③发展过程是由逐渐的量变到质变；④事物内在矛盾的斗争是发展过程的具体内容。汪应洛强调，研究工业企业组织与计划，不能孤立地看问题，要看到工业企业是国民经济的一部分，是和社会主义的扩大再生产的任务紧密联系着的，一个企业不能完成任务，就会影响其他企业，也会影响整个国民经济。研究这门学科，不能单纯地从理论上去研究，而是要结合企业活动，有系统地研究，分析和综合先进的生产方法，并联系和运用先进的科学技术成就。企业组织与计划是不断发展的，不同的历史条件下出现了各种不同的企业组织、计划形式和方法，并决定了它进一步发展的方向和道路。由于生产规模的扩大和生产量的增长，企业组织和计划的形式与方法必然会产生根本的变化。例如，由于生产计划的大量扩大，就不得不改变原来产品移动路线的形式和主要生产过程的组织方法，从而建立起新的组织和计划工作。企业组织和计划在形式与方法上的发展，始终存在着新与旧的斗争，以及先进与落后的斗争。因此，必须勇于帮助新生的、先进的力量，支持生产革新者，努力创造更科学、更先进的生产组织和方法，创造更好的生产效率和效益。

在《企业组织与计划》一书中，汪应洛论述了社会主义企业管理的基本原则。

第一，政治与经济领导的统一——党的政策是根据对客观经济法则的认识与利用制定的，它保证了社会主义经济的不断发展。因而，经济和政治不是孤立地分开，而是联系一致的。整个企业的经济活动都服从于党的政策，只有有科学预见，才能有效地领导企业活动，并保证迅速完成任务。

第二，民主制度和集中制——资本主义企业由一个管理机构集中领导，是剥削和压迫工人的工具，根本无民主可言。社会主义企业是人民所有，负责企业管理工作的是人民的勤务员。企业领导者虽是由国家指派，但他是从人民的利益出发来进行领导的。在企业活动中，工人群众都参与了管理，一切计划、规程和制度等都要通过工人的讨论，广泛听取群众的意见，然后才决定执行。广大群众对企业领导者的经营还进行着监督，可以在会议上提出批评。这都充分表现出社会主义企业管理的高度民主性。至于集中性则表现在国家的一切领导工作，都是执行着"下级服从上级"的原则，每个企业都有一个统一的集中机构来管理，这个管理机构引导着其所属的各个环节的活动，并保证统一的国家计划的完成。

第三，一长负责制（简称"一长制"）——每个工作人员，只有一个直接领导者，这就是"一长制"。企业中每一部分的领导者在其所管理的工作方面握有全权，直接对上级领导者负责，这就消灭了无人负责或不负责任的现象。有了"一长制"的统一领导，就可能把各种不同意见综合成一个统一的正确意见，从而成功地推动工作。实行社会主义企业的"一长制"，必须具备下列条件：①保证正确地选择干部、分配干部和检查执行情况；②确定地规定每一工作人员的地位；③保证领导者和群众的密切关系；④巩固领导者的威信；⑤企业领导干部要精通生产技术与经济知识。

第四，生产区域管理制。其特征如下：①一切自上而下的工业管理机构都是按生产的特征建立的，并且考虑了企业、车间的分布情形而建立；②保证领导上的"一长制"、领导工作的有效性和具体性，消灭管理上采用职能制的混乱现象。在生产管理中的职能机构只是生产领导者的工作机构，只是为该区域的领导者整理文件、资料，协助解决各种问题。上级职能机构不能不通过下级区域领导者而直接指挥下级职能机构。

第五，经济核算制。这是借助于价值法则，以保证社会主义经济不断发展的方法。在经济核算制下，企业必须本着独立经营、消除浪费（节约劳动与时间、改善经营等）的原则，不依靠国家的补贴而开展经济活动。经济核算制把整个企业的生产经济活动成果和每个工作者的物质利益结合了起来。

《企业组织与计划》对机械制造企业管理机构的组织进行了科学的设置，对各个组织的职能作了明确分工，这种组织机构的设置直到今天仍然被各个企业广泛采用。汪应洛认为，厂长是企业的全权领导者，代表国家管理企业，在"一长制"的基础上来实现其全部权力与责任。厂长应是一位专家，通晓技术、政治、经济和财政业务等。厂长应对企业负如下责任：①合理利用企业资产；②完成国家计划的各项指标；③领导整个企业的生产经济活动；④保证生产出高质量的产品；⑤对企业遵守财政纪律负完全责任；⑥保护企业所有财产。厂长直接领导的管理职能机构主要如下：①计划经济科——编制工厂的生产技术财务计划；②劳动工资科——按各部门需要编制劳动计划，组织劳动力，规定工资等级，规定技术定额，采用先进的工资制度，分析劳动计划的完成，组织社会主义劳动竞赛和推广生产先进经验；③会计科——固定资产登记，一切收支费用计算，计算实际成本，发放工资，监督资金消费和财务制度之遵守等；④技术检查科——检查产品及零件质量，检查原材料、半成品质量；⑤基本建设科——负责工厂的基本建设工作；⑥人事科（或称干部科）——选择、分配干部，处理干部材料、人事调动等；⑦保卫科——负责厂内消防及一般警卫事宜。

工厂总工程师相当于第一副厂长，在企业中领导生产技术方面的工作，对产品的质量、设备的合理利用和生产计划的完成负责，并领导技术准备、新产品的设计和生产、新机器的采用、工艺过程的决定、召开生产技术会议等一切生产技术事宜。总工程师领导以下科室：①生产调度科——编制月、旬、日以至于班组小时的作业计划，检查计划的执行情况，配合车间进行生产调度工作，以保证生产的正常进行，并管理半成品仓库；②设计科——设计新产品和改进旧产品，对新产品的试制进行监督，并保证工作图纸制作等；③制造技术科（工艺科）——在最新科学成就的基础上，根据基本生产要求拟定工艺过程及其他技术文件，设计必需的特种工、夹具等，并对车间技术规程的遵守进行监督检查；④工具科——负责及时供应车间各种优良品质的工具（刀具、量具、夹具等），并检查其使用情况；⑤机械科——保证所有设备的正常工作，负责设备的大修、小修及其重新安装；⑥动力科——保证正常供应各种动力并领导电器设备的使用。

为满足工厂的后勤供应需要，企业还可设以下部门：材料供应科、销售科、运输科、总务科和福利科。

在大型工厂中，流水线生产工艺是一种比较先进的、高效率的生产方式。汪应洛认为，设计流水线时必须要考虑产品的数量及每道工序的节拍及同期性，计算设备需要量、设备的负荷率、生产周期的长短、传动带的速度、传送带的面积及必需的工人数量等。设计流水线时，首先要审查产品的结构和工艺规程。

汪应洛在《企业组织与计划》一书中，对企业生产技术准备的计划工作、技术检查的方式方法和提高产品质量的途径、工时定额制定的方法、劳动组织与工资制度的制定和实施等都有精辟的论述及科学实用的定量计算。这些企业管理学的基本理论和实施办法至今仍是各个企业进行生产组织与产品营销的常用法则，充分证明了《企业组织与计划》的科学性与实用性。

第三节　重建交大管理教育

汪应洛回到交通大学，立即投入紧张的教学工作中。

时任交通大学校长唐文治早在 1916 年 7 月就设置了四年制的铁路管理专业。1921 年 4 月，铁路管理专业奉命移并于北京学校（为该校之大学部，原有管理科改为专门部）。1922 年 7 月，铁路管理科又迁回上海校内。1927 年 9 月，铁路管理科更名为交通管理科，分车务、财务二门。1928 年夏，交通管理科扩充为交通管理学院。1929 年 6 月，交通管理学院更名为铁道管理学院。1931 年，铁道管理学院更名为管理学院，除原铁路管理门外，新增实业管理、公务管理、财务管理三门。交通大学本部迁渝后，1942 年 8 月设立管理系，1943 年渝校增设运输管理、财务管理、工业管理系。交通大学本部迁回上海后，1946 年建立工学院，下设工业管理系，还建有管理学院，下设运输管理系、财务管理系、电信管理系、航空管理系。1947 年，将航海科扩大为航海管理系，1948 年增设电信管理专修科。至 1949 年，交通大学有学生 600 余人，管理学院院长是钟伟成。1951 年 6 月 11 日，华东教育部决定交通大学院系调整，撤销了管理学院，将所属电信管理系调整至电机系，工业管理工程系调整至机械学院，运输管理系调整至北方交通大学，财务管理系调整至上海财经学院。时代的进步改变了交通大学管理学教育的旧体制，欧美管理学理论受到质疑和批判，组织机构解体，教师队伍涣散，新中国经济蓬勃发展，急需大批管理人才。

发展国民经济第一个五年计划（1953～1957 年）的编制和实施，为发展中国社会主义工业化奠定了初步基础，是实现过渡时期总路线的一个重大步骤，在中国经济发展史上占有重要的地位。"156 项工程"的目的，主要是填补中国工业的空白，改善工业的部门结构，为提高工业建设的自力更生能力、建立比较完整的基础工业体系和国防工业体系的骨干、实现社会主义工业化打下牢固的基础。

作为苏联专家培养的新中国第一位管理工程研究生，汪应洛肩负着建立适应新中国蓬勃发展的经济建设需要的管理科学教育体系的重任。他一回到交通大学，便立即着手组建管理工程教学队伍。一方面，他动员改行流散到其他专业的管理学教师归队；另一方面，他聘请海外归来的管理学专家到交通大学任教。1956 年，有一批海外华人科学家回到祖国，其中有一位学者叫邵士斌，他是在美国从事运筹学和质量管理研究的专家。运筹学是 20 世纪 40 年代出现的学科，50 年代还是新兴学科。对于海外归来的专家学者，当时出于政治原因的考虑，一般人还不敢过多地同他们交往。汪应洛从管理学科的发展需要出发，努力吸收国外的先进科技成果和经验，主动把邵士斌从交通大学其他教研室联系过来，同他一起开展管理工程研究和教学工作。邵士斌一参与生产组织与计划教学，就开始给学生讲大课。汪应洛还大胆起用有志于从事管理学研究和教学的新人李怀祖，壮大管理工程这门学科的教学力量。

管理学教育属于机械工业经济和组织专业，该专业设有生产组织及安全防火教研室，教师有汪应洛、周志诚、李鹏兴、严智渊、张锡藩、李怀祖（汪应洛和李怀祖后来西迁西安）。该专业的学习期限为五年，开设的课程有政治经济学、高等数学、物理、化学、工程画、理论力学、材料力学、机械原理、机械零件、机床与工具、切削原理、机制工艺学、热工学、电工学、工业经济学、企业组织与计划、技术定额、工业统计学、工业簿记核算、自动化生产的组织、财政与信贷、机械化计算技术等。学生毕业后的分配单位主要是机械制造企业、机械工业部及设计院。他们或者分管企业与车间的生产组织工作，挖掘生产潜力，编订与执行计划和进行最后的检查分析，以提高经营的经济效果，对保证国家计划的完成起着巨大作用。在设计院中，经济工程师主要从事工厂设计和机器设计的经济理论工作，发挥生产技术准备的组织作用，使工厂及新型机器提前投入生产中。

交通大学从 1955 年恢复了企业管理方面的两门课程——"生产组织与计划""企业安全与防火技术"，并成立了生产组织教研室，教研室的负责人是留学美国的周志诚和汪应洛。这两门课程按照苏联的专业教学模式设置，教材基本是由俄文教材翻译过来的。受教于苏联专家的汪应洛对进行苏联模式的管理学教育得心应手，恢复管理学教育的工作由此大张旗鼓地开展起来了。

1955 年，苏联帮助中国建设的 156 项重大工程在全国各地热火朝天地进行着。汪应洛带领学生下厂进行教学实践，看到这些按苏联模式兴建的大型企业十分兴奋，这是新中国实现工业化的骨干力量，是促进国民经济发展、强国富民的希望所在。先进的设备需要大量的工程技术人员和高水平的技术工人去操作，更需要高端管理人才去营运，否则再好的条件、再好的设备也难以发挥应有的作用，难以产出高质量的产品和效益。汪应洛感受到了加快培养管理人才的重要性和紧迫性，为此他全身心地投入管理学的研究和教学中，夜以继日地工作和钻研，在发扬交通大学管理教育优良传统的基础上，学习苏联的先进经验，创新教学方式，加紧为社会主义建设事业培养管理人才。

20世纪60年代，国家又贯彻了"鞍钢宪法"。所谓"鞍钢宪法"，是对鞍山钢铁公司企业管理基本经验的概括和总结，其主要内容是：加强中国共产党的领导，实行"两参、一改、三结合"，大搞技术革新和技术革命运动。"两参"就是干部参加生产劳动，工人参加企业管理；"一改"就是改革不合理的规章制度；"三结合"就是企业领导干部、技术或管理人员和工人相结合。"鞍钢宪法"所规定的许多思想，成为相当长时期内我国工业管理的指导原则。这种指导原则同苏联管理学教材中的内容大相径庭，学校里不时出现取消"生产组织与计划""企业安全与防火技术"课程的声音。作为教研室主任，汪应洛一直坚持开设"生产组织与计划"这门课程。他认为，管理是工业生产中必不可少的重要一环，是保证技术和设备发挥潜能、产生最大效益的科学支撑。加强管理学教育、培养高端管理人才是促进我国工业化进程和加快社会主义建设步伐的重要举措。他组建了"自动化生产组织"专业，积极组织教师去企业调研，开展管理研究工作，使这门专业课程在各种阻力中继续艰难地向前发展。

第|五|章

迁校西安
支援西部建设

第一节　响应号召迁西安

　　1955 年 3 月 30 日，高等教育部（简称高教部）向国务院呈报《关于沿海城市高等学校一九五五年基本建设任务处理方案的报告》，明确提出将交通大学等学校逐步内迁的意见。林枫、陈毅、陈云等领导同志分别作了批示，表示同意，并经刘少奇、朱德、彭真、邓小平等领导圈阅后退周恩来总理办公室。交通大学内迁问题在中央最高领导层内正式确定。

　　1954 年，中央作出了关于沿海工厂学校内迁的战略决策。1955 年 4 月初，高教部根据中央决策，形成部务会议文件——《1955 年到 1957 年高等学校院系调整及新建学校计划（草案）》，明确提出："将上海交通大学内迁西安，于 1955 年在西安开始基本建设，自 1956 年起分批内迁，最大发展规模为 12 000 人。"彭康校长迅速在校党委会和校务委员会上传达了中央关于交通大学"全部西迁"的决定。4 月中旬，总务长任梦林、基建科科长王则茂前往西安踏看并选择校址。5 月中旬，彭康校长电请朱物华、程孝刚、周志宏、钟兆琳、朱麟五等著名教授、系主任来西安，共同察看、商议并选定校址。5 月下旬，通过了《交通大学校务委员会关于迁校问题的决议》，指出："中华人民共和国国务院根据我国在社会主义建设中，国民经济特别是工业的分布和发展速度，对文教事业要作新的安排。在新的安排中，同时也考虑国防的因素。因此决定我校迁往西安，并在两年内基本完成迁校任务。我们一致认为国务院的这个决定是正确的。""1955 年和 1956 年入学班级以及该等班级的教师和相当的职工，于 1956 学年度起在西安新址进行教学，其余的师生于 1957 年暑假前基本完成搬迁任务。"

1965 年，彭康校长（前排站立者）在西安交通大学军训汇报会上讲话，
汪应洛（前排右一）在主席台上就座

汪应洛积极响应党中央和交通大学党委的号召，积极准备随校搬迁西安。关于交通大学西迁问题，部分人持有不同意见，认为交通大学不应该西迁，也不愿意西迁。有人说，交通大学迁往西安，就等于花五元钱去买一块烧饼吃，得不偿失。当时交通大学徐家汇门口卖大饼、油条，学校教职工大部分都住在校外，上班时顺路在门口花 5 分钱就能买一份大饼夹油条，边走边吃。国务院、高教部召开专门会议讨论交通大学迁校问题。国务院曾为此召开了两次常委扩大会议。周恩来总理听取了交通大学领导的汇报之后，当晚又找几位老教授到中南海交谈，座谈会从晚上 7 时一直开到第二天凌晨 2 时。周恩来先在西华厅寓所召集包括交通大学彭康、苏庄在内的少数领导同志开会，接着在国务院召开的关于交通大学迁校问题会议上作了长篇精辟的讲话。高教部部长兼党组书记杨秀峰专程到上海，传达周恩来关于迁校问题的讲话，并负责处理交通大学迁校事宜。

1956 年 7 月 3 日，高教部杨秀峰呈文：“关于交通大学内迁问题，根据总理指示我部党组进行了研究并征求了上海市委的意见，都认为仍按去年全国文教工作会议决定内迁西安较好。”“就交通大学内迁工作来看，当然有些困难。教职员工中留恋上海的思想情绪开始时相当普遍，经过一年来的工作，基本上已经解决。目前绝大多数教职员工能够服从国家及学校发展的利益，学生也都积极拥护迁校的决定，只有极个别的学生要求转学退学。学校搬迁工作已经开始。”对此呈文，新华社总编、人民日报社社长范长江在批转给陈毅副总理时指出，高教部认为交通大学不迁也有困难，似可同意。7 月 7 日，陈毅副总理阅批：“总理：请考虑准其将交大西迁。”周恩来总理给杨秀峰部长口头指示：“同意搬，必须留一个机电底子，以为南洋公学之续。”7 月 22 日，杨秀峰部长在给国务院二办并转报总理的呈文上批注：“总理指示：同意（交大）搬，必须留一个机电底子，以为南洋公学之续。”①

为了顺利地做好交通大学西迁工作，校长彭康于 1956 年 3 月 7 日给杨秀峰写信，汇报内迁动员工作情况，提出交通大学西迁涉及260 多位干部、教师、工人的爱人工作转移问题，必须妥善解决，请高教部党组转报中央组织部、宣传部给予支持。

对于汪应洛响应党的号召、积极西迁的行动，交通大学给予了大力支持，学校将张娴如从上海电机厂调入交通大学，以便同时内迁西安。当时张娴如已经怀有身孕，学校便照顾她在家休息，等待生产，等到 1956 年生下孩子休完产假以后才到校上班。

交通大学西迁是一件当时在全国影响很大的事情，不但国家高层领导十分重视这件事，而且引起有关省市领导和全国各大主流新闻媒体的高度关注。《人民日报》《陕西日报》《西安日报》和上海各大新闻媒体都连续报道了交通大学迁校的有关新闻。1956 年 7 月 7 日，《人民日报》发出《交通大学七月中旬开始迁往西安》的报道，

---

① 根据西安交通大学档案馆馆藏文件摘录整理。

文章指出："看看教师们好像在搬家，实际上却是一次愉快的旅行。学校已经为他们定了舒适的火车卧铺，全部行李和家用杂物也由学校派专人运送，教师们一切不必自己费心。他们只要在出发前把行李打好包放在宿舍里，到达西安后就可以在新居领到自己所有的东西。""徐桂芳副教授和他的妻子、母亲和五个孩子都已经领到了搬家费。在西安的新居里，将有学校供给的床、椅、桌、书柜等用具。现在，他已经开始考虑下学期教研组和夜大学的教学任务了。""据最近从西安新校址来的总务人员说，那边可容纳四千多学生上课的教室大楼的最高一层已经砌好，底层也开始粉刷了。教师们的四幢宿舍已经建好了三幢。在这里，每家约有卧室、起居室、厨房、盥洗室等五个房间。教师住宅区的百货公司、南北杂货店、小菜场、绸布店、理发店等也已经开始建造，争取7月底完工。""同时交通大学一年级学生也将同教师们一起迁往西安。"

1956年9月12日，《人民日报》发出《交通大学在西安开学》的报道，文章中写道："据新华社西安11日电，交通大学西安新校4000多师生10日举行开学典礼。""交通大学副校长苏庄在开学典礼上宣布：交通大学首批迁校任务已经基本上完成，学校已在西安建设了面积16万多平方公尺①的教学和生活用房，二年级学生决定在12日正式上课。苏庄希望全校师生要为建设祖国的大西北贡献力量。""为庆祝交通大学在西安开学，10日下午，陕西师范学院、西北俄文专科学校、西安航空学院等9个学校派学生同交通大学师生联欢。"

1957年6月22日，《陕西日报》发出报道："交通大学校长彭康主张交大全迁西安，他说：这对支援西北建设和学校本身的发展都是有利的。""西安许多工程界人士畅谈知心话，热烈欢迎交大全部迁来西安。"《西安日报》发表新华社上海21日电：《交通大学校

---

① 公尺为公制长度单位"米"的旧称。

长彭康主张交大全部迁西安》《交通大学西安部分邀请本市工程师座谈西安建设，到会的工程师们一致欢迎交大全部迁来西安》。6 月 23 日，《陕西日报》发表文章《西安市二届人代大会二次会议致交大全体员工的一封信》。《光明日报》刊登《西安工程技术界人士认为："交大"全搬西安利多弊少》一文。《文汇报》发表"本报讯"，题目是《工程界人士赞同交大西迁，上海机电工业愿与交大仍保持协作关系》。

第二节　大房换小房尽显高风尚

　　1958 年 8 月暑假期间，汪应洛、张娴如随同机械制造系四年级学生及电力工程系留在上海的学生全部迁往西安。

　　同先前到达西安的教职工一样，作为讲师级别的汪应洛，一到西安就住进了有着一厨、一卫、三个卧室的一套大居室，他和张娴如感到无比愉快和幸福。学校开学了，汪应洛和张娴如立即投入紧张的教学准备工作中。没过多久，留在上海的儿子汪时奇就哭闹着要爸爸妈妈，汪应洛的母亲只好先把汪时奇送到西安来。汪应洛的父母原本准备过一段时间，等汪应洛和张娴如把西安的生活与工作安顿妥当以后，再一起带汪时奇来西安居住，可是孩子想念父母，爷爷汪石清身体又欠佳，奶奶只好一人带着孙子汪时奇来西安了。

　　当年大中学校师生都参加到大炼钢铁中去，交通大学也不例外。张娴如是锻压专业教研室的，她的专业与大炼钢铁更近一些，因此成了大炼钢铁的骨干力量之一。她和大家一起建土高炉，把废钢放进土高炉去冶炼，把炼出的钢块拿到锻压实验室去锻打，希望把它锻成好钢。作为一名党支部书记，她在工作中处处带头，遇到困难

051

就争先恐后地去解决。她用瘦弱的手拿着大铁钳夹住烧红的铁块，在锻锤下锻打。因为铁坯的质量不好，锻打时往往会被砸成碎块，飞溅开来，十分危险。为了完成任务，张娴如和同事们经常需要加班加点地干，顾不上回家照顾婆婆和孩子。汪应洛是机械系副主任，既要安排教学，又要操心大炼钢铁等各种社会活动，更是忙得不可开交，难以顾家。汪应洛的母亲一个人带着孙子汪时奇待在家里。天气逐渐冷了，屋内没有暖气，家里又不好生火，只得到食堂去买点东西吃。时间一长，她的心脏病就犯了，卧床不起。医生说她是水土不服，她只好返回上海休养。

于是，张娴如请了人来帮忙带孩子。但这个人不会带孩子，汪应洛和张娴如也不太会带孩子。汪时奇在上海时是由奶奶精心照管的，一切都好。现在来到西安，爸爸妈妈忙，顾不上照顾他，所以他经常生病，时常发高烧。孩子生病，张娴如只好放下手头的工作送他去医院看急诊，医生给孩子打了退烧针，让回家休息。可没过多长时间，孩子就又发烧了，这样反复了许多次。

汪时奇两岁半的时候，张娴如把他送进了幼儿园全托。交通大学幼儿园的条件不错，孩子在幼儿园过得很快乐。幼儿园照顾孩子很周到，按时给孩子洗澡、理发，孩子的身体状况也很好，可是星期天一回家，孩子就生病。张娴如也搞不清楚究竟是怎么回事。幼儿园的保健医生来家访，看到张娴如给孩子穿得太厚，说是把孩子捂出病来了。张娴如从上海来到西安，觉得西安比较冷，怕冻着孩子，所以总给孩子穿得很多。男孩子火气旺，穿衣服太多了就容易感冒生病。听了医生的话，张娴如看到孩子在幼儿园里穿那么单薄的衣服，盖那么薄的被子，身体没事，回到家怕孩子冻着，就给他多穿衣，盖厚被子，反倒把孩子搞病了，感到自己缺乏育儿知识，平时又忙于工作，没有积累下带孩子的经验，心里感到很内疚。

随着调到西安的教职员工不断增加，再加上西安其他院校的一些专业并入交通大学，新建校区的教职工宿舍显得有些紧张了。汪应洛看到有些同志的住房比较紧张，而自己的住房显得宽余，就同张娴如商议，向学校申请给自己换一套面积较小的住房，把自己居住的三居室让给更需要的同志去住。张娴如同意汪应洛的意见，于是他们就主动向学校提出了调房申请。

对于汪应洛的这种替组织分忧、为同志着想的高尚风格，学校领导给予了高度评价。当时学校两居室的房子比较少，一时还难以马上调换，就让他们等一等再说。过了没多久，学校房产管理人员告诉他们，三楼有一套两居室的住户刚搬走，让他们去看一看房子，再决定要不要搬过去。汪应洛和张娴如过去一看，这套房子居住条件比较差，还不是南北通透，比自己住在二楼的三居室差远了。但他们一心想为急需大房子的同志解决困难，自己住得差一点儿也没关系，便毅然决然地搬到了三楼那套两居室去住。事后，有人议论汪应洛和张娴如放弃大房子去住小房子的做法有点傻，汪应洛听到这样的议论，不以为意，他说："孩子的爷爷奶奶不来西安住了，我们住那么大的房子说不过去，应该让人口多的同志去住！"

1961年1月14日召开的中共八届九中全会，制定了对国民经济实行"调整、巩固、充实、提高"的方针。交通大学党委认真学习贯彻党的"八字方针"。通过学习，联系实际，认清形势，把学习与调查研究、总结经验密切联系起来。彭康校长亲自主抓该项工作，他在1962年7月校第三次党代会的工作报告中总结了学校工作中的一些基本经验。① 学校的规模和发展，必须充分考虑到校外和校内的条件，必须与国民经济的发展相适应。② 正确全面地贯彻执行党的教育方针，要处理好两个关系：第一，明确学校的基本任务是培养专门人才，处理好学校基本任务与一个时期全民的政治任务（包括社会实践）的关系；第二，要正确处理好学校内部教学与生产劳动、科学研究的关系，学校必须坚持以教学为主，使教师、学生以主要精力和时间教好学好。③ 学校工作必须正确执行群众路线，正确处理群众运动和群众路线的关系。④ 认真按照规律办事，教学工作主要是传授知识的过程，要遵循掌握知识的客观规律，才能保证教学质量。⑤ 必须正确处理党与知识分子之间的关系，正确执行党对知识分子的政策。⑥ 应该切实加强党的思想政治工作。⑦ 注意改进党的领导作风和领导方法，使之与新形势、新任务相适应，进一步加强和巩固党的领导。

为此，学校采取了一系列措施，以恢复正常的教学秩序，保证师生员工的身体健康。学校适当控制了办学规模，调整了专业设置；从教材入手，提高教学质量和水平；尊重教学规律，稳定教学秩序；压缩人员编制，实行精兵简政；抓生活，保健康。学校党委坚决贯彻劳逸结合的方针，一手抓工作，一手抓生活，改善师生员工的健康状况。学校领导亲自抓职工和学生食堂工作，在物资匮乏的现实情况下，尽量使教职员工生活得好一些。学校还建立了校内外农副业生产基地，以生产蔬菜、副食品为主，利用校内未使用的空地，种植蔬菜和早熟作物，并建立养猪场、豆腐房、酱油厂等，在周至县学校农场和麟游县建立农业生产基地，以补贴师生的劳动和实习用粮。

在三年困难时期，学校各项工作的步伐也放慢了。学生减轻了学习负担，教职工的有些工作也停顿了。学校不少人得了水肿，为了照顾这些人，学校就给他们发一点儿豆渣补充营养。由于营养不良，再加上工作劳累，汪应洛也有点儿水肿。他是讲师，是教学骨干，学校为了照顾他，每隔一段时间就给他特供一斤酱油。当时社会上物资供应奇缺，学校只有拿自己校办酱油厂的产品给大家献爱心。张娴如作为一名共产党员，体谅国家和学校的困难，更是勤俭持家，省吃俭用。在她怀孕之际，家里缺煤少粮，开不了火，汪应洛就拿个小牛奶锅，里面放上水和鸡蛋，到附近的商店去烤火取暖，顺便把鸡蛋放在人家火炉上煮熟端回家让张娴如吃。张娴如不忍心独自享用，说"我们一人吃一半吧！"汪应洛坚决不吃，让张娴如把整个鸡蛋都吃下，以补身子。在困难的日子里，汪应洛和张娴如这两位忠心耿耿、爱党爱国的教学科研骨干就这样相依为命，共渡难关。

第|六|章

丢失的十年

第一节 特殊时期的坚守

"文化大革命"期间汪应洛受到了冲击，其中一条"罪状"是他"包庇"和重用邵士斌和李怀祖等人。邵士斌是留美回国的运筹学和质量管理专家。中华人民共和国成立初期，汪应洛组建交通大学管理科学教学队伍，在人员极缺的情况下，调邵士斌到教研室来给学生授课。交通大学西迁时，邵士斌留在了上海。时隔十多年，汪应洛调邵士斌参加管理工程教学被扣上了"崇洋媚外"的帽子。李怀祖是交通大学毕业留校的教师，1957年因言论问题被错划为右派，受到了不公平待遇，汪应洛唯贤是举，大胆起用人才，被说成是包庇重用坏人。"文化大革命"前，组织上给李怀祖摘掉了右派帽子。一贯同情和重用李怀祖的汪应洛非常高兴，握着李怀祖的手说："恭喜你摘了帽子！"这件事又被造反派作为汪应洛的一条"罪状"揭发了出来。

李怀祖生于1933年4月24日，江西临川人，1951年夏考入交通大学机械系。1952年全国高等学校院系调整，他被分配到机械制造专业学习，1955年毕业留校在机械制造系生产组织教研室任助教。1957年初，学校派李怀祖到清华大学举办的全国大学教师自动化进修班学习，一年后回校，1958年随校西迁西安。李怀祖聪颖能干，才华横溢，勇于开拓，但因言论问题，受到不公平对待。汪应洛慧眼识珠，大胆起用李怀祖，为管理科学的发展觅得和培养了一个难得的人才。

汪应洛（右）与李怀祖在一起

　　李怀祖先后在学校的机械工厂和生产组织教研室参加劳动，以及从事技术和研究工作。西安交通大学管理教育重建后，他参与学校系统工程研究所和管理工程系的组建。1983 年 10 月至 1984 年 10 月，他由学校派往加拿大阿尔伯塔大学和曼尼托巴大学等校进修。1984 年 11 月，西安交通大学恢复管理学院，李怀祖在管理学院任教，1986 年被评为教授，1984～1993 年担任管理学院副院长，1991 年经教育部评定担任博士生指导教师，先后担任西安交通大学学位委员会委员、中国系统工程学会理事、中国古代管理思想研究会理事、西安交通大学现代管理研究所所长。李怀祖主编的《决策理论导引》是国内较早介绍行为决策理论的图书，指出直感思维对管理者的重要性，强调不能否定经验决策。他在国内最早注意到中国管理研究方法不够规范，管理教育与研究和国际存在差距，并潜心于该领域的研究。他的著作《管理研究方法论》是中国大学广泛采用的管理类博士研究生教材。他是我国较早开展系统工程实践的学者之一，在 1983 年教育部与加拿大国际开发署大规模管理教育合作项目中，负责西安交通大学与阿尔伯塔大学合作事宜，积极引进、吸收国外先进的管理教育理念和教学内容，进而推动了 MBA 与高级管理人员工商管理硕士（EMBA）专业学位教育在中国的实施。他负责多项社会经济发展规划和政策分析课题，其科研和教学成果获得国家教委多项奖励。

对于造反派强加的那些罪名，汪应洛泰然处之，他坚信这些不实之词总会被推翻，眼前的社会乱象都是暂时的。在批判会上，对于造反派提出的问题，汪应洛总是实事求是地回答和解释，既不文过饰非，也不无限上纲上线，而是不改初衷，沉着应对。强烈的爱国情怀和执着的事业心，支撑着他在逆境中顽强地学习、劳动和生活。

第二节　相濡以沫渡难关

作为学校一个教研室的党支部书记，张娴如也受到了冲击，但她顾不上自己的苦难和委屈，更多的是担心汪应洛的安危。张娴如带着女儿去看望汪应洛，她走到关押汪应洛的一间大教室门口，对看管"牛棚"的学生说想见见汪应洛。这个学生还是有同情心的，也知道汪应洛是老师，不是什么"反动派""反革命"，就同意她见汪应洛，说："你们到旁边那个教室里去说说话，时间别太长了！"汪应洛从"牛棚"里出来，在另外一个教室里见到了张娴如和女儿。他高兴地抱起女儿亲了又亲，不停地逗女儿玩。张娴如说："你要保重，不要想不开呀！"汪应洛豁达地说："不会想不开的！这种情况时间不会很长的，一切会好的！"汪应洛的自信和坚强意志，让张娴如心里得到了些许安慰。

"文化大革命"期间，汪应洛利用一切可以利用的时间看书、学习，研究系统工程，回顾和整理他在兰州化肥厂与兰州炼油厂搞自动化生产组织试点时积累的材料。当时他的工资只有30多元，一家人挤在一间小房子里住，生活十分清贫，身体健康也受到了影响，但他始终有一个信念：我们的国家不会长期这样走下去的，这种不正常状态迟早会结束的，前途是光明的。

"文化大革命"期间，汪应洛的儿子汪时奇经常被别的孩子欺负。有一次，小时奇在院子里玩耍，一个孩子拿弹弓弹他，小时奇也不敢反抗。张娴如赶快跑过去制止那个孩子，说："你怎么能拿弹弓弹人家呢？把人家眼睛弄伤了怎么办？"她把小时奇拉回家里，看到小时奇气得要命，便安慰他："算了，别生气了，以后少到外边去玩儿，一切都会好起来的！"小时奇是个很懂事的孩子，学校停课了，就自己学习，尽量把功课补起来。后来，他下乡插队，在农村不敢公开复习功课，自己就想办法偷偷学习。到了1977年国家恢复高考，汪时奇以优异的成绩考上了西安交通大学。

造反派看到实在查不出汪应洛有什么问题，便慢慢地放松了对他的看管，星期天中午还允许他回家吃饭。对汪应洛监管的松动，让张娴如看到了生活的希望，也更加深了她对汪应洛的思念。每到星期日，张娴如就坐立不安地期盼汪应洛早点回家团聚，这种心情不敢公开表露出来，怕别人借机找碴儿，惹麻烦。她假装忙来忙去地干活，一会儿到外面晾衣服，一会儿到外面找东西，其实是往汪应洛回家的路上张望，看他回来了没有。当汪应洛的身影出现在她的视线里时，她就赶紧回屋摆好饭菜，虚掩房门，等候汪应洛进屋。汪应洛回到家里，总是一副开心豁达的样子，似乎是外出公干凯旋，从不把在外所受的苦痛带回家中，不让家里人替他担心。他坚信，这种是非颠倒的日子不会长久的，他对党和国家的前途充满信心。

第三节　战备疏散到岐山

过了一段时间，造反派解除了对汪应洛的看管，他回到了机械系的群众队伍中。虽然受了不少的打击和苦难，但汪应洛没有气馁，没有消沉，在力所能及的范围内进行教育革命的探索和研究。有的学生组织要下厂去"同工农相结合"，他就跟随学生下到工厂，一边参加劳动，一边观察和了解工厂的生产运行与管理情况，为自己的系统工程课题研究默默地收集资料，同时借机指导学生学习一些生产技能和生产组织知识，以弥补他们荒废了的学业。

1969 年 12 月 16 日，西安交通大学发布《关于贯彻执行省革委会〈关于认真作好大中城市人员、物资疏散工作的紧急通知〉的几点意见（草案）》，阐述了学校人员、物资、档案、资料疏散等应注意的几个问题。该文件指出，西安交通大学现有的 3089 人（包括临时工）中，除 1300 多人留校坚持日常工作外，其余 1700 多人疏散到学校农场或农村，教职员工疏散费用由单位集体负责，随行家属一切费用自理，要求 12 月底疏散完毕。这次疏散究竟要下去多长时间，还会不会回学校，没有明确的说法。汪应洛和张娴如做好了在农村长期待下去的心理准备，带着做饭的火炉及用具，提着装有日常生活用品和衣物的箱子，带着两个孩子，作为先头梯队被疏散到岐山县五丈原公社的一个村子里。

岐山县以境内有岐山而得名，地处八百里秦川西部，南接秦岭，北枕千山，中为广阔的平原，渭水悠悠东流去，沣水蜿蜒贯其腹。岐山是中华民族古老文化的发祥地之一，为炎帝生息、周室肇基之地。"周原膴膴，堇荼如饴"，西周王朝的国都就建立在周原之上。

汪应洛和张娴如全家被疏散到岐山五丈原上的古战场村落中。汪应洛先期到达，就给后续到达的同志安排住宿事宜。他把大家一户一户安排好之后，给自己留下一户人家的柴房住。这间柴房近一半堆着柴火，里边盘了一个大炕，靠门只剩一点儿空间了。汪应洛忙前忙后地为大家安排住房，张娴如就带着两个孩子在柴房里等着他。天快黑时，汪应洛带着一个铺盖卷儿回到了张娴如和孩子跟前。张娴如问他："怎么只有一个铺盖卷儿，另一个呢？"汪应洛说："只顾忙着给大家安排房子，另一个铺盖卷儿不见了。"张娴如说："那赶快去找呀，晚上还要盖它呢！"汪应洛说："找不着算了，可能被别人拿走了。拿走就拿走吧，再喊叫这件事会影响关系的！"他把铺盖卷儿放在炕上，把带来的箱子等物品也放在炕上，又出去忙着关照其他同志了。

在这陌生的农村柴房内，张娴如带着两个孩子，心里很害怕。柴房的门没有门闩，只用一根绳子系着，万一晚上闯进野狗什么的怎么办？她越想越害怕，但还得故作镇定，因为还有两个孩子，不能给他们增添压力。等了好久，汪应洛才忙完了外边的事情回到柴房。他打开铺盖卷儿，一家四口才挤在一起得以休息。屋里太冷，他们将身上穿的棉衣盖在被子上，将就着度过了一个又一个寒冷的夜晚。

在农村，汪应洛整天忙前忙后，白天同农民一起下地干活，晚上同农民或同事促膝谈心，尽管生活艰苦，环境恶劣，但他仍想利用这段时间多了解一些中国农村社会的真实情况，为管理科学的研究积累一些第一手资料。有一天，汪应洛急着要到外面去办事，想赶快吃点东西赶路，但使用的煤炭炉子火不旺，添煤扇风也不起作用，锅里的水总烧不开。他催促张娴如下面条，张娴如说水不开，不能下面条。汪应洛心里急，说："没事，下面条吧！"便呼啦一下把面条放进锅里。煮了好半天，锅里的水也开不了，最后把面条煮成了一锅粥。旁边的人打趣地说："你汪应洛干的好事，这煮的是什么面条呀！"汪应洛顾不了那么多，凑合着吃了一碗就走了。

不久，汪应洛被抽调去搞农村"四清"，作为农村社会主义教育运动工作组成员去参与新的工作。张娴如带着两个孩子仍然留在五丈原公社。汪应洛被从疏散地抽调参加"四清"工作队，是组织对他政治上的信任和工作能力的肯定。

为了不虚度时光，张娴如尽力为当地农民多做些事情。她有理发的手艺，就主动给农民理发。农村卫生条件差，孩子们头发里有虱子，她也不嫌弃，把他们的头发理成"光葫芦"。有的孩子羡慕城里来的孩子的发型，她就给他们理成小分头或小平头。孩子们很高兴，还向大人们炫耀自己的发型："你看，婶婶给我理的头好看不好看？"看到孩子们得意的笑容，张娴如也得到了劳动后的欣慰和满足。大人的行动对孩子产生了很大的影响，让他们学到了应该热爱劳动、关爱他人、勤俭节约。张娴如给乡亲们理发的时候，儿子汪时奇就在旁边帮忙，慢慢地也学会了理发技术，长大以后，他经常帮别人理发，就是后来到美国留学，也还帮同学们理发。一方面可节约开支，更重要的是，义务理发拉近了海外游子之间的感情。

父母关爱他人的行动，对孩子们产生了正向的影响。当时物资供应紧张，许多东西需要凭证供应，每户每月只发半斤或一斤肉票。为买半斤肉到商店跑一趟，有人怕麻烦，经常托人代买。有一次，汪时奇去买肉，邻居顾阿姨把肉票交给他，让他代买回来。汪时奇买了两份肉回来，对张娴如说："肉铺卖肉要好坏搭配，一块肥一点儿好一点儿，一块差一点儿，把好一点儿的给顾阿姨吧！"张娴如看到儿子懂事了，长大了，心里很高兴，说："对，应该这样，先人后己嘛！"

农村的艰苦生活也让汪应洛的女儿养成了勤俭节约的好习惯。回城以后，女儿看见卖冰棍的，很想吃，张娴如看到后，就想给她买一根。当时一根冰棍4分钱，女儿说："我不要吃冰棍。我一天吃一根冰棍，得花 4 分钱，一个月得花一块二，一年就是十几块，太费钱了。"小小的孩子就懂得了节俭，这便是受到家庭环境的熏陶和影响的缘故。女儿后来到美国工作，至今仍然保持着勤俭持家的好习惯。

第四节　加紧工作挽损失

"文化大革命"给汪应洛造成了巨大的身体创伤和精神创伤。彼时年富力强的他正是大展宏图、科技报国的大好年华，无奈难展才华，反而身受磨难，使他日日抱恨壮志难酬。随着形势的变化，汪应洛终于等来了重新工作的机会。长期压抑的激情释放出巨大的力量，他要努力把"文化大革命"中耽误的时间抢回来，把被中断的创建具有中国特色的管理教育工作重新启动起来。他千方百计地收集、整理"文化大革命"后残存的教学图书资料，利用各种渠道了解国内外管理学科近年来的发展动态，同已经恢复工作的管理专业同行研讨在新形势下开展管理专业教学与研究的思路和办法，他夜以继日地工作，常常忙得顾不上处理家里的事情。

汪应洛工作很忙，张娴如从疏散地回校后身体一直不舒服，但没有想到病情会有多严重，就只在家里卧床休息。有一天，学校医院里的一位护士来探望张娴如，发现她脸色发黄，身上皮肤都是很黄的颜色，就让她到医院去检查一下。汪应洛用自行车把张娴如驮到医院，因为学校有急事，他又骑着自行车回学校去了。医生给张娴如做了检查，发现她的黄疸指数升高了 10 倍，就留她住院治疗。

到了晚上 7 点钟，医生见只有张娴如一个人躺在病床上，就问："都这时候了，家属怎么还没来办手续，把你一个人丢在这儿？"张娴如无可奈何地说："我也没办法同他联系。他不在家里，也不知道他在什么地方。"过了一会儿，汪应洛骑着自行车送饭来了。他安慰了一下张娴如，让她不要紧张，好好休息，病很快就会好的。其实他已知道了张娴如的病情，医生说怀疑是胆汁淤积型肝硬化，他心里很害怕，但在神情上一点儿也不能流露出来，他平静地给张娴如喂饭，整理床位。等张娴如吃完饭，已是晚上 8 点多了，汪应洛自己还没吃上饭。张娴如十分体谅他，知道他很忙，在当时的形势下，他不能撇下工作来完全照顾她，更何况家里还有一大堆事要他管，儿子下乡插队去了，女儿还小，一个人在家里，他还得管孩子，给女儿做饭。于是她对汪应洛说："你尽量少到医院来吧，把孩子照顾好，也要注意自己的身体！"汪应洛安慰她说："家里的事你放心，只管好好养病，其他事不用你操心！"那几天，汪应洛就一个人在学校、家和医院之间来回跑，一直坚持到张娴如出院。

第|七|章

教书育人，
开创管理教育

第一节　机械系"三驾马车"

"文化大革命"期间，大学的教学和科研工作都停顿了。"文化大革命"后期，西安交通大学招收了几届工农兵学员，但教学秩序不正常，学生大量的时间是在工厂劳动。"文化大革命"结束后，西安交通大学机械工程系组建了新的行政领导班子：史维祥任系主任，全面负责机械工程系的工作；汪应洛任系副主任，主管科研工作；陶钟任系副主任，主管教学工作。1977 年，国家正式恢复高考，1977 级和 1978 级学生正式入学。此时百废待兴，学校亟须恢复和建立一套科学可行的规章制度。汪应洛发挥自己管理专家的优势，同大家一起努力工作，在比较短的时间内将全系教学科研的有关规章制度恢复和健全起来。根据国民经济发展的新形势，制订了新的教学计划和教学大纲，编写了新教材。在科研方面，组织各教研室确定了新的科研方向。根据国家的要求，组织机械工程系各教研室与有关工矿企业、政府机关开展产学研合作，确定科研项目，组织科研团队，使机械工程系的教学和科研工作很快步入了正轨。"文化大革命"结束后，在教学秩序恢复、重建和创新方面，机械工程系不但在西安交通大学校内走在前列，在全国高校机械专业系统中也起到了表率和示范作用。

在机械工程系科研工作方面，汪应洛给各个专业都安排了明确的科研方向和切实可行的科研项目。金相专业在周惠久教授的带领下，继续加强金属强度理论、低碳马氏体的机理研究以及在石油工业中的应用，取得了突破性成果，被誉为全国高校科研"五朵金花"

之一。为此，教育部为该专业拨款建立了一座大楼。机械制造专业科研工作树起了"八面大旗"，即八个科研方向，在如提高机床工作精度、机械自动化、齿轮加工原理及液压驱动研究等方面，在全国高校中都走在最前列。铸造专业在铸件缺陷的机理研究、球墨铸铁及失蜡铸造等新工艺的研究上都取得了很好的成绩。焊接专业的科研在全国同行中名列前茅，脉冲弧焊、新型焊机设计、板材焊缝焊接、自动跟踪设备等科研项目都取得了骄人的成绩，为企业解决了不少焊接难题，产生了很大的社会效益和经济效益。锻造专业教研室在这个时期还成立了计算机模具设计研究室，为企业模具设计做了大量工作，受到工矿企业的欢迎。后来，模具设计成为锻造专业科研的主攻方向之一。汪应洛主抓西安交通大学机械工程系的科研工作，使其机、电、动三个经典专业之一的机械工程系在"文化大革命"后重现辉煌，继续保持在全国机械工程学科的领先地位。

为了不断提升机械工程系的教学水平，增强科研实力，多出成果，史维祥、汪应洛、陶钟三位领导团结一致，密切配合，忘我工作。为了一个课题、一项工程或一本教材，他们往往废寝忘食，夜以继日地一起谋划、研究和论证。常常在夜幕降临、华灯初上的时候，史维祥、汪应洛、陶钟才从寂静的机械工程系办公楼缓步而下，各自推着停放在办公楼旁的自行车走回家，边走边谈，仍然沉浸在对工作的思考与研讨中。他们三人都是苏联专家培养的研究生，所以学校其他教师用苏联歌曲《三驾马车》比喻他们是西安交通大学机械工程系的"三驾马车"。

作为主管机械系科研工作的副主任，汪应洛在工作中注意"抓大放小"，运筹帷幄，充分发挥各个教学科研人员的积极性，使得各项工作都能协调有序地向前发展。学校召开关于科研工作的会议，汪应洛一般都要参加，以便掌握全校科研工作的总体部署和总体安排，指导机械系的科研工作与全校科研工作步调一致。对于系内科研工作的具体事务，他放手让秘书去干。学校划拨下来的科研经费，

20世纪90年代，汪应洛（右二）率工业工程代表团访问日本东芝公司

汪应洛只确定大的分配原则，让系科研秘书赵卓贤去具体分配。赵卓贤召集各个教研室主任开会，根据各教研室承担科研任务的多少和科研人员的组成情况，根据工作需要分配科研经费，汪应洛一般不过多干预。这样，既培养了系里工作人员的工作能力，也为自己腾出了较多时间从事科研工作。国家制定"七五"规划，要求西安交通大学派人赴京征求科研题目。这是一个与国家有关部门直接打交道的好机会，汪应洛把这种能锻炼年轻人的机会让给他人。他派赵卓贤带领各专业人员赴京征求课题。赵卓贤说："我去不合适，我连个教研室主任都不是，现在又不做科研秘书了，你叫我领着教研室主任们到北京去公干，实在不敢当，还是你去吧！"汪应洛说："我了解你，你能干好这件事，你去吧！"汪应洛放手让下属大胆工作，这让赵卓贤十分感动，他精心安排，认真组织，圆满地完成了这次赴京出差任务。

1978年9月，钱学森、许国志和王寿云联名在《文汇报》整版发表题为《组织管理的技术——系统工程》的文章，为管理科学正名。文章明确提出，管理是一门学科。在介绍这门学科时，文章从美国的泰勒管理学讲起，阐述管理学科的发展过程，说明了运筹学及各种组织管理学的要义。文章中指出，中国应该恢复管理学，在大学里要恢复管理学教育，不仅要设立管理学院系，还要办管理学科的大学。一直从事管理学研究的汪应洛敏锐地感觉到，发展管理教育的春天来到了。1978年底，汪应洛联络西安交通大学、大连理工大学、华中科技大学、天津大学、清华大学五所大学在西安交通大学召开会议，参加此次会议的有天津大学留美回国的刘豹、大连理工大学控制专业的王众托等人。会议研究讨论了发展我国管理教育的思路和措施，决定在这些学校率先成立系统工程研究所。这是一次具有里程碑意义的会议，拉开了"文化大革命"后国内大力发展管理教育的帷幕，为各所大学纷纷设立管理教育学科、成立管理学院发挥了引领和示范作用。会后，西安交通大学首先成立了系统工程研究所，胡保生任所长，汪应洛任副所长。汪应洛以系统工程研究所的名义，把"文化大革命"中流散到各单位的管理教学和科研人员聚拢起来，为西安交通大学管理教育与研究组建了团队，树起了一面旗帜。

早在1968年7月21日，毛泽东就发出了著名的"七二一指示"："大学还是要办的，我这里主要说的是理工科大学还要办，但学制要缩短……走上海机床厂从工人中培养技术人员的道路。要从有实践经验的工人农民中间选拔学生，到学校学几年以后，又回到生产实践中去。"[1] 毛泽东的指示为理工类大学开展管理教育创造了有利的条件。汪应洛充分利用这个有利条件，抓紧恢复西安交通大学的管理教育工作。他积极向教育部申请管理教育招生计划。最终，教育部于1981年批准西安交通大学招收管理工程专业学生。当时，在学科目录中还没有管理学科这个名称，西安交通大学就以管理工程的名义在全国首家招收了管理工程专业本科学生。汪应洛又向教育部申请开办管理硕士生教育和管理博士生教育并均取得成功，西安交

---

[1] 人民日报. 从上海机床厂看培养工程技术人员的道路. 人民日报，1968-07-21.

通大学的管理教育始终走在全国高等学校前列，培养出了中国大陆（内地）第一位管理工程博士席酉民。

第二节　学科发展绘蓝图

在不断完善西安交通大学管理教育体系的同时，汪应洛从国家大局出发，对我国管理科学的现状、发展前景、人才需求等进行了深入的调查研究。他认为，我国已进入全面建设小康社会的关键阶段，根据特定的国情和需求，我国政府提出，要把科技进步和创新作为经济社会发展的首要推动力，把提高自主创新能力作为调整经济结构和发展方式、提高国家竞争力的中心环节，把建设创新型国家作为面向未来的重大战略。随着我国工业化、城镇化进程继续加快，以及市场化、国际化程度不断提高，我国在更广阔的领域和更深层的层面展现出了进入发展新阶段的特征：一是工业化进程继续呈现出重化工业部门发展加快的态势，并开始尝试向自动化阶段发展；二是城市化继续快速发展，劳动力和资本等生产要素向回报率高的城市区域特别是大都市圈集聚；三是城市化特别是生产要素市场化程度继续提高，但改革继续处于攻坚阶段；四是经济国际化水平继续提高，国际竞争压力和风险明显加大；五是生活方式转型升级和社会结构发生变化，社会利益关系更趋复杂多样。在这样的形势下，社会对管理人才提出了新的要求，管理教育应与时俱进，创新教育模式，加大人才培养力度，使管理科学在促进实现创新型国家进程中发挥更大的作用。汪应洛在《中国大陆管理科学学科发展战略》一文中，高屋建瓴地对这一问题进行了科学的论述，受到国家有关部门和学术界的高度重视。

《中国大陆管理科学学科发展战略》从以下四个方面对我国管理科学的学科发展方向和战略进行了论述，为我国管理科学学科的健康发展奠定了理论基础。

1. 管理科学学科战略目标的确定

管理是一个决策和控制过程。管理者通过授权、委托和承担社会责任，引导组织成员迎接环境不断创造出的新的挑战和风险，持续改进，不断创新，从而在兼顾组织成员个人目标的同时达成组织的整体目标。

管理理论要形成管理科学，首先就要建立一系列能从理论角度解释描述管理问题的概念。为了使概念科学化，首先又必须对应于经验性的事实和状况，具有可操作性。近100年以来，管理理论的发展已为管理科学学科体系的形成奠定了基础。在两种主要的管理理论体系中，强调左半脑思维的以技术为主要内涵的科学管理理论构成了实用管理学的基础，强调右半脑思维的以人的因素为主要基础的行为理论将成为管理社会学的主要组成部分。当代科学和技术的发展，推动了管理方法、技术和知识的发展，为管理科学学科体系的形成创造了条件。

汪应洛认为，管理科学是一门应用多学科与多领域的理论、方法、技术和知识，研究人类利用稀缺资源实现组织目标的管理活动的有限理性和寻求满意的社会行为及规律的综合性交叉科学。管理科学是管理领域知识的系统化，根植于自然科学与社会科学两大门类知识体系交叉边缘的土壤之中，与实践活动紧密相连，有其相对独立的分类等，这些使得管理科学对社会经济发展发挥着重要作用。这种作用主要表现在以下方面。

（1）自人类进入文明社会以来，特别是在工业革命与信息革命的发展及融合过程中，管理与技术有机结合使社会生产成本进一步降低，面向市场的产品选择更加宽广。管理者和管理科学在帮助人类社会发展寻求新方式方面发挥着越来越大的作用。

（2）综合要素生产率除科技水平外，其余均可纳入广义管理科学范围之内。科学技术水平提高再快，如果不能很好地利用，劳动者没有积极性，组织管理缺乏效率，也不能形成现实生产力，综合生产率仍将很低。在这些方面，管理科学将大有作为。

（3）宏观经济管理的政策、法规等有助于改善社会资源配置的不合理及低效率。企业内部缺乏活力造成的低效率，则可以通过改善企业组成结构、改革企业经营机制等企业管理的方法和手段来解决。改革开放以来，我国管理科学研究在促进社会经济发展、提高经济效益方面得到迅速的发展。国家自然科学基金委员会结合我国经济建设的实际要求，立项资助了一些重大、重点课题，这些对加速社会主义市场经济体制的建立和完善，以及促进我国经济的迅速发展，起到了积极的推动作用。

汪应洛认为，无论是在提高劳动生产率、创造新生产力方面，还是在提高国家竞争力方面，以及为我国体制改革提供决策依据的作用方面，管理科学都应具有很大的作用。然而实际上并非如此，致使管理科学实际所起的作用多数被划入"小"和"一般"之列。这种认知与实现间的差异，更要求我们尽快确立管理科学在社会发展中的战略地位。在全球经济一体化、我国经济迅速发展之际，管理真正成了支持经济发展和社会进步的"神经中枢"，其对于我国经济发展的影响将会比过去更加重大。

建立管理科学学科体系是管理科学学科体系战略研究的基础，为此独立构建了二层结构学科体系，将管理科学以基础理论、技术方法、实际应用三大方面作为第一层（最高层）结构，一直细化到有 86 个学科分支的主体结构体系的设立，有可能对学科发展起到指导和借鉴作用。

2. 管理科学学科发展环境分析

鉴于环境这一大系统的特征，汪应洛秉承系统论观点对 20 世纪 90 年代的管理环境与管理发展进行了系统剖析，构建了管理过程模型与管理发展系统结构，以此来揭示管理科学与政治社会环境、经济环境与技术环境的关联，并确定在设置学科战略时需要采用综合集成法。这一方法包括：①发现、解决问题和决策的系统方法；②规划与设计管理战略的系统方法；③描述和解释这一复杂系统及其行为的系统方法。同时，将此三方面的方法进一步细化、落实，并给出了战略目标、战略、资源分配、协调、前馈、反馈等管理任务之间的关系及其处理准则，以此去指导战略的制定。

汪应洛的课题研究构造了 5 个问题程序性导向认知模型，以完成环境扫描、监视、预测、估价等分析阶段，并按此理论构架分析了管理学的学科背景，指出由邓小平同志建设有中国特色的社会主义理论引发的一场新的思想解放运动，党的十四大确立的社会主义市场经济体制，十四届三中全会建立的社会主义市场经济体制的总体框架及其全方位结构性改革政策，大胆地借鉴和吸收了西方先进的经营管理方法，深化改革开放的新措施，世界地域性经济联盟状况，我国的外交成就，世界强国意识的普遍确立等条件与趋势为我国管理科学发展的 6 个自主变量、7 个动力变量、6 个敏感变量和 6 个节点变量，并排出了环境变量扫描的次序。排在第一范畴的关键量是对管理科学学科的重视程度。排在第二范畴的信息优先变量包括依靠高校和研究机构研究管理理论、制定战略、加强企业战略管理机构改革、提高企业管理水平等几个变量，从而达到了较为系统地进行环境分析的目的。

通过对人类历史长期模式的反思和对 21 世纪初管理的预测与展望，汪应洛认为，管理科学和管理工作已经历与工程技术及工程师工作相似的变化过程。计算机技术及专家系统等的迅速发展促进了管理者向下属的授权，下属则可以借助计算机辅助完成他们的工作。增加管理者自身创造性的方法，对管理教育提出了新的挑战。21 世纪管理科学学科体系将日益成熟和完善，在指导管理业务并与其有机结合方面发挥更重要的作用。

3. 管理科学学科发展战略的形成与设想

在管理科学学科战略的形成上，鉴于管理科学是驾驭知识的科学（元科学，meta-science），它受宏观环境的作用，反过来又对其产生影响的特点，汪应洛在研究中借鉴了场理论（field theory）去处理。场理论是强调个体环境中诸事物之间相互作用的重要性的一种心理学理论，用湍流场（turbulent field）描述动荡的环境有助于寻求管理科学学科发展的新范式——战略，利用场理论管理与动态演进系统的场结构去解释近年来改革开放的情况，从本质上提出改革开放的状态与我国管理决策体系的认知模式有关。管理科学学科发展战略肩负着探寻人类组织适应于时代需要和发展模式的任务。作为科学本身及科学方法的公正客观性和追求实用目标与探索客观规律之间的差异和难度等，使得战略观念的形成更多地需要依靠思想的多元性和创造性。在战略选择中，采用组织设计权变理论，引入统治联盟（dominant coalition）概念，指出战略选择在组织结构中主要来源于权力。组织结构的实质在于反映了统治联盟不容更改的秩序、安全、权力及状态分布。现代社会中存在三种机制：企业家机制、金融机制、管理机制。其中，管理机制的任务在于担负起现代社会行政管理、协调和分配运行的职责。从战略角度来看，大的权力（能量、势力）的崛起与新发现、新思想、机会的资本化相联系，其跌落则与缺乏改革创新、经济发展的枯竭、僵化的管理模式、政治军事的过重负担有关。我国目前的改革开放是促进经济繁荣的最好途径，故应在进一步改革开放的趋势和社会主义市场经济体制的认识上，去构造中国的管理科学学科战略。我们有今天的改革结果绝非偶然。参照国际比较分析可以看出，我国改革开放的成功之处在于确立了社会主义市场经济体制并使之系统化与具体化。这又源于我国政府从来就没有照搬苏联的社会主义模式，相反总是致力于试验探索具有中国特色的社会主义建设，近十余年来不断地向着市场经济转移。我国的改革发展自觉或不自觉地符合动态演进系统理论的要求，今天我国已基本具备由计划经济转向市场经济的主要条件，在此前提下，按照场理论时序分析，则可确立"企业改革—建立健全国内物资市场—改革宏观调控体系"的发展途径，在21世纪末初步建立起社会主义市场经济体制，再用几年时间去完善市场经济体制。此态势引导并制约着学科战略。

战略是始终围绕着目标而将要采取的重大行为的有序组合，目标就成为战略之"网"。汪应洛的研究确定了全面促进中国经济腾飞，提高社会经济效益，并以此为出发点，给出了有五重结构的目标体系，从而为学科战略的制定划出了边界。

管理科学学科发展战略构想的核心在于设置战略方案。设置战略方案的前提是确立方案设置的基本准则。汪应洛的研究确立了开放性、系统性、实践性三条准则。开放性准则是前提，后两条是构造战略方案的基本依据，在实践性准则下以"纯理论"与"纯实践"为两种极限状态，在学科体系准则下则以其体系结构中第一层的（最高层）分类为划分界，将二者置于纵横分析坐标上，交互组合形成构造战略方案以供选择，此时再以学科发展阶段特征作为第一筛选准则，就初步选出了学科发展战略方案。

对于所确立的方案进行分支学科研究实力，分支学科发展需求，分支学科发展基础条件，学科发展的制约因素（研究人员、经费、工作支持条件、学科布局、成果应用、社会环境、经济环境、科技环境、文化环境）进行评价分析，并注重调查咨询面的代表性，结果评价出两大关键因素影响者所确立的学科发展战略。这两大因素是管理科学学科研究队伍的综合素质和环境，称为第二次筛选评价。

4. 管理科学学科发展战略的确立及政策建议

我国管理科学学科的发展战略是：适应社会主义市场经济体制，探索我国社会发展的新模式，努力吸收并尽快应用世界上先进的管理理论、方法和实际经验，发扬中国管理思想的优良传统，教育和培养大批管理人才投身于国民经济建设主战场，不断提高管理者的素质，创立具有中国特色的管理理论、方法和管理文化，促进中国现代管理模式的形成和管理实务水平的提高，在此基础上建立起具有中国特色的管理科学学科体系。

为了完善和支持这一战略，汪应洛在广泛吸取意见、参阅有关资料、结合自身认识的基础上，在《未来 10 年中国学科发展战略·管理科学》一书中，就管理科学学科体系中各分支学科的研究重点，以及近一时期管理学科的研究重点，进行了分析和归纳，提出了 40 余项具有方向性的重大研究领域及近期重点课题。这些领域及项目对于学科发展的指导，对于国家自然科学基金委员会及各管理部门立项资助管理学科均有着实际意义。

近年来，国家自然科学基金委员会在促进管理科学的发展中发挥着极为重要的推动作用，对管理学科的资助规模稳定增长，资助强度有所增大，其中对中青年人才的资助逐年增加，资助中注重对基础性研究项目的支持，更注意加强对优先领域的重点资助。资助项目起到了为国家宏观政策制定和重大决策的民主化、科学化提供决策依据的作用；在科技管理与科技政策研究中做了开创性、基础性的工作，提高了理论研究水平，有力地推动了我国管理科学的学科建设。研究成果应用于实践，对提高我国企业管理水平的作用明显，有的产生了显著的经济效益，稳定了研究队伍，加速了对高水平管理科学人才的培养。

第 八 章

分管系校
科研管理工作

第一节　分管科研创辉煌

　　1984 年，经国务院批准，史维祥任西安交通大学校长，汪应洛任副校长及学校学术委员会副主任，主管学校科研工作，并协助校长抓学校学科建设（博士点建设和重点学科建设）及国家重点实验室建设等工作。汪应洛是一位"双肩挑"干部，他长期担任系、处行政领导，有较高的领导素质和丰富的行政工作经验。他又有很高的教学科研水平，踏实肯干，成绩卓著，他主抓科研工作，得心应手，轻车熟路。他采取"见苗浇水"的措施，认真调查研究，及时发现有潜力的科研课题，从人力、物力、财力和工作条件等多个方面予以大力扶持，使得研究课题顺利进行，早出成果。他不断拓展科研思路，培植交叉学科，努力创新，因而成果辈出，引人注目。

汪应洛（右）与周志诚（中，上海交通大学）、许庆瑞（左，浙江大学）在西安交通大学

　　1985 年，汪应洛精心组织成立了 12 个研究所、4 个独立研究室和 1 个研究中心，形成了一个较完善的科研组织体系。在此基础上，

他带领广大教师和职工努力奋斗，苦干实干，开创了学校科研工作新局面，取得了丰硕成果。在1988年度国家教委科技进步奖评选中，西安交通大学获奖21项，其中一等奖两项，获奖数量位居国家教委直属高校第二位。由国家教委汇编的500万元以上的科研项目数量，西安交通大学当年名列全国第二。获得国家科学技术进步奖一等奖1项、国家自然科学奖三等奖2项（周惠久教授的"发挥金属材料强度潜力的理论研究——论强度、塑性、韧性的合理配合"和陈学俊教授的"管内气流两相流与沸腾传热特性的研究"），在国家教委工科院校中名列第三。在教学方面，西安交通大学在全国高校的教学排名总是名列前茅，荣获过一等奖、特等奖。1987年，西安交通大学的思想政治教育电化教育获得全国特等奖，这在高校中绝无仅有。在汪应洛主抓科研的其他年份，西安交通大学的科研成果获奖数量和等级在各高校中也名列前茅。1985年，在全国首届高校科技成果交易会展览中，西安交通大学共展出99项。

汪应洛主管西安交通大学科研时正值国家"七五"计划期间，西安交通大学全校共取得科技成果410项，其中达到国际水平的有115项，属于国内首创、国内领先的有178项，达到国内先进水平的有117项，获省、部级奖198项。在这些奖项中，有国家自然科学奖2项。共获国家发明奖5项，国家科学技术进步奖20项，获省、部、委级奖155项，其中获国家教委科技进步奖91项。专利登记总数159项，已获准授权的有119项。在国际刊物和国际学术会议上发表论文1531篇，在国内正式刊物上发表论文3015篇。

作为分管科研的副校长，汪应洛高瞻远瞩，大力拓展新的科研方向，创建新兴学科，增设博士点和国家级重点实验室，使西安交通大学的教学、科研在软件与硬件建设、体制和服务配套建设等打下了坚实的基础，为西安交通大学科研工作出人才、出成果创造了良好的条件。在这一阶段，西安交通大学加强了电子材料、系统工程、人工智能、电子物理、半导体、核能发电等新兴学科建设，弥补了学校除机、电、动等传统学科外，一些新兴学科发展不够的缺点。改革开放后，国家重视研究生教学，成立了国务院学位委员会，聘请大批国内各专业的专家评审博士点、硕士点，建立了我国的研究生培养体系。高等院校设置博士点、重点学科的数量，成为衡量学校等级的重要指标。1985年，国务院集中批准了第一批和第二批博士生导师，史维祥和汪应洛等被批准为博士生导师，为西安交通大学的博士点设立创造了条件。汪应洛着力狠抓博士点设置和重点学科建设，取得了显著成效。国家从1985年开始批准设立第一批博士后流动站，西安交通大学经国家科委批准，建立了一批博士后流动站，为学校开展科研工作搭建了平台。1986年，西安交通大学一次就上了9个博士点，使西安交通大学的博士点数量跃居全国高校第二，仅次于清华大学。在国家级重点实验室建设方面，西安交通大学第一次就被评上7个重点实验室、3个专业实验室，在全国工科院校中亦名列前茅。

1986年，国务院学位委员会批准的西安交通大学全体博士研究生导师合影（前排右起第六位为汪应洛，右起第七位为史维祥）

1986 年，汪应洛出席高等工业学校管理工程类专业教材委员会、教育研究会会议

　　为了加强国家级重点实验室建设，汪应洛积极出主意，想办法，找上级领导，争取兄弟院校的支持，千方百计地增加实验室数量。当时西安交通大学已有几个国家重点实验室，一个是陈学俊教授负责的热能工程国家重点实验室，一个是周惠久教授负责的材料强度国家重点实验室，还有一个电机工程系的绝缘国家重点实验室。机械制造专业是西安交通大学的支柱专业之一，机械制造教研室当时有"八面大旗"，也就是有八个学科都很突出，涵盖的领域很广。例如，以顾崇衔教授为主的制造工艺学科、以史维祥教授和阳含和教授为主的液压与自动化学科、以陶钟教授为主的精密机床学科、以乐兑谦教授为主的刀具学科等。这些专业的教授和科研人员都希望能建立一个国家级重点实验室，以便开拓本专业的科研新领域。屈梁生教授对此要求更为强烈。他说，西安交通大学机械制造专业水平全国排名第一，国外称雄，一提起机械制造专业，大家公认西安交通大学首屈一指。其他的一些专业有国家重点实验室，机械制造专业没有国家重点实验室说不过去。他督促学校领导要千方百计想办法去争取。当时，清华大学、华中科技大学的机械制造专业实力

比较强，他们也在积极争取设立本专业的国家重点实验室。西安交通大学的材料强度国家重点实验室属于机械类型的，再设立一个机械制造专业国家重点实验室非常困难。汪应洛另辟蹊径，发展交叉学科，将机械制造、系统工程、管理工程联系起来，形成一个交叉学科，争取成立一个机械制造系统工程国家重点实验室。汪应洛亲自带领机械制造专业的权威学者顾崇衔教授、胡保生教授到国家计划委员会（简称国家计委）去汇报，去争取。他们向时任国家计委副主任张寿阐述这门交叉学科在国民经济建设中的重要地位和广阔的发展前景，尤其是在国家进行西部大开发的背景下发展这门学科的现实意义。汪应洛等人又向主管这项工作的马德秀处长反映西安交通大学教授的意见和要求，通过科学的论证和积极进取的求学精神争取他们的支持。最终，国家批准在西安交通大学设立控制、管理、机制三位一体的机械制造系统工程国家重点实验室。

汪应洛（左一）参加机械制造系统工程国家重点实验室第三届学术委员会年会

姚熹教授是中美两国正式建交后，在美国取得博士学位的第一位中国学者。他在美国宾夕法尼亚大学进修时，在不到两年的时间内就获得了固态科学博士学位，其学位论文获该校 1982 年度材料科学最佳学位论文奖，是被遴选为1982年宾夕法尼亚地区材料科学的两篇最佳学位论文之一。姚熹在美国共发表论文20篇，在弛豫型铁电陶瓷等半导体材料研究方面取得了突破性的成绩，申请了3项发明专利。美国国家科学院主办的《美中交流通讯》称姚熹是"材料学领域的杰出学者"。美国国家科学院院士克罗斯教授在写给时任中国高等教育部部长蒋南翔和西安交通大学校长史维祥的信中说："我很自豪地向您介绍姚熹博士出色的表现……他的研究表现非常出色，他已经在第五届国际铁电学会议（IMF-5）和美国陶瓷学会全国会议上发表了自己的论文。论文评审委员会均认为该论文为特优。"他的毕业论文是美国1982年材料学的最佳论文，获得过荣誉很高的罗斯·科芬·珀迪奖。美国宾夕法尼亚大学的校长、教授们对姚熹评价很高，称赞他才华横溢，对他学成回国奉献的精神倍加赞赏。

为了给姚熹的电子材料类建一个专业实验室，汪应洛陪同姚熹一起去国家计委相关部门汇报材料。向国家计委申报建立电子材料专业实验室的单位很多，竞争十分激烈。汪应洛反复向国家计委负责同志阐述西安交通大学建立电子材料专业实验室的迫切性和所具备的有利条件，表达一定会办好专业实验室的信心和决心，使得负责这项工作的同志有了把电子材料专业实验室设在西安交通大学的意向。当时汪应洛和姚熹已订好了返回西安的机票，离飞机起飞时间不远了，他们总担心国家计委的相关负责同志的态度有变化，放心不下，又去找他商谈，等到交谈完毕，飞机已经飞走了，他们俩只好在航空旅馆住了一宿，第二天才飞回西安。

国家计委最终批准把电子材料专业实验室建在西安交通大学，但是建设电子材料专业实验室的资金严重不足。当时，联合国给西安交通大学一笔基金，这笔基金本来计划分配给汪应洛主管的管理学院使用，为了尽快把电子材料专业实验室建起来，汪应洛毅然决然地将这笔基金拨付给电子材料专业实验室，使这个项目得以尽快上马开建。

时任西安交通大学机械工程院院长卢秉恒是中国工程院院士，他在国内率先开拓光固化快速成型制造系统研究，开发出具有国际首创的紫外光快速成型机及具有国际先进水平的机、光、电一体化快速制造设备和专用材料，形成了一套国内领先的产品快速开发系统，其中5种设备、3类材料已形成产业化生产。该系统可以大大缩短机电产品开发周期，对提高我国制造业竞争能力起到了重要作用。当时国内搞快速成型的有三家院校，分别是清华大学、华中科技大学、西安交通大学。这三家大学都在争取设立快速成型专业实验室。这三家大学中，清华大学牌子响，又在北京，有许多有利条件；华中科技大学投入力量很大；竞争激烈，相比之下，这三家中西安交通大学处于弱势。为了争取到这个项目，汪应洛带领卢秉恒去拜访时任国家科委高技术司司长石定寰，向他当面汇报西安交通大学快速成型科研成果的进展情况和所取得的成绩，力陈卢秉恒在快速成型领域的建树和潜力。石定寰司长看到了西安交通大学在快速成型领域的广阔发展前景，便给有关方面做工作，最终国家把快速成型研究试点放在了西安交通大学。

西安交通大学传统学科的实力很强，在全国高校中名列前茅，但新兴学科发展较慢，影响着西安交通大学在学术界的地位。汪应洛充分认识到这一点，他在抓学科建设时，大力支持新兴学科的建设。郑南宁和他的老师宣国荣搞人工智能视觉课题，开始时困难很多，缺少设施，经费不足，影响了科研进展。汪应洛特意把全校科研经费集中使用，买了一台小型计算机，给人工智能视觉课题研究创造了必要的条件。当时不少人对这种做法不理解，有意见，认为这个课题没有得过什么奖项，花那么多钱为它买设备不值得。汪应洛高瞻远瞩，力排众议，采取实际措施支持人工智能这门新兴学科快速发展，最终相关科研团队取得了骄人的科研成果。现在，西安交通大学的人工智能科研水平位居全国高校前列。

汪应洛对电子专业和核能专业也给予了大力支持，除了给经费建实验室外，还多方面疏通关系，建立人才交流和信息网络，为专业的发展拓宽空间。他去找国家负责发展核能工业的副部长，向他汇报西安交通大学核能发电专业的教学科研实力，建议西安交通大学与核能发电企业建立合作关系。后来，大亚湾核电站接收了许多西安交通大学核能发电专业的毕业生，把西安交通大学作为他们一个很重要的支持单位。西安交通大学计算机专业相对来说设立较晚，在国内长期拿不到博士点资格。为了争取给计算机专业建立博士点，汪应洛多次找国家计算机学科的几个主要负责人反映西安交通大学计算机专业的现状和前景，希望他们支持西安交通大学建立计算机专业博士点。有一次汪应洛在国务院学位委员会开会，正好同南京大学的徐家福教授住在一个房间。汪应洛就同他交谈我国计算机专业的人才培养问题，给他做工作，希望他支持西安交通大学设立计算机专业博士点。汪应洛还找到北京大学负责这项工作的教授，给她做工作，希望她为西安交通大学设立计算机专业博士点多帮忙。汪应洛的诚心感动了这几位负责人，在大家的帮助下，经过多年的努力，西安交通大学终于拿到了计算机专业博士点。为了扶持罗晋生、钱慰宗、孙健搞的电子物理和电子器件专业，汪应洛专门去国家计委为他们申请建立了国家实验室，还邀请美国专家张可男教授做他们的顾问。这个学科发展得非常好，钱慰宗、孙健与 4400 厂合作搞科研，为 4400 厂的发展作出很大贡献。西安交通大学电子物理和电子器件专业逐渐在国内有了较高的地位。

1996 年，西安交通大学的各个实验室已有固定人员、实验室技术人员和管理人员 230 多名，约占全校专职科研编制总数的 1/3，其中副高级职称以上的占 42%，还吸收了 550 多名客座研究人员。

通过竞争，在"七五"和"八五"计划期间，西安交通大学国家实验室承担了一批国家重大基础性研究课题。其中国家自然科学基金项目 111 项（包括重大项目和重点项目 7 项）、国家高技术研究发展计划（863 计划）33 项、国家重点科技攻关项目 31 项。国家科委还利用 863 计划资金在西安交通大学建设了一个 863 计划质量网点工程实验室和一个新材料实验研究中心。

西安交通大学所建的国家重点实验室取得了一大批既有学术价值又有很好应用前景的研究成果，10 年中共获得国家级科技奖 32 项，省、部级奖 180 项（均占全校获得的同类奖的 56%），专利授权 35 项。在国内外刊物及学术会议上发表论文近 3000 篇，出版专著 70 多部。

学校的国家实验室和部门开放实验室集中了在西安交通大学工作的中国科学院院士和中国工程院院士，为学校教师队伍建设作出了成绩，在国家重点实验室工作的教授先后有 80 位被批准为博士生导师，其中 45 岁以下的有 5 位，中青年教师破格晋升为教授的有 11 位。

1993 年，学校首届科技论文奖的两项特等奖均由国家实验室的教授（精细功能电子材料与器件国家专业实验室的姚熹院士、机械结构强度与振动国家重点实验室的王铁军）获得。1985～1996 年，西安交通大学各国家实验室和部门开放实验室共培养硕士以上研究生 800 余名。

史维祥主政西安交通大学期间，汪应洛分管科研工作，创造了西安交通大学教学史上的辉煌一页，受到党和国家领导人的高度评价，受到全国各大媒体的热烈追捧。

1990 年 5 月 24 日，《文汇报》发表记者李其贵的报道，文章中写道，西安交通大学"双喜临门"：四十年来全国第一次评选优秀教学成果奖中，荣获特等奖 2 项、优秀奖 7 项，名列全国高校榜首；在 1989 年度国家教委科技进步奖中，共获奖 16 项，其中一等奖 3 项、二等奖 13 项，获奖数在国家教委直属高校中继 1987 年后再次夺魁。文章分析了西安交通大学教学和科研双获"最优"的原因，不仅是牌子老，实力雄厚，而且有更深一层的原因：这里的"英雄"——教师有施展才能的用武之地。西安交通大学一直坚持让大批有经验的教师上教学科研第一线。学校共有教师 2200 人，其中教学编制占到 1500 人，每学期在教学第一线的教师有 49% 是教授和副教授，比例之高是全国少有的。为了鼓励教师作出成绩，学校分别设立了诸如优秀教学奖、优秀教材奖、优秀成果奖、优秀班主任奖等奖项。在评定职称方面，重表现，重实绩。规定凡 43 岁以下由讲师升副教授者、49 岁以下由副教授升教授者不受各系比例限制，只要达标即可提升，指标由学校统一拨给。为了让青年教师加速成长，解决好教师可能出现"断层"的问题，学校采取了一系列措施，并积极开展青年教师教学优秀评选活动，如对获得博士学位刚回国任教的留学生，实行优惠政策；工科教师每人给 1 万元，理科教师每人给 6000 元课题启动费。

西安交通大学还想方设法为教师创造开阔眼界的机会。除了加强国际交流外，还在国内首创了定期抽人去兄弟院校交流，学他人所长，补自己之短。从 1988 年开始，学校两次组织基础课和技术基础课教研室主任去清华大学交流。

学校尊重教师，信任教师，凡技术问题，学校党委不干预，业务上听老师的。近年来，学校先后对数学、理论力学、材料力学、电工学、机械原理、化学、制图等 10 门课程体系进行改革。这些改革都是在老教授、老专家及各系主任的指导下，在教师们共同研讨的基础上顺利进行的。

1990 年 3 月 9 日《文汇报》刊载文章，报道西安交通大学取得的成绩："春节前，西安交大双喜临门，荣获全国教学优秀奖项目奖奖级之高、奖牌之多，均居全国重点高校之前列。在全国教委 36 所直属学校科研奖评选中，名次排名前列。"

1989 年 1 月，国家教委高等工业学校教育研究协作组主办的《高等工程教育研究》用英文版向国外介绍了我国的高等工业大学，介绍的次序为清华大学、西安交通大学、浙江大学、天津大学、上海交通大学等学校。在我国"七五"规划中，1984年3月，国家锁定了10所重点建设的学校，在国家下发的文件中，学校排位次序为：北京大学、清华大学、复旦大学、西安交通大学、上海交通大学等。

纵观上面所述，在我国工科高校排名次序中，当时西安交通大学总是紧接清华大学，排名第二位。

西安交通大学的教育质量是全国知名的，清华大学每年都要派代表团到西安交通大学教务处交流教学和改革经验。西安交通大学教务处也会去清华大学学习，双方建立了对口交流平台。清华大学相关负责人说，西安交通大学是他们学校研究生招生最受欢迎的单位之一，因为西安交通大学的教学质量就是不一样。

1988年5月，汪应洛（左二）在西安交通大学管理学院
召开的中国生育计划研讨会上发言

第二节 服务企业搞研发

汪应洛致力于研究的管理科学，是一门以管理创效益的科学，是一门为实践服务、提升实践效能的科学，是一门为国家政务建设和经济文化建设服务的科学，因而进行社会实践是汪应洛科研工作的重要一环。他带领西安交通大学科研团队走出校门，跨出省界，走向了全国。广东省是改革开放的前沿阵地，汪应洛首先把社会实践的队伍带进了广州和深圳。当时广州的市委秘书长是西安交通大学校友，他热烈欢迎西安交通大学参与广州的开发和建设，对西安交通大学在广州的工作给予了大力支持和配合，使一系列科研工作得以顺利开展，很快打开了局面，取得了成效。汪应洛带领计算机专业的王以和、鲍嘉元等人帮助广州市政府建立起了计算机管理信息系统，大大提高了市政府的工作效率，提高了市政府的施政效能和管理水平，为全国政府机关现代化管理树立了样板。广州市政府对西安交通大学的这一科研项目给予了很高的评价。

在广州市政府的计算机管理信息系统研制取得成功后，汪应洛又带领计算机系的科研人员为广州市当时最大的两个宾馆——流化宾馆和白天鹅宾馆建立了信息管理系统。他和王以和等住在宾馆里，一起调查研究，设计方案，指导施工，使工程顺利地按计划完成，极大地提高了宾馆的管理水平和服务质量。

广州气候炎热，对制冷工程的需求量很大。汪应洛便带领西安交通大学能动学院制冷教研室的同志同广州市的一个设计院合作，为广州市的一些企业、单位建立制冷系统。制冷教研室的同志在制冷系统建设中采用自己研发的新技术，并努力引进国际先进的设备和技术，使每个制冷工程都呈现出节能、低耗、耐用和成本低廉的优越性，受到了用户的欢迎和好评。许多单位慕名前来同西安交通大学洽谈业务，寻求合作。为了适应广州市的广阔市场需求，西安交通大学在广州市购买了一栋楼房，以便本校专家教授和工作人员来这里开展科研与施工。

中国航空技术公司要在深圳开拓业务，汪应洛以中国航空技术公司的项目为切入点，把西安交通大学的科研与创新工作在深圳开展了起来。西安交通大学派一位校计算中心副主任来帮助中国航空技术公司建立起了计算中心，为中国航空技术公司在深圳的发展解决了关键性问题。西安交通大学还参与了中国航空技术公司在深圳的多个项目的研发和建设，为中国航空技术公司在深圳的快速发展发挥了很大的作用。中国航空技术公司后成为深圳举足轻重的龙头科技企业之一。西安交通大学的王迪生教授还把他们在广州搞的涡旋式压缩机项目引进到深圳。汪应洛和王迪生在深圳与广州中间找了一家工厂与他们合作，西安交通大学出技术，在那个地方生产涡旋式压缩机。西安交通大学在深圳的产学研工作开展得轰轰烈烈，为了便于工作，学校又在深圳买了一幢楼房，作为教师的科研和工作基地。

后来，汪应洛带领一批以能动和机械系为主的教师到天津进行厂校联合开展科技开发活动。能动学院的教授帮助天津相关专业的企业工厂改进高压泵、深水泵生产工艺和技术，促使企业产品升级换代，研发适应国家经济建设和高科技发展需要的新产品。机械工程系的张娴如等教师帮助企业搞计算机设计模具。因为发展新技术，研发新产品，对模具的需要量很大，而模具生产周期比较长，所以在帮助企业开发新产品的同时就把计算机设计模具这套技术带了过去。企业非常欢迎这些新技术，积极配合学校教师开展技术攻关，使得科研项目较快地取得了成果。

汪应洛（前左）率西安交通大学科技代表团
与天津市经济委员会签订科技合作协议

　　西安交通大学在天津的科技开发活动产生了广泛的影响，天津市有关部门的领导对西安交通大学的校企联合开发新产品活动给予高度评价，并提示天津大学和南开大学要学习西安交通大学的做法，走出校门，与企业合作搞科技开发，以加速天津的经济与科技发展。

　　汪应洛还选择南京作为校企合作的一个重点地区。南京不少企业需要制冷、压缩机技术，西安交通大学机械、动力系就在这里开展了广泛的社会服务活动。西安交通大学的社会服务活动对南京大学、南京工业大学产生了很大的影响，使得他们也开展起校企合作、服务社会的活动来。常州内燃机厂厂长沈铁平是西安交通大学校友，看到西安交通大学在南京开展校企合作成果辉煌，便去找汪应洛，要同西安交通大学进行技术合作，这样西安交通大学的社会实践基地又陆续延伸到常州、无锡等地，在社会上产生了很大的影响，同时对于学校多出人才、多出科技成果起到了很好的作用。

　　重实践是西安交通大学的传统，汪应洛是这个优良传统的继承者和践行者。他在哈尔滨工业大学跟随苏联专家读研究生时，就注重深入工厂调查研究，检验和深化学到的理论知识，他的研究生毕业论文就是在东北工厂中完成的。优秀的学习成绩和丰富的工厂实践使他在读研究生时期就写出了中华人民共和国成立后我国学者自己撰写的第一部管理学著作——《企业组织与计划》。在后来的教学科研工作中，他始终把理论与实践相结合作为自己坚定不移的治学信条。这种信念的基础，是他爱党爱国的政治思想，是他淡泊名利的人格魅力，是他实事求是的科学态度，是他吃苦耐劳的奋斗精神。

第九章

创建管理工程学科和管理学院

第一节　在兰州推广自动化

交通大学的管理学教学研究有着悠久的历史。早在盛宣怀创办南洋公学时，就把发展管理学科作为办学的主要内容之一。他在给清廷的奏折上写道，南洋公学不同于以工科为主的北洋大学，而是以文科为主兼及"理财"。盛宣怀所讲的"理财"包括工商业的经营管理在内。

为了实现南洋公学的办学宗旨，1901 年春，公学总理张元济奉盛宣怀之意，呈文在公学内设一特班，并起草章程十条。3 月，盛宣怀批复南洋公学："……公学设此特班系本达成馆初意，所取必须品学合格，为将来造就桢干大才之用。"同年 7 月，盛宣怀又行文照会南洋公学新任总理沈曾植，两次强调特班办学宗旨："系为应经济特科之选，以储国家梁栋之材，故宜专志政学，不必兼涉艺学，尤以讲求中西贯通希合公理之学，不可偏蹈新奇乖僻混入异端之学。器识以正谊明道为宗，志趣以遗大投艰为事，经济以匡时济物为怀，文章以切理餍心为贵。""但望学成之后，能如曾、李二星。"也就是说，特班培养人才的标准是造就曾国藩、李鸿章式的人物。

1901 年 4 月，特班张榜招生，考试特别严格。经过两次考试，共录取学生 42 人，都是 20～30 岁的在中国文学方面有相当基础的人，有些人还有秀才、举人身份。特班的班主任由蔡元培担任，学制三年，教学分两期完成。前期的功课有英文、算学、格致化学，后期的功课为格致化学、地志、史学、政治学、理财学、名学。两期课程均以西学为重。特班培养出了许多经世治国之才，如李广平（叔同）、邵闻泰（力子）、黄炎培（楚南）、谢澄（无量）等著名人士。

交通大学一贯重视管理学科教学，教授大多为欧美管理学界的知名学者和中国从欧美留学归来的学者，学校管理学教材和教学程式也都是美国大学的模式，学术界称交通大学为"东方麻省理工学院"。

中华人民共和国成立后，社会上批判欧美的管理学教材和教学模式，说那是资本主义的东西。苏联大力援助中国的革命和建设，全国各行各业都学习苏联。国家选派了一大批年轻学生和教师到苏联去留学，学习苏联的科学技术和管理经验。交通大学派汪应洛到哈尔滨工业大学跟随苏联专家攻读管理学研究生。汪应洛学成毕业后，回到交通大学进行苏联模式的管理学教学和研究。当时中国正在进行发展国民经济的第一个五年计划，苏联帮助中国建设了156个重大工程项目，这些大企业都是按照苏联模式来管理的，需要大量的管理人才，从苏联学习管理学专业回来的人十分受国家和企业的重视。教育部规定所有专业的教学大纲都要安排管理学课程。汪应洛是交通大学唯一学习过苏联管理学的，他讲课内容新颖，又比较实用，学生普遍喜欢听。为了满足各专业的需要，学校便安排汪应洛给学生上大课。那几年，管理学教育在学校开展得非常好。

1958年以后，汪应洛充分认识到，中国的管理学教育，非得另辟蹊径，创建自己的理论体系不可了。

1958年，全国大搞"双革"（技术革新、技术革命）群众运动，机械工业部的许多企业"土洋并举"地建起了许多生产流水线、自动化生产线。1962年后，国家实行"调整、巩固、充实、提高"的国民经济恢复政策，机械工业部按照提高经济效益的观点来整顿"双革"运动中的各种生产自动化项目。西安交通大学成立了研究组，汪应洛组织安排李怀祖等人先后到大连电机厂、组合机床厂和西安电机厂调研，写出了技术经济分析报告，并拟定了《自动化生产经济效果衡量标准》建议稿，提交机械工业部。在此基础上，汪应洛与李怀祖合作，发表论文《新技术经济效果及其衡量指标问题》，提出了按资本回收期、成本等经济指标来评价新技术。这是一篇为数不多的敢于冲破当时"左"的思潮束缚的研究论文。

从 1964 年开始，由中国科学院自动化研究所、化工部化工研究院和西安交通大学组成研究队伍，实施兰州化肥厂自动化试点项目。汪应洛和胡保生教授、万百五教授及李怀祖等专家常驻兰州开展工作。他们日夜在现场跟班进行劳动调研，观测记录生产运行数据，从技术和管理的角度，探索提高经济效益的途径。他们优化化肥厂炉子温度参数，优化生产工艺，有效地提高了化肥产量和质量。经过一年多的工作，参与的科研人员除了撰写技术经济分析报告外，还根据现场实验结果于 1965 年在《西安交通大学学报》上发表了有关兰州化肥厂五号变换炉生产优化的论文。

这篇题为《用"多参数组合试验"寻求连续生产过程静态最优问题》的论文，是根据由汪应洛领衔，西安交通大学的李怀祖、许国樑、郑叔良、谢志高，以及化工部化工自动研究所的技术员崔绍铭，兰州化肥厂工人王永忠、吕蒲芳、董洁玉，一机部热工仪表研究所的张岷秀等同志参与现场实验完成的。这篇论文讨论了静态最优问题对自动化技术经济效果的影响，概述了寻求静态最优的方法，并着重介绍了用多参数组合试验搜索最优的方法。

我国的化工、石油炼制、冶金等生产部门中，自动化技术日益广泛地被采用，人们希望它更好地为生产服务，取得更大的经济效益。而自动化技术本身，只有和生产实际紧密结合才能得到迅速发展。所以，如何发挥自动化技术的经济潜力，是一项具有实际意义的课题，寻求静态最优是充分发挥生产过程自动化经济潜力的一个重要方面。汪应洛科研团队在兰州化肥厂实际生产中运用多参数组合试验法，产量有较显著的提高，使自动调节系统的经济潜力得到充分的发挥。后通过实践，对该方法进行了系统化和简化工作。实际应用表明，用多参数组合试验法寻找静态最优，可以在不增添设备、不花费投资的前提下，发掘现有工艺过程的经济潜力，提高产量或降低消耗。

汪应洛、李怀祖等在兰州化肥厂优化生产工艺采用的"双法"中正交试验法，华罗庚教授在 1968 年大力提倡，并于 1970 年开始在全国大力推广。

兰州化肥厂自动化试点，是中国第一个自动化生产研究试点，也是汪应洛创建系统工程学科的开端。兰州自动化生产组织试点取得了初步的成效，受到了企业的欢迎和国家的重视。兰州化学工业总公司的林总经理对交通大学的自动化生产组织试验非常重视，给予了很大的支持和很高的评价。他后来调任国家计委副主席，对交通大学的管理工程研究一直十分关注。正当这项研究有待深入进行的时候，"文化大革命"开始了，试点工作被迫中断，科研人员只好奉命撤回学校。由于在兰州化肥厂开展的技术经济分析工作得到兰州化肥厂的认可，所以 1971 年，兰州化肥厂作为化工部计算机应用试点单位，又邀请西安交通大学研究组去继续工作。汪应洛又率科研团队到兰州化肥厂和兰州炼油厂继续进行自动化生产组织课题研究，取得了丰硕成果。这项全国首创的大型自动化生产组织课题研究的成功，为汪应洛创立系统工程学科准备了一个案例。

第二节　创建管理工程学科

1978 年 3 月 18 日，全国科学大会在北京召开。邓小平作了重要讲话，阐明了马克思主义关于科学技术在社会发展中的地位、作用的基本原理，指出为社会主义服务的脑力劳动者是劳动人民的一部分，强调在我国造就宏大的科学技术队伍的必要性。华国锋作了《提高整个中华民族的科学文化水平》的报告，强调这是实现四个现代化的直接需要，也是在全国范围内造就有社会主义觉悟的、有文化的亿万劳动者，攀登科学技术高峰的战略任务。大会制定了《1978—1985年全国科学技术发展规划纲要（草案）》，表彰了先进工作者和先进集体，号召大家树雄心，立壮志，向科学技术现代化进军。

邓小平同志在全国科学大会开幕式上讲话。他指出，科学技术是生产力；中国绝大多数科学技术人员已经是工人阶级和劳动人民自己的知识分子，是工人阶级的一部分。

全国科学大会的春风吹散了笼罩在知识分子头上的阴霾，彻底摘掉了强加在广大科技人员和知识分子头上的"资产阶级"的帽子，极大地调动了广大科技人员的积极性，科学的春天来到了！这一年的4月21日，经陕西省革命委员会教育局核心小组同意，汪应洛被任命为西安交通大学科研处副处长。12月18日至22日，中共十一届三中全会在北京举行，会议充分肯定必须完整、准确地掌握毛泽东思想的科学体系，高度评价关于实践是检验真理的唯一标准问题的讨论，确定了解放思想、实事求是、团结一致向前看的指导方针；果断地停止使用"以阶级斗争为纲"这个不适用于社会主义的口号，作出把工作重点转移到社会主义现代化建设上来和实行改革开放的决策。十一届三中全会是中华人民共和国成立以来中国共产党历史上具有深远意义的伟大转折。这次会议从根本上冲破了长期"左"倾错误的严重束缚，开始了系统的拨乱反正，端正了全党的指导思想，重新确立了马克思主义的思想路线、政治路线和组织路线，成为新的历史时期的开端。

汪应洛恢复了工作，就又着手恢复管理学科的建设。建设管理学科，汪应洛首先从系统工程开始，把系统工程的一些方法介绍到企业去。"文化大革命"结束后，企业在逐步恢复正常生产，急需先进的科学管理方法。汪应洛在全国机械工程学会恢复活动后的第一次会员大会上作了一个报告，题目是《系统工程在机械工业中的应用》，受到了与会同志的欢迎和重视。系统工程在机械工业部系统很快就推广开来。汪应洛又给机械工业部司局级领导作了关于系统工程的讲座，受到机械工业部领导的高度评价。机械工业部副部长陶享咸是西安交通大学校友，他大力支持汪应洛在机械工业部系统的企业中推广系统工程。西安交通大学有两批人推广系统工程：一批是以胡保生教授为首的自动化系的科研人员，他们从搞自动化转到搞系统工程；另一批就是汪应洛领导的搞管理学科的人搞系统工程。搞管理学科的人搞系统工程比较重视推广应用，用系统工程方法组织企业生产，提高企业的生产效率和经济效益。自动化专业的科研人员则侧重于系统工程理论研究，叫大系统理论。自动化专业和管理学专业两支科研队伍配合得很好，使得课题研究进展很快。当时全国有五所高校成立了系统工程研究所，西安交通大学系统工程研究所是成立最早的一所，自动化系科研力量较强，学校就请自动化系教授胡保生任系统工程研究所所长，时任西安交通大学科研处副处长的汪应洛任副所长。

那时候，国务院学位委员会有自动化学科组，没有管理工程学科组。搞管理工程专业的汪应洛作为国务院学位委员会学科评议组成员，只好参加自动化学科组。在全国率先搞系统工程研究的五所大学，即清华大学、西安交通大学、上海交通大学、华中工学院、大连理工大学，都是全国比较有名的大学，这些大学的系统工程研究所的科研人员觉得系统工程在国际上发展得很快，我国应该加强系统工程的研究和推广。汪应洛带头建议国务院学位委员会从自动化学科组中分出一个系统工程学科组。汪应洛的论证缜密、论据充分、富有远见卓识的建议得到了国务院学位委员会的认可，最终系统工程学科组得以在国务院学位委员会中单独设立。

作为国务院学位委员会学科评议组成员，汪应洛与著名科学家钱学森有较多的工作联系，聆听过钱学森对科技和管理科学的诸多论述。

早在 20 世纪 80 年代初期，钱学森就支持开展系统工程研究。他曾经提出，中国应该发展管理科学，他还自告奋勇地说，假如中国科学院成立管理科学学部，他愿意去当管理科学学部主任。他认为中国需要科学的管理，因而非常重视管理学科的发展。钱学森的建议，再加上汪应洛等一批管理专业搞系统工程专家的积极推动，促使国务院学位委员会设立了管理工程学科组，把汪应洛从系统工程学科组调去筹建管理工程学科组。汪应洛吸收了一批搞管理工程的教授参加管理工程学科组，考虑到管理和实践之间的关系十分密切，必须取得企业的配合和支持，便请时任国家经济贸易委员会（简称国家经委）主任的朱镕基任管理工程学科组组长，汪应洛任副组长，两人搭班子把管理工程学科组建立了起来。

管理工程学科的建立经过了一段艰难曲折的过程。汪应洛创造了"管理工程学科"这个名词，是国内外独一无二的，当时苏联和美国都没有这个名称。这个学科是管理与工业的结合，所以称之为"管理工程"。开始时，人们对管理专业不是很了解，所以既不重视，也不大支持，汪应洛便在各种场合大力宣传管理学的重要性及其对工矿企业提高生产效率和经济效益的巨大作用，争取社会各界的支持和重视，同时努力壮大管理工程学科的科研队伍。他觉得西安交通大学开展管理工程教育和研究起步最早，但响应者只有清华大学、哈尔滨工业大学等几所工科院校，没有庞大的科研队伍，这个学科是发展不起来的。于是，他便在组织管理工程研究团队上下功夫，想办法，同时努力丰富管理工程学科的研究内容，构建管理工程学科的理论体系。

第三节　创建管理学门类

　　1979 年，管理工程学科研究有了一个好机遇：美国政府邀请中国的管理学家去美国访问，与中国学者交流管理工程教育和研究经验。

　　上海机械学院是隶属于机械工业部的院校，也是钱学森重视和支持的高等院校。他们要办一个系统工程培训班，机械工业部就请美国麻省理工学院来帮忙，钱学森邀请汪应洛去帮助上海机械学院办这个培训班。汪应洛就和上海机械学院一起接待美国麻省理工学院的院长和教授来上海访问。美国麻省理工学院代表团参观了上海机械学院后，汪应洛邀请代表团到西安交通大学参观。代表团参观后，对西安交通大学的管理工程教学和研究很感兴趣，同时也看到了中国这个广阔的市场，于是便联合美国麻省理工学院、哈佛大学、斯坦福大学、宾夕法尼亚大学、印第安纳大学五所大学的管理学院，联合邀请中国派一个管理学家代表团去美国访问，与中国管理学界进行交流。

　　汪应洛和上海机械学院就组团赴美国访问一事向机械工业部作了汇报。这是改革开放以来机械工业部第一次组织代表团出国访问，中央很重视这次出访活动，组建了名义上的"中国管理学家代表团"，实际上主要是国家重要专家参加的赴美访问代表团，团长由中国社会科学院院长马洪任团长，国务院秘书长、国家计委副主任薛暮桥担任副团长，他是中国最重要的经济学家之一。代表团成员有汪应洛、上海机械学院一位外语专业的副院长、中国人民大学的王嘉谟、武汉大学一位从哈佛大学毕业的学经济学的吴教授，有中央办公厅的梅益、国家计委几个研究所的同志。国家计委外事局局长担任代表团的秘书，负责对外联系。美国政府对中国这个代表团也比较重视，除了安排代表团参观访问五所大学之外，还安排总统经济顾问和科学顾问与代表团成员会面。

汪应洛（左二）作为国家科委代表团成员访美

通过这次赴美访问，汪应洛对美国的经济发展状况和美国高校的管理教学情况有了较为全面的了解，为发展我国管理工程学科增加了不少感性认识，吸取了许多经验。美国斯坦福大学有一个战略研究所，是一个为国家服务的科研机构，通过参观这个研究所，汪应洛感到，作为一个国家或者企业的管理者，必须要有战略眼光，要有战略意识，这是非常重要的。美国麻省理工学院有一支实力强大的研究系统工程的科研队伍，他们强调学科交叉，管理学和工程学结合得十分紧密。宾夕法尼亚大学是美国管理学研究领域经济实力比较强的大学，注重管理和经济的密切结合。这次访问，让汪应洛对美国高校管理教育有了比较深入的了解，对这个学科教育的方向、课程设计与企业的关系都有了较为全面的认识，为发展我国管

1979年，中国管理学家访美代表团在
美国国会大厦前合影（前排右一是汪应洛）

理学科打下了良好的基础。

　　在汪应洛的领导下，西安交通大学的管理工程教学科研工作有了长足的发展。这个学科得到国务院学位委员会的认可后，获得了教育部的专门经费。西安交通大学管理工程学科拿到了第一个教育部重点学科，就有了教育部重点经费的支持。复旦大学的管理学把运筹学、数学都放了进去，有他们自己的特色。他们找到汪应洛，希望参加到管理工程学科组里来。汪应洛表示欢迎，他希望扩大管理工程学科队伍，扩大学科交叉。复旦大学的运筹学科研力量十分强大，他们把管理学称为管理科学。复旦大学加入管理工程学科组后，汪应洛就把管理工程与管理科学合并，称为管理科学与工程。

因为我们国家进行学科设置的时候，许多学科用"科学与工程"的称谓，如计算机科学与工程、自动化科学与工程等，使用"管理科学与工程"这一称谓，提高了管理学的理论水平，在学科建设上跨出了一大步。

管理科学与工程学科的建设，加强了学科组与朱镕基同志的联络，也加强了学科组与国家经委的联络。朱镕基同志担任学科组组长，但他工作忙，学科组的许多事情他难以亲自参与，具体工作由汪应洛负责。朱镕基同志非常支持学科组的工作，专门召开了一次会议，安排和研究管理科学与工程学科组的工作。国家经委开会，也把学科组的成员请去，专门给学科组一笔经费，帮助国家经委研究有关课题。这样，管理科学与工程学科组的学科建设将高校和经济建设部门联系了起来，取得了双赢的好效果。

1998 年，国务院学位委员会管理科学与工程学科评议组全体成员合影（前排右三为汪应洛）

汪应洛注重抓管理科学与工程学科建设，取得了显著的成效，起到了表率与示范作用，其他高校纷纷跟进，系统工程、工商管理几个学科也都建立起来了。这样，管理科学与工程学科发展得非常迅速，引起了文科管理学界相关人员的羡慕。

管理科学与工程学科建设也经历了一些曲折。有一段时间，为了走国际化道路，自1983年开始，根据中国-加拿大管理教育合作项目，在教育部的领导下，西安交通大学与加拿大阿尔伯塔大学进行管理教育交流和联合培养管理专业研究生。1983～1987年为第一执行周期，由加拿大国际开发署资助经费，西安交通大学管理学院派出大批年轻教师出国进修或攻读学位，获得了一批计算机、缩微复印设备、缩微胶片和图书，并成立中-加联合培养博士生（西安）中心。加拿大8所大学同中国8所大学进行对等交流，西安交通大学同阿尔伯塔大学等5所大学建立了联系。另外，鉴于自身的潜力和特点，西安交通大学管理学院又同加拿大很有名的滑铁卢大学建立了合作关系。滑铁卢大学有系统设计工程系，当时我们国内只有西安交通大学有管理工程系和系统工程研究所，尽管中国与加拿大的这次合作项目中没有系统工程项目，但西安交通大学管理学院还是借此机会同滑铁卢大学建立了合作关系，扩大了合作范围。同加拿大的合作教育培养计划执行5年完成后，西安交通大学管理学院又同加拿大进行了5年研究合作项目，后同阿尔伯塔大学进行了其他一些项目的合作研究。

20世纪80年代中期，汪应洛访问加拿大多伦多大学时留影

教育部、商务部与加拿大国际开发署设立的联合资助中国培养管理人才项目，西安交通大学管理学院是中方几所大学的联系学校，汪应洛是中方这个项目的联系人。加拿大方面的负责人是麦吉尔大学的克若斯坦教授，他是美国麻省理工学院毕业的，与被誉为"中国麻省理工学院"的西安交通大学管理学院的院长汪应洛有着特别密切的关系，所以几个大的项目都是在西安交通大学开展的。为了促成这些事情，汪应洛付出了很大的努力。

20 世纪 90 年代末，中国－加拿大国际管理学术会议在西安交通大学召开，加拿大驻华大使、教育部代表团等出席大会（左一为汪应洛）

20 世纪 80 年代中期，汪应洛（右一）访问加拿大阿尔伯塔大学与该校校长在一起

中加联合培养博士班，为全国各学校培养了约100名博士。中加合作的一个国际学术会议，也是在西安交通大学召开的。加拿大很重视这个会议，加拿大驻华大使亲临现场参加会议。中国和加拿大的合作交流对西安交通大学管理学院初期的发展发挥了很好的作用，西安交通大学管理学院当年的许多教师都去过加拿大，大多数去了阿尔伯塔大学，还有一些去了滑铁卢大学。滑铁卢大学为西安交通大学培养了多位博士。学术交流促进了西安交通大学管理学院的快速发展，加拿大的教授们称赞西安交通大学的发展速度比他们快，教学设备比他们先进，学院规模也比他们大。

1994年，汪应洛（前排左四）等与第四届中－加联合培养博士生合影

有一段时间，在国内政治气候的影响下，有人说管理教育崇洋媚外，不从中国实际出发，没有为中国的经济建设服务，这种声音一度还不小。汪应洛便组织了一个专门调查组，调查各个学校在管理教育方面所做的工作。经过一年多时间的细致调查研究，认为这种做法不是崇洋媚外，而是在学习国外的先进经验，结合中国实际情况开展管理科学教育。调查组为此写了很厚一本调查报告呈送教

育部，得到了教育部的认可，为高等院校管理教育摆脱了枷锁。这次事件的妥善解决，使各兄弟院校对西安交通大学管理教育的方向和成果更加认可与支持，汪应洛领导的教育部大学本科管理工程教学指导委员会和国务院学位委员会管理科学与工程学科评议组两大组织，都得到很大的发展，全国有100多所学校开展了这个学科的教学研究。

在管理学发展史上，理工科的管理教育与文史类的管理教育是各有侧重点的。理工科的"管理科学与工程"学科发展起来后，文科类的管理教育的同志来找汪应洛，希望加入"管理科学与工程"学科中来。为了解决这个问题，汪应洛设想成立一个管理学门类，将理工科的管理教育与文科类的管理教育结合起来。

成立一个新学科门类是十分困难的，国家学术界总共只分11个门类，工科包括许许多多专业，也只算一个门类。要把管理学发展为一个门类，确实不容易。随着社会的发展，管理的重要性越来越突显出来，发展管理学既是百年大计，又是当务之急，汪应洛决心推动创建管理学门类。汪应洛找教育部的有关同志商议，他们觉得设立管理学门类这件事有可行性，但教育部办不了，他们没有这个权力来解决这么大的事情。汪应洛给时任国务院副总理朱镕基写信，陈述自己的观点和请求。朱镕基比较了解管理学科的情况。汪应洛还给时任国务院学位委员会主任、教育部副部长李岚清写信，希望得到他的支持。李岚清是复旦大学管理系毕业的，对管理学的发展现状和远景比较了解。

在朱镕基和李岚清的支持下，国务院学位委员会同意设立了管理学门类。在汪应洛的倡导和努力下，中国学术界的11个门类发展成12个门类，管理学在国家学术界的地位显著提高。国务院学位委员会成立了管理学门类，不但使管理科学与工程进入了这个门类，后来工商管理及新兴起来的公共管理、农林管理、情报资料管理也都进入了这个门类，后来信息管理发展起来以后，给管理学门类增加了很好的内容。汪应洛推动创建的管理学门类，为我国的管理学发展开辟了一个广阔的天地。国家对管理学门类给予了高度重视和大力支持，建立了一些重点实验室。管理学科的发展对国家的经济建设发挥了很大作用，也为国家培养了一大批高级管理干部。

第四节　重建交大管理学院

为了给国家培养高层次管理人才，汪应洛积极推动在大学成立管理学院。1984年国家批准成立了10个管理学院，西安交通大学管理学院名列其中。汪应洛担任西安交通大学管理学院首任院长。

汪应洛为西安交通大学管理学院做了一系列奠基性的制度建设、办学条件建设工作，制定了遵循的校训：精勤求学，敦笃励志，果毅力行，忠恕任事。确定了学院使命：以创造和传播管理知识为己任，致力于为中国培养追求创新、富有社会责任感、具有国际视野的杰出管理人才。设计了学院发展宏图：未来我们要成为世界知名的管理学院，在管理研究方面处于前沿地位，在管理教育方面成为人才向往的地方，在社会服务方面更具有影响力。

汪应洛筹办管理学院，坚持三条办院理念：第一，着眼于培养高层次管理人才；第二，加强理论研究，提高管理学科理论水平；第三，面向实际，开展社会服务。他认为，要培养高级管理人才，就要用符合我国实际情况的科学的管理理论开展教学工作，教给学生科学的管理方法。而具有中国特色的科学管理理论和管理方法需要不断地探索、研究和升华，因此，加强理论研究是管理学院健康发展的重要一环。同时，理论与实践相结合是发展管理教育的必由之路，管理科学与其他理工学科不同，许多成果不是能在实验室里做出来的，必须通过社会实践来发挥它的作用，实现它的价值。

西安交通大学管理学院坚持与时俱进、开拓创新的办学理念，因此始终站在管理学科发展的最前沿。汪应洛注重学科发展，不断开拓新的研究领域。管理学院刚开办，汪应洛就以系统工程作为学院的研究重点，接着，学院开始研究决策理论、决策方法和决策支持系统。博士研究生席西民研究决策理论取得了很大的成绩，李怀祖教授在决策理论研究方面也大有建树。

到了20世纪90年代，国际上出现了一种新情况，不少大型企业面临危机，甚至濒临破产。当时美国王安电脑公司是全球很大的电脑公司之一，创办者王安是交通大学校友。这个公司原来的规模很大，后因经济不善，1990年申请破产保护。国际商业机器公司（IBM）是国际上有名的大公司，也一度面临危机，不得不转型。为什么一个原本很有实力的企业会倒闭呢？许多学者认为，主要是国内外形势发生了变化，环境发生了变化，这些企业的发展战略却没有跟随形势的变化而变化，最终导致衰败或破产。西安交通大学管理学院适应社会潮流，从20世纪90年代开始就将研究重点转向发展战略研究，提出了"柔性战略理论"，其关键是：企业发展战略不是刚性的，不是一成不变的，要随着形势的变化而变化。李垣教授在这一研究领域取得了卓越的成果。

西安交通大学管理学院研究大数据，又是一个新的开拓创新之举。在大数据领域的管理问题研究方面，西安交通大学管理学院在国内是开展得比较早的，起了引领这一学科发展的作用。自21世纪开始，西安交通大学管理学院提出了"服务型制造"这个新概念，研究制造业和服务业融合发展的新课题。"服务型制造"是西安交通大学管理学院在国内最先提出来的。汪应洛认为，服务既要为人民群众的生活服务，也要为产业服务，为工业服务。中国最大的工业是制造业，为制造业服务，会有一条比较宽阔的发展道路。制造业与服务业相融合，既能推动现代服务业的发展，又能推动现代制造业的发展。刚开始，人们对服务型制造理论还不是太理解，后来大家都基本上认可这一理论了，国家"十二五"发展规划中也提到这个理论。机械工业部对服务型制造理论尤为重视，并大力加以推广应用，他们把服务型制造称为制造服务业，其本质是一回事。

在学科建设中，汪应洛重视学科交叉，提出"学科交叉，知识融合，人员交流"的新思路。在西安交通大学管理学院中，有数学家，有计算机专家，有机械、电子专业教授，大家合作攻关，有利于出成果。汪应洛要求管理研究人员既要精通管理专业，又要懂计算机技术，熟悉数学、运筹学等学科，要融合多种知识，成为复合型人才。西安交通大学管理学院有由一大批复合型人才组成的研究团队，因而成果辈出，始终走在管理学科研究的最前端。

汪应洛（前排左三）与西安交大首届 EMBA 专业学位研究生合影

西安交通大学管理学院注重人员交流，经常同电子信息工程学院、数学与统计学院等进行人员交流、学术研究合作，吸取其他学科的最新知识和科研理念。通过人员交流，促进了学科交叉。西安交通大学管理学院与加拿大进行教育合作，对国际金融体系、会计体系有了比较多的了解。

第五节　培养首位管理学博士

西安交通大学管理学院一成立，就承担了国家经济委员会培训全国厂长的任务。

中国大型企事业单位的领导，在中华人民共和国成立初期不少是老革命、老干部，后来许多工科院校的毕业生进入了企业管理层，他们都不大擅长企业管理，影响了企业管理水平和经济效益的提高。汪应洛以管理学者的视角，看到了中国企业存在的缺陷，便在教育部的有关会议上，提出了培养企业领导者的建议。他的建议得到了有关部门的响应，国家经济委员会成立了全国厂长培训委员会，由国家经济委员会主任担任培训委员会主任，汪应洛担任副主任。在全国第一批管理学院成立后，汪应洛就极力促成各管理学院承担全国厂长培训任务。西安交通大学管理学院在全国厂长培训工作中起了引导和示范作用，在国内外产生了很大影响。西安交通大学管理学院也为学校的发展提出了不少建设性意见和改革方案，受到学校领导和广大教职员工的重视与支持。1984 年，西安交通大学管理学院获得管理科学与工程一级学科博士授予权。1985 年管理学院成立经济管理系，招收技术经济专业本科生，管理工程系招收管理信息系统专业本科生。1986 年经济管理系招收工业外贸专业本科生。1987 年，管理学院培养出我国大陆（内地）第一位管理工程博士席酉民。1988 年经国家教委批准，管理学院管理科学与工程被评为国家重点学科，同年学院成立了旅游管理系，招收旅游管理专业本科生。1993 年学院成立了工业工程专业，招收本科生。1994 年学院设立了国际金融专业，开始招收本科生，同时招收首届会计学专业本科生。

1996年，席酉民接任汪应洛成为西安交通大学管理学院第二任院长，成为我国管理工程领域最年轻的博士生导师，其后多次赴加拿大、美国、新加坡、日本等国家，以及我国香港、澳门、台湾等地区开展合作研究与讲学。他主要从事战略管理及政策分析、决策与决策支持系统、管理行为与企业理论等领域的研究和教学，于1987年创立了和谐理论，并将其扩展成和谐管理理论。席酉民培养了大量硕十、博士研究生，研究工作先后获国家教委优秀青年教师基金、跨世纪人才重点跟踪支持基金、国家自然科学基金委员会优秀中青年人才专项基金、国家杰出青年科学基金、国家优秀创新

20世纪90年代初，汪应洛（右）与席酉民

团队基金等的支持，并获得"做出突出贡献的中国博士学位获得者""全国优秀留学回国人员""国家级有突出贡献中青年专家"等荣誉称号，以及"中国青年科技奖""中国青年科学家奖"等综合性奖励。席西民后兼任国务院学位委员会管理科学与工程学科评议组召集人、教育部工商管理教育指导委员会主任委员、教育部科技委委员兼管理学科部常务副主任、全国 MBA 教育指导委员会委员、国家自然科学基金委员会工商管理学科评审组组长、中国系统工程学会副理事长、中国管理现代化研究会副理事长、中国企业现代化研究会副会长，西安市人大常委会委员，兼任《管理学家》（实践版、学术版）主编以及多家学术期刊编委等。席西民曾任西安交通大学副校长，现任英国利物浦大学副校长、西交利物浦大学执行校长。

在汪应洛八十华诞之际，席西民在《我心中的汪老师》一文中情真意切地回忆了他近 30 年间受教受益于恩师的点点滴滴，读来让人感悟良深，获益良多：

> 回顾投奔师门的历程，在今天这个纪念和感恩的特殊日子里，汪老师在我心目中丰富多彩的形象，已经完全超越了我用语言所能表达和描述的极致，无奈之下用 10 个词素描了我心中的感受，与同门共勉。

客　观

我第一次知道汪应洛这个名字是在 1981 年西交大研究生招生简章上，第一次听到汪老师声音是在该年年底西交大向考生介绍政策之时。因为是外校考生和去得晚，我只能站在当年行政楼 401 门口外聆听交大领导的激情演讲，快结束时，洪亮、铿锵声音透露的信息让我心凉："我们了解交大考生，即使交大学生比外校考生低 20 分，我们也会选择，因为我们知道他们的功底。"我随即问旁边学生这位讲话的领导是谁，"汪应洛"，这三个字令我心头一震，心想这次完了，因为他就是我选择的导师。然而，令人欣慰的是，尽管汪老师主观上相信交大学生，却尊重客观事实，因为他首届招收的两位管理系统工程硕士生均来自外校，一位是我，一位是来自福州的郭克骄。

敏　锐

回顾汪老师一生的研究兴趣，有一点令人敬佩，那就是他始终以敏锐的目光捕捉着学科前沿。20世纪80年代，系统工程刚刚兴起，他不仅密切关注、深入研究、积极推广，而且将之与管理相结合，因而有了我们报考的管理系统工程专业，当年这是对很多人来说非常陌生的名词，包括我们这些来自全国的30多位报考的学生。我们可从生产组织管理、系统工程、管理工程、先进制造、知识经济、物流管理、服务外包……这一系列知识演进的浪潮中，始终发现汪老师敏捷的身影，聆听他智慧的观点。

博　大

真正的大家不仅需要敏锐，更需要博大、高远，他们创造条件、把握机会。在我硕士研究生阶段，汪老师不仅研究和传播系统工程和管理工程，而且将之运用于中国许多具有重要影响的经济社会活动，如山西能源基地战略研究、国家教育发展战略研究、2000年的中国研究、三峡工程的评价与决策等。我有幸在硕士阶段就被他派往国家科委参加三峡工程研究，在博士阶段被派往国务院发展研究中心参与南海油田开发研究，等等。他这种大局观、大视野观不仅为国家作出了巨大贡献，也为学生提供了站在国家和国际高度学习与研究的机会，以及整合资源的条件和施展才能的舞台，使学生迅速进入科学前沿，健康成长，受益终身。

领　先

1984 年，我在天津与从南京开完会转道而来的汪老师见面，得知了经过国务院学位委员会评审、投票，西交大获得中国大陆（内地）首个也是当时唯一的管理工程博士点的喜讯，当时，身为副教授的汪老师也成为中国首位、当时唯一的管理工程博士生导师。记得我当时面临出国和留在国内工作的选择，汪老师的喜讯和鼓励使我决定留下来，开始了攻读和争取中国大陆（内地）第一位管理工程博士的奋斗历程。也正是这一选择和汪老师给我创造的在国家科委、国家计委、国务院发展研究中心工作的机会，以及汪老师和李老师的精心指导，才有了和谐管理理论的创立，有了我今日的事业路径。

宽　容

汪老师不仅是常身处领先地位、敏锐的学者，同时也是系统工程和管理工程的积极实践家，以及睿智、宽容的领导者。他在创建了西交大管理工程系、经济系之后，于 1984 年恢复了管理学院建制，作为首位院长，为西交大管理学科的领先地位奠定了扎实的基础；作为学校副校长，他为学校发展奔波、争取机会和资源；作为众多学术组织的领导者、召集人，他严于律己、宽以待人，赢得了同行的尊重和爱戴。在这一项项骄人成绩取得的过程中，我感受最为深刻的是他的宽容和包容，有时在我看来甚至原则不够，但恰恰是这种宽容和包容，造就了学术队伍的多样性，成就了知识组织的有效性以及融入其中的创造性。

智　慧

为了学校和学院事业以及学科发展，他长期不辞劳苦地奔波。超负荷的拼搏使汪老师 1994 年在京不幸中风，处于深度昏迷中。好在抢救及时，度过生命危险期。我第一次去京看他时，他一点知觉都没有。但他旺盛的生命力，使他奇迹般地从昏迷中恢复了过来，在后来的机能训练中进步很快，特别是智商测验时，令医生感到困惑的是，他虽然因脑部出血机能受损，但还处于恢复阶段的汪老师的智商已高过常人。汪老师的智慧仅此可见一斑，更不用说其事业发展过程中一次次明智的决策和出众的贡献了。

富　有

对不少人来说，财富意味着金钱。汪老师在金钱上不算富有，但我认为汪老师是最富有的人士之一。一方面是他对我国系统工程、管理科学学科发展的贡献是再多的金钱也难以比拟的；另外，他对这些学科的推广、应用和教育的贡献和价值更是难以估量的；还有在座的来自全国各地、奋斗在各条战线上各位出色的弟子以及未到场的受汪老师启迪、影响成长起来的各界人才，不仅自身在为国家和世界创造着财富，而且通过自身的地位和作用放大着贡献和影响。从中我们不难体会到汪老师所拥有的财富！

责　任

一场大病，对很多人来说会改变人生价值观和生活观，更多地注意享受和保健。但我们看到的汪老师在腿脚不便的情况下、在近 80 岁高龄之时，还经常奔波于全国各地，参加各种各样的重要科技活动和国家咨询及政策分析，还在为他所心爱的学科、他所创建的管理学院呕心沥血。这些他所钟爱的事业的任何一次波动，都会令他不安和焦虑，他都会倾尽全力和心血为之保驾护航。这种责任感在这个日益浮躁、功利的年代更弥足珍贵，应是我们后辈永远学习的榜样！

淡 定

全球化和科技飞速发展的世界，似乎催生着浮躁、功利，幸福感降低；而科学、全球竞争力、幸福人生，更需要淡定、不断努力、理性面对功利、平静应对各种波澜。这不仅需要实力，还需要智慧，更需要修炼。汪老师成功的人生，与张娴如老师幸福平静的生活，让我们深深感悟到其背后的功力。身为后辈，从汪老师和张老师的幸福、成功的人生中，能够学习、感悟的宝贵财富太多，自我提升永无止境！

常 青

汪老师虽已高龄，但每次当我与他闲谈和交流时无不感到他思维敏捷、对新事物的关注和热情、观念上时尚、思维上的不断创新。作为年轻人，我们常常自叹不如。作为晚辈，我们对汪老师这种状态感到高兴，也深知与先生相比，活到老学到老的真正意义！历历在目的学习和生活片段，殷殷入心的师生情谊，使我为有这样的恩师而自豪和庆幸！在他老人家八十诞辰之日，请允许我说一句一直以来想说而没有直接表达的肺腑之言：汪老师，谢谢您，您是我终身的楷模！衷心祝愿汪老师与张老师身体健康、幸福长寿，继续演绎夫妻恩爱、其乐融融的美丽画卷！

同时，真诚希望师弟、师妹们以汪老师为榜样，事业有成、幸福快乐！

第六节　儒雅夫子工作狂

　　汪应洛在单位日理万机，回到家里也忙个不停，是一位十足的好丈夫、好爸爸。他是一个慈善和蔼、细心能干的人，在家里，做饭洗衣、辅导孩子功课，家务杂事样样都干。他做得一手好菜，孩子们都喜欢吃他做的菜。亲戚朋友来家里聚餐，汪应洛和张娴如一同下厨操刀。客人们称赞好吃的菜，大多出自汪应洛之手。张娴如说，汪应洛炒菜干脆利落，快捷灵活，火候掌握得好，又善于巧用味精，所以做出来的菜，美味可口。她自己炒的菜往往比较软烂，因而难以得到孩子们的青睐。所以日常做饭中高技术含量的活，全被汪应洛包揽了。

　　汪应洛受儒家思想影响，崇尚中和之美，说话做事从不走极端。张娴如问他："我过去的脾气挺坏的吧？"他轻淡地说："还行！"张娴如又说："我现在的脾气好多了吧？"他微笑着说："不错！"张娴如心里琢磨：他能说我过去的脾气"还行"，肯定是不大好了，看来今后还得多加改正。张娴如看他整天忙里忙外，心疼地问："你累吗？休息休息！"他说："还行！"他从来没说过自己累，在他的言辞里，没有"累坏了"这样的话。他评价别人，总是多看他的长处，一分为二，大多是"还可以""不错"之类的评语，没有"这人好得不得了"或"这人坏透了"之类的绝对言辞。教育孩子，他总是正面引导，很少严厉批评。有一次，儿子汪时奇不小心摔坏了一个热水瓶，当时热水瓶是家中的值钱之物，但他并没有责怪孩子，而是关切地问："烫着了没有？没烫着就好！"闯了祸的孩子本来心中很胆怯，看到父亲这样关爱自己，从此做事就更加小心谨慎了。

严于律己，宽以待人，大家都觉得汪应洛可亲可敬。

有一次，张娴如对汪应洛说："咱家那个钟点工干活大大咧咧，不仔细，你看这个地方都没有擦干净！"汪应洛说："你不要责怪她，就说这个地方要擦一擦就行了嘛！"第二天，张娴如告诉钟点工："把这个地方也擦一擦。"钟点工很不好意思地说："我怎么把这个地方漏掉了？不好意思！"之后她打扫卫生时，再也没有发生留卫生死角的现象。

对于孩子，汪应洛既不严厉批评，也不无原则地溺爱，总是循循善诱，正面引导，启发他们的自觉性。"文化大革命"期间，学校停课，他就教育孩子自学，引导孩子读《十万个为什么》等健康有益的书籍。他让孩子在墙上贴上中国地图、世界地图，在床边贴上中国历史大系表，注重平时学习积累。他教育孩子不要死读书，要独立思考，举一反三，抓住要害，融会贯通。他关心孩子，但绝不迁就孩子，注意培养孩子独立生活的能力，让他们凭自身努力奔赴美好的前程。受大人的影响，两个孩子从小就很懂事。张娴如坐在小凳子上在搓板上费力地洗床单，儿子看见了，就过来说："妈妈你别洗了，我来洗！"张娴如说："你还是去看书吧，你的时间宝贵啊！"儿子说："洗衣服正好让我换换脑子……"

汪时奇考研究生时，与他的同班同学一起考西安交通大学的同一个专业，但只能录取一人。儿子各门功课都及格，达到70多分，属于成绩中等。他的同学有一门考了99分，却有一门功课不及格。当时汪应洛任西安交通大学科研处副处长，分管研究生工作。最终，汪时奇没有被录取。张娴如对此有些想不通，但汪应洛已经这么办了，她也没办法，就希望在学校研究生扩招时，顺理成章地把儿子招进西安交通大学。后来，汪应洛让儿子考到上海去读研究生，一方面免去了不必要的嫌疑，另外还可以让儿子照顾远在上海的奶奶。

汪应洛有好几次机会可以调回上海去照顾老人家，但为了管理教育事业，他屡屡放弃了调回上海的机会，对没能更多地侍奉老人心存诸多愧疚。他让儿子考到上海读研究生，顺便照顾老人，自己的心里得到了安慰。

汪时奇在《家父》一文中写道：

在我的记忆中，家父一贯正直、慈祥、关爱、真诚、宽容、善于启发、勤于鼓励、从不打骂责罚。

在我的学生期，与"虎妈"相反，家父从未逼迫学习，从未具体检查作业，始终注重培养兴趣，鼓励每一思想火花。

托幼时期，印象中的爸爸非常忙碌，我只能全托（仅星期日回家）。即使寒暑假在家，我也少有父母陪伴，他们常工作至深夜方归。

早先，家住交大分配的三大间一套公房。而后，主动搬到二大间一套。爸爸的解释是，大公房应让给人口更多的人家居住。这给我启蒙了正直与关爱。

小学时，家父鼓励我看《十万个为什么》，并时常引导我思考生活中的种种为什么。

电视剧中父母帮孩子写作业、关屋逼读等状况从未发生于我身上。于是，我既有好成绩，又有快乐童年（"文化大革命"的灾难除外）。

"文化大革命"初期，父亲被打成"走资派"，关进"牛棚"，我也成为"黑五类"子女，饱受磨难。但父亲从未放弃希望，带领全家坚持下来，并在坚持中从未中断学习、进取。

我和父母在一起的日子大多数在"文化大革命"中（其前尚幼，且全托较多；其后下乡当知青，接着上大学、到上海读研、工作，而后出国至今）。这期间，我也看到了父亲在逆境中的乐观的人生观。父亲常主动做家务，尤其是在大家都很累很苦时。

中学时，正当"文化大革命"之艰难岁月，家父买给我中国历史大系表、世界地图及中国地图，并建议我将大系表贴在床边，将两地图贴在卧室。久而久之，这极大地丰富了我未来的学习、工作与生活。

家父尤其注重培养我的独立思考能力。于是，我也养成了独立思考的习惯，一般不硬抄黑板，而是用我自己的简洁语言与符号记笔记（以至于别人无法抄我的笔记）。这也使对多数人来说枯燥的课堂成为我的乐趣源泉之一。例如，平行线8个角，我只记"小角互等，大小角互补"，而不理会内错角、外错角、同旁内角、同旁外角等名词及其相关定理。

大学时，家父强调不轻信书本及师言，独立思考，要有开放性思维、创新性思维，这些使我终身受益。例如，自万有引力定律，我举一反三，认定两点作用必与距离平方成反比，并与各点强度成正比。这就涵盖了电力定律、磁力定律、光学基本定律等所有两点作用定律。而后，经场论充实，又推展到点与线、点与面、线与线、线与面、面与面等物理作用规律。又如，机械原理等工程课程中，满黑板的推导变成我笔记中寥寥几个张量符号。

大学毕业后，我虽离开家父，但开放性、创新性思维已深入骨髓。这使我得以在硕士生期间，发表学报论文，得发明奖。甚至在教课时，也教点创新思维及写论文的技巧。

我和妹妹都出国后，家父依然关心我们及家人的工作与生活，甚至在中风后，也未及时通知我们，唯恐影响我们的工作与生活，直至病情稳定后方告，且不要求我们中断工作及时回国。后来家父得肠癌做手术，也在病情稳定后告知，一如既往。

这些大恩大德，这些高风亮节，令我终生难忘。

汪应洛祖孙三代其乐融融

在女儿汪时华眼中，汪应洛是这样的爸爸：

父亲给我的印象是博学、慈爱、豁达、乐观。

父亲一有时间就读书或写东西。他读书过目不忘，又总能通过图书馆系统和其他途径找到书，所以读了很多书。

父亲对物质生活要求很低，但对书和仪器却会想尽办法去收集。1979年，父亲得到一个在美国进修学习的机会，这也给了他一个收集到大量书籍的机会。那时物质极贫乏，多数人用出国的机会买几大件几小件，而他带回最多的是书和一台便携计算机。为了带那些厚重的书，腿上被磨破一大块皮。再说这功能极低的计算机，让妈妈和我学会并爱上了编程。

父亲始终保持严谨的治学态度。在进行山西能源规划的课题时，他不知多少次赴山西煤矿调查收集数据，连春节和元旦都顾不上回家。父亲平时看起来很优雅，而工作却充满拼搏精神。父亲是典型的并行思维，可以同时做几件事还互不干扰，所以效率特别高。这也使他特别忙，一星期出差两三次是家常便饭。在家时也总是早出晚归，回到家又总是有人等着谈工作。即便这样，他还是能挤出时间读书和写论文或书稿。

父亲忙的程度不亲眼看见很难想象。他72岁时到美国加利福尼亚州参加学术会议并访问几所大学，大约一周时间，因日程紧，我全家不得不请假去和他团聚。许多以前的学生也准备好迎接，有些还远程飞来。可会议还没结束，他就接到国内的电话要立刻回国，以至于很多人没能遇上他。对父亲的学生而言，这可能习以为常，而我的一位不认识父亲的朋友惊讶地说："这样的日程别说72岁，就是27岁也吃不消啊！"

父亲写作的速度也是飞快。据他自己说，他一般清早5点多就会醒，他很喜欢在这时思考，所以动笔时已经成熟了。

父亲不重名利，评奖金时常把最高级别让给别人，他总会看到别人做了许多工作，而我常听到他的同事们说父亲的贡献是别人不能比的。

父亲担任副校长时，按规定可以分到更好的住房，但他和全家商量说我们现在住得已经不错了，现在好房子有限，我们让出一套就多一家能住。我们全家也一致同意。我们家里经常谈到的都是别的教师住房和生活条件如何差，希望他们的条件能得到改善。然而，当时我同事到我家都为一个副校长的住房如此简陋而惊讶。

父亲豁达乐观。"文化大革命"时父亲作为"走资派"住"牛棚"，我们很久才能见一次，但每次见面爸爸都是乐呵呵的。我竟然还感到很新奇，强烈要求住在爸爸的"牛棚"里，直到长大后才知道当时的恐怖。在一次体检查出有囊肿后医生说是重撞引起的，父亲很多天后才想起"文化大革命"挨批斗时被踢过。父亲从不记仇，所以总有着轻松愉快的心情。同样，工作再忙，他也不觉得有压力，于是工作对他来说是享受。也正因为这种豁达乐观，我们家中始终充满了温馨和融洽。我好像从没听到父母吵过嘴。

父亲志向高远，胸怀大度，即便对伤害过他的人也照样重用，父亲认为每个人都有其长处，把这些长处都汇聚起来，就能为祖国建设和科技发展作出更大贡献。

父亲非常注重培养和提拔年轻人，让他们尽早成才，这样能最有效地发掘出他们的潜力。他从没担心过年轻人会取代自己的地位。相反，他早早从领导岗位退下让年轻人担纲，这不仅加快了社会发展进程，也使他所在的西安交大管理学院的年轻人更早进入领导层并在学术上焕发异彩，成为同龄人中当之无愧的佼佼者。

父亲一贯的宽容和对人的信任也延伸到家里。他从不打骂孩子，他的勤奋好学、善良正直、严于律己、宽以待人的品格为我们树立了榜样。他鼓励我们独立思考，鼓励创新，并培养我们吃苦耐劳的品质。这些都让我们终生受益。家里的气氛总是民主宽松的，从我小学四五年级开始，家里的钱粮都是我代管的，我高考的志愿也都是自己决定的。

父亲待人诚恳，不分高低贵贱。他对司机、对修理工都很尊重，并尽量减少给他们添麻烦，因此，他们也对父亲特别好。做副校长时，有农民科技爱好者来求助，父亲虽然无法给予物质帮助，却也认真听其讲述并给予参考意见和鼓励。

对于同事，汪应洛总是宽大为怀，能以博大的胸怀团结一切能够团结的人，包括反对过自己的人及自己的竞争对手，组建尽量庞大的团队，共同发展我国的管理教育。

管理教育一度不被一些人所重视，甚至有人说"汪应洛搞的那一套不算科学"，汪应洛从不把这些议论放在心上，仍然坚持不懈地推进管理教育与研究，用事实和成果吸引他们加入管理科学的研究与应用队伍。汪应洛主持筹建起国内首批管理学院——西安交通大学管理学院后，四处奔波，以其诚恳和耐心引进师资力量。他礼待年长教师，扶助年轻教师，以身作则进行管理教育，数十年如一日，桃李满天下，声名传四海。他的博士研究生王能民在《我的导师汪应洛教授》一文中这样写道：

日月如梭，似水流年。自我成为汪应洛教授的学生始，至今已有 15 年时光。最近临近春节，我的同门博士生师兄弟在西安、北京等地多次相聚，共同回忆拜学于汪老师门下的美好岁月，感念老师对我们的教导、关心和支持。大家纷纷回忆起十多年来与汪老师相处的日子，一时千头万绪，太多的心情和感激难以用言语真切地表达。

一

我第一次见汪老师是在 1999 年下半年西安交通大学管理学院的博士生入学面试考场。我在上本科、硕士研究生期间就知道西安交通大学管理学院在教学、科研、社会服务等方面都有其独到的方面，在国内享有盛誉；面试前我完全不知道是哪些专家参加面试，对于一个非西安交通大学本科、硕士的我，再加上我在南方农村长大，普通话也有失标准，在博士生入学面试环节时很是紧张。当时，面试现场一共有五位教授，尽管我在回答问题时说话有些结巴，但这五位教授都在认真倾听，其中有一位 60 多岁、身着一件灰色西装、精神饱满、气质儒雅的老人看出来我有些紧张，在我讲完后他很和蔼地讲：你讲得很好，然后还问了问我在哪长大、家里情况等，在和这位老人交流完以后我放松了很多，感觉很亲切。到我入学后，学院教务办的老师通知我去见导师汪应洛教授，我才第一次正式和汪老师见面，这时才发现我的导师就是在面试环节给我减压的先生。作为国内管理科学与工程专业的第一位博士生导师，在我进入汪老师门下时，先生已经培养了众多杰出的博士研究生，他平易近人的风格一直保持着，他平等地对待每一个人，也包括我这样一个没有任何业绩的小字辈。汪老师从教 60 余年，培养了难以计数的学生，桃李满天下。作为汪老师的学生之一，我的业绩平凡，有一次和汪老师、师母还有几位师兄弟一块儿吃饭，其间我说了一句：汪老师，您的学生桃李满天下，我是您不成器的、没有成为"桃子"的学生。汪老师笑着讲了一句：你就是那个成为"李子"的学生。汪老师的鼓励，是我们师兄弟一直前行的动力。

汪应洛（右二）与弟子们探讨学术问题（左一为王能民）

二

汪老师对后辈提携不遗余力，甘当铺路石，很多学生有杰出的成就都离不开汪老师在关键时候的提携。汪老师经常让自己的博士生加入其他老师的团队中，通过合作指导，有很多年轻老师很快成长为学术中坚。我在2000年2月正式加入汪老师团队后，汪老师让我参加了国家自然科学基金重大项目"先进制造模式及管理"的研究工作，项目负责人是孙林岩教授。后来师兄弟们告知：这个项目是汪老师作为申请人获得国家自然科学基金的资助，获得资助后，汪老师主动向国家自然科学基金委员会的同志推荐将该项目的负责人改成孙林岩教授，正是在这个项目的资助下，孙林岩教授成长为先进制造模式及管理、工业工程与管理领域的著名学者。汪老师经常将学生推荐到国内外知名研究机构，与国内外知名学者合作，为学生了解社会实际、国际一流的研究提供了便利。2006年，我在汪老师的推荐下，获得了法国政府提供的博士后基金资助，有幸和国际知名的工业工程专家储诚斌教授一块合作从事相关的科学研究，正是这一机会规范了我的研究方法，我开始在研究的国际化上取得了一点点进步，也正是这一年，我先后获得了国家自然科学基金项目和国家社会科学基金项目的资助。近几年来，在汪老师的推动下，黄伟、冯耕中、吴锋、袁治平、刘树林、田军、何正文、贾涛、杨臻等教授和我组建了一个小团队，致力于工程管理、大数据管理与供应链管理领域的研究，在这些领域也取得了一点点成绩，团队的研究成果每年平均能有十余篇论文在国际知名期刊发表，两到三项获得国家级研究基金资助。尽管这些成绩并不怎么突出，但汪老师在多个重要场合表扬和鼓励我们团队。正是汪老师的推动和鼓励，学院内形成了多个十分优秀的研究团队和良好的科研氛围。

三

汪老师在科学研究方面具有敏锐的战略眼光，紧紧抓住国家与社会重大需求，不断创新。汪老师分析问题丝丝入扣，勤于笔耕，在系统工程、战略管理等研究领域取得了骄人成绩。限于自己的功力和辈分，我不敢妄评老师的学术思想和贡献，但老师理应当属国内外同行敬重的管理学大家。汪老师主持过多项国家科研项目，出版过数十本著作、教材和译著，发表过大量学术论文，其科研成果获得了国家级奖励。近年来，汪老师还在持续关心一些社会需求的重大问题，如大数据管理、制造强国等这些前沿的研究课题。

汪老师十分重视人才培养，特别是自20世纪80年代始，他承担起国内管理工程与工业工程等人才培养的开拓者的责任，在国内和一些兄弟院校，借鉴国际同行培养管理人才的经验，率先在国内培养管理人才，建立了管理工程、工业工程、工商管理等从本科、科学型硕士、应用型硕士到博士、博士后的完整的人才培养体系。近年来，中国工程建设需要大量的工程管理人才，汪老师联合中国工程院工程管理学部的几位院士，和其他兄弟院校联合一起向国务院学位办提出开设工程管理专业硕士学位研究生的建议，经过几年的不懈努力，工程管理专业学位得以获批。

1978年的西安交通大学管理类专业尚未独立建制，管理类专业教学是在机械工程系的一个教研室开设的。在汪老师的推动下，西安交通大学管理系于1980年成立，汪老师是首任系主任、管理学科的带头人。在担任系主任（1984年系改成学院，西安交通大学管理学院是国内首批管理学院，汪老师任院长）期间，汪老师除做好自己的教学科研工作外，就是全身心地投入管理学科的建设与发展中。汪老师四处奔波，以其诚恳和耐心积极引进师资力量；汪老师礼待年长教师，扶持年轻教师，建立起充满活力的学术团队；汪老师和国家各大部委与陕西省政府相关部门多次沟通及交流，拓展学科发展空间，改善办学设施和教职工待遇。在他的努力下，西安交通大学管理学院在20世纪80年代就有了自己独立的教学楼，拥有了第一个管理工程博士点、第一个博士后流动站。西安交通大学管理学院成立之初专职教师不到20人，全院教职工具有很强的使命感和奋斗精神，大多数学生又有良好的素质和潜力。在汪老师的带领下，经过师生们的共同努力，西安交通大学管理学院发展成为全国顶尖且有国际影响的管理学院，学科排名也稳固地位于全国前列。

汪老师特别重视教学工作，在教学上身先士卒，投入了大量精力。他所著的那本《系统工程》自1982年出版后，近30年来一直受到高度评价，被数以千计的学校和单位采用，对我国的管理学研究和管理人才培养产生了巨大影响。甚至在2003年当选院士后，汪老师仍然给管理学院的学生讲系统工程，当时我也是听众之一，在我旁边坐着一位很年轻的学生，听完讲座后，这位学生讲：汪老师讲课很精彩，声音也很好听。

在我心底，汪老师不仅研究能力强，而且教学好，是优秀的大学教师，更是我学习的榜样。

人海茫茫，能遇上汪老师，是我的幸运。15年来，老师以其令人敬佩的人品和敬业精神，成为我前进道路上的引领者；老师对我的教导、关心、宽容和鼓励，犹如春风化雨、润物无声，使我从农家子弟成长为大学老师。师恩浩荡难以详尽言表，唯有以加倍的努力光耀师门，才是对汪老师最好的报答。

郭菊娥教授在《三峡项目与汪院士》一文中写道：

我第一次见到汪应洛院士是1989年，那时汪老师早已是我国系统工程领域赫赫有名的带头人，在国内外享有盛誉。多年来随着跟随汪院士做课题和研讨问题次数的频繁，尤其是2008年初我参加汪老师作为副组长的"三峡工程财务与经济课题组阶段性评估"课题研究，我对汪老师有了更深入的了解和重新认识。

追求科学——身体力行带动人

建设三峡工程是中华民族的百年梦想，随着2008年三峡工程主体工程的基本完工，对三峡工程原结论和建设方案进行评估，以及及时地总结经验和深化认识就显得非常重要。三峡工程的财务与经济课题组的评价工作又与生态和环境、枢纽建设、航运、电力、机电、移民等其他9个课题组高度相关，评价工作涉及财务科学、工程科学、信息科学、管理科学、服务科学、技术引进等三峡工程建设以来形成的诸多数据、文献、历史资料，课题任务艰巨且复杂。面对这些任务和挑战，汪院士重视客观事实，重视研究中精确数据的采集，不放过任何一个疑点，本着客观公正的原则和科学求实的精神，对待工作一丝不苟，许多重要的工作汪院士都亲力亲为。课题组常常为了一个具体数据开展多方面的调研，将收集来的数据互相印证。为了验证枢纽工程中土木工程量的一个具体数据，课题组兵分三路分别前往北京、宜昌和三峡库区调研。为了预测航运工程中航运量的具体数据，课题组分别前往重庆、武汉等多地调研。那段时间课题组的成员人人都是"空中飞人"，但汪老师总是飞得次数最多、精力最旺盛的那个人。汪老师以其严谨踏实的学风感染人，以其孜孜不倦追求科学的精神鞭策着课题组的每一个人。

良师益友——真才实学教育人

作为我国著名的管理科学家，汪院士将团队建设和人才培养置于非常重要的地位。"每一个院士都有自己的研究团队，我的团队就是西安交大管理学院，学院一半以上的教师参与过我的咨询项目。"汪应洛说："我做出这么多重大咨询项目，依靠的不是个人的力量。"渊博、高远、大度，汪应洛在西安交大打造了一支团结的队伍，凝聚了带有各种学科背景的管理学研究人才。在汪院士团队中工作过的人无不感慨在团队中的收获，正是因为在团队中的锤炼，我们在日后的工作中懂得了怎样合作、怎样协调、怎样整合资源来完成重大科学研究课题，而这些东西是从书本上甚至学校里都不可能学到的。

在三峡工程项目调研阶段，汪院士给年轻人大量接触权威专家们的机会，汪老师派博士生张国兴和硕士生参加航运组的课题讨论会，派张国兴和方雯参加移民工程课题组的讨论。一位已经毕业的课题组博士曾说：我现在在任何大场面都不会胆怯，这样"胆子"的练就要得益于汪老师给了我机会，让我敢于在中国工程院面对众多院士进行课题工作进展汇报。汪老师总是尽量创造一切条件和机会，把学生推向广阔的社会实践。他利用自己的社会交往和学术地位，极力推荐学生广泛接触专家，接触实际，增强实践能力和社会交往能力。当年课题组参与课题的年轻人有的已经走上了教育科研岗位，并在自己的岗位上取得了突出的成绩，有的已经在企业中担任中高层职位，每当在一起相聚的时候，大家无不感谢汪老师当年的培养。

淡泊名利——高尚品德感召人

"三峡工程财务与经济课题组阶段性评估"是一个大课题，年逾八旬的汪院士始终将国家的利益和对科学无止境的追求置于最重要的位置，对名利却看得非常淡。他常常对我们说：我们国家曾经贫穷过，现在国家富强些了，我们要珍惜这来之不易的一切，通过我们的努力为国家的强大提供智力支持。正是在汪老师这种精神的感召下，课题组在有限的时间内高质量地完成了项目研究，并得到了很高的评价，为国家决策提供了重要支持。

汪老师也非常关心课题组年轻人的生活，像父亲一样关心着他们的成长。在三峡课题中，汪老师给每位博士研究生每月发2000元的津贴，给每位硕士研究生每月发1000元的津贴。在课题组经费尚未到位的情况下，汪老师常常自掏腰包给每一位参与科研的博士研究生和硕士研究生发放津贴，课题经费有时甚至入不敷出，其高尚品德一直鼓舞着我们。

在课题完成后，课题组成员后续以三峡工程的调研为基础，完成了论文《"三峡库区"发展低碳经济的战略思考》（汪应洛、张国兴、郭菊娥）。在论文写作中，他时常会问一些我们不曾注意到的重要问题：三峡工程完工后库区的移民安稳致富、生态环境建设和社会经济的协调发展这些战略问题，你们怎么看？目前库区土地、就业和生态矛盾突出，要保护生态环境需要深入思考。汪老师高瞻把控、敏锐的洞察力给我们以深刻的影响，每当论文写不下去的时候，是他对我们的鼓励给了我们进一步写作的动力。他慷慨地把自己的科学知识、积累的经验教训毫无保留地传授给课题组每一位学者、博士研究生。

汪老师的故事很多，每一个在他身边工作和学习过的师生都可以津津乐道几件轶事，每一个与他接触和共事过的人都可以娓娓道来若干趣闻。他以博学、睿智、宽厚，被人们所尊敬和热爱。追求科学，没有终点的旅程，是汪老师一生的追求！

第七节　身体健康亮红灯

1994 年夏天，国家自然科学基金委员会在北京召开学科前沿与国家自然科学基金优先资助领域战略国际研讨会，汪应洛和许多学科领域的专家应邀参加了这个重要会议。管理科学是国家制定长远发展规划的重要决策依据之一，汪应洛非常重视，组织了三位本学科的专家赴京参加会议。临行前，有一位同志因故不能参加会议，汪应洛感到自己肩上的担子更重了。会议专题发言时，每位专家只有 20 分钟发言时间，之后就是提问和审核环节。因此，大会发言的成败决定着本学科能否参与国家这项重大工程，汪应洛为此做了精心准备。在大会上发言时，汪应洛全神贯注，缜密思考，旁征博引，雄辩论证，从管理科学的角度阐明对这项工程的精辟见解和科学设想，赢得与会者的阵阵掌声。

据国家自然科学基金委员会管理科学部陈晓田回忆，会议的第一天（8 月 3 日），第一个发言的是来自台湾的一位女士。汪应洛（茶歇前最后一位发言者）发言完毕，当主持人宣布茶歇后，汪应洛站在台前没有下来，顺势就倒下了。顿时大家陷入忙乱中，祖广安向陈晓田建议，即刻将汪应洛送往距离最近的中日友好医院抢救，陈晓田让祖广安赶紧联系，祖广安通过其夫人得知中日友好医院陈绍武的电话，立即联系了医院的救护车。陈晓田与祖广安两人一起跟随 120 救护车到医院去，医院立即给汪应洛做了脑部计算机体层成像，做完后，陈晓田焦急地询问医生汪应洛的情况，医生说出血不算多，但是也不少……

此时，张娴如在家中接到陈晓田的电话，陈晓田在电话中说："这次会议开得很好，汪老师的发言很受欢迎！"听到陈晓田说的这些话，张娴如感到有些奇怪，心里想："跟我讲这个干什么？过去从来没有遇到过这种情况啊！"她心里有些疑惑，继续接着听电话。电话那头讲了一番会议的情况后，才迟疑地说道："汪老师病了，现在住进了医院，是脑出血，医生说要考虑开颅，想征求一下您的意见，您看开还是不开？"张娴如一听这话，一下子浑身冒冷汗，半天说不出话来，过了好一会儿，才回过神来，说道："我也不知道该怎么办，听医生的！"这时候，西安交通大学校长办公室主任马宽强也赶到了张娴如家中，说他也接到了北京来的电话，要立即送张娴如到北京去。当天没航班了，次日一早他陪张娴如飞北京。

由于陈晓田第二天还有会，他就请国家自然科学基金委员会管理科学部的刘作仪去中日友好医院值了一夜的班。汪群是汪先生的学生，第二天她到医院后将刘作仪劝回家休息，她接着值班。之后，陈晓田还去医院看望了汪应洛和张娴如，并送去了一根东北老山参给汪应洛补身体。

张娴如度过了一个不眠之夜。她翻来覆去地睡不着，脑子里回忆着汪应洛赴京前的情景。汪应洛那几天实在太忙了，司机在家门口等着要送他去机场，但是左等右等总不见汪应洛回来，司机打电话催促说："咱们赶快走吧，再晚就赶不上飞机了！"汪应洛还在办公室忙着处理手头的工作，连饭也顾不上吃。张娴如在家里给他准备了个饭盒，里面装了些吃的东西，又给他提来皮鞋（他是穿着凉鞋去上班的）。张娴如知道，汪应洛是个很注重仪表的人，出席重要会议总是西装革履，他是穿着便装去上班的，因此赶紧收拾好服装等他回来换。司机焦急地等待着汪应洛，踮起脚尖向学校方向张望，突然高兴地喊道："来啦来啦！"只见汪应洛骑着自行车急匆匆地赶来了，他把自行车往旁边一靠，换上皮鞋，拿着张娴如给他准备好的服装和饭盒，钻进汽车向机场飞驰而去了。

张娴如心里想：汪应洛是累坏的！

第二天，张娴如在马宽强的陪同下飞往北京。在飞机上，她一直在下巴下面接着一个废品袋：她紧张、晕机，头上不住地冒冷汗。下飞机后走进中日友好医院，她手里还端着那个废品袋，紧张得不时想呕吐。医生向张娴如介绍了汪应洛的病情，最后说："根据他目前的状况，最好不要开颅，让身体自己慢慢吸收出血！"听了这话，张娴如紧张的心放下了一大半。

当时，汪应洛的神志还是清醒的，但半边肢体没有知觉。他在北京的学生得到消息，一个个都赶到医院来看望他，陪伴他。医生说，汪应洛的病情挺严重，哪怕用针扎他，他的肢体都不会有反应。张娴如听了这话，又被吓得半天说不出话来。

汪应洛刚被送进中日友好医院，起先被安排住在有好几个患者的大房间里，条件比较差。第二天，医院就给他换了一个急救室，条件比较好，一人一个单间。

张娴如担心，汪应洛在北京治病，人生地不熟，肯定会遇到不少困难。不料情况正好相反，有许多人闻讯赶来帮忙，其热情诚恳的态度，让张娴如十分感动。汪应洛的学生冯耕中，过去见了严肃的老师汪应洛，总是怕得腿发抖，但这次到北京看望汪应洛，亲热的两人就像父子。汪应洛的学生徐寅峰准备出国，到北京来办手续，专程到医院看望汪应洛，徐寅峰摸了摸汪应洛的脚，感到冰凉，不会动，就给他按摩，还笑着说："你们看，汪老师的脚现在好像软和了一些！"一个平时言辞不多的学生，给老师按摩脚，这是老师人格魅力的闪光，这是学生高尚品质的表现，这是师生纯朴感情的结晶。

人们常说，同行是冤家。在汪应洛这里情况完全不同：同行是亲人，是朋友。北京许多学校的管理教育工作者纷纷来医院探望汪应洛，嘘寒问暖。汪应洛在北京的几个学生天天轮流给汪应洛送饭，说医院里的饭不一定合口味，他们要给汪老师做他最爱吃的饭菜。

汪应洛住的急救室，门上装有一块大玻璃，这是为了方便医生从外边观察患者情况而设置的。每到晚上，值班医生透过这块玻璃朝病房内看，总见屋里热热闹闹的，大家有说有笑，简直不像个病房。医院规定探视者在病房内不能超过半小时，病房里也不多放凳子，也不允许从其他病房借凳子来。章德安的女婿（也在中日友好医院上班）经常靠在病房的栏杆上同汪应洛聊天。有一次他说："你知道吗，汪老师，我过去还听过你讲课呢！"其他来看望汪应洛的同学一听，好像有过这么一回事，原来他们在西安交通大学管理学院与加拿大国际开发署合作办学时有过聚首。这么一说，大家感到分外亲切，便嘻嘻哈哈地交谈个不停。在这样的环境里，汪应洛心情很好，身体也恢复得很快。

汪应洛幽默地说："我这次生病真是选对了合适的时间，合适的地点！"张娴如不解地问："这怎么讲呢？"汪应洛说："你想，要是这一次不发病，我接着又要到新疆去开会。在那里发了病，那边条件就没有这么好了。"张娴如也感到庆幸，汪应洛在会场上发病，有那么多人在场，他一发病一分钟也没耽误就得到了很好的救护，如果在别的地方发病，或许救治得就没有这么及时了。即使在家里发了病，自己一个人也没有办法，后果不堪设想。

汪应洛是个意志非常坚强的人，他全力配合医生进行康复治疗，努力尽快恢复健康，继续投入工作。医生让他用手抓豆子，锻炼手指的功能。他开始时先练习抓药瓶，把药瓶从这边抓起来，然后放到那边去，经过几次训练，他很快就熟练了。接着练习夹珠子，他比别人夹得都快，原来他会动脑筋，想办法。珠子上打了洞，用线串起来，他夹珠子的时候，用筷子夹住珠子两端的洞，就能很稳地把珠子夹起来。旁边的人开玩笑说："你不是用手夹珠子，你是用自己的智慧夹珠子！"

医生让他练习抓豆子，就是把一个碗里的豆子一颗一颗抓起来放到另一个碗里，锻炼手指功能。练了不久，他就自己急着练习拿笔写字。张娴如说："你现在还练字做啥？"汪应洛说："这以后还用得上！"他先

汪应洛康复期间坚持锻炼，
力争为党的教育事业再作贡献

练习签名，开始时手不听使唤，字写得歪七扭八，十分难看。练着练着，字就写得越来越正规了。接着他就练习写日记，起先一次只能写几个字，后来日记就越写越长。他自己吃饭有些困难，张娴如就一勺一勺地喂给他吃。看着汪应洛吃饭时笨拙的模样，张娴如难过地扭过头去，心想他以后可怎么办呀！然而汪应洛并不气馁，他全力配合张娴如的动作，吃饭越来越顺当。后来，来送饭的人也能很协调地给他喂饭了。看到学生们给汪应洛喂饭的情景，张娴如心里十分感动。她想，汪应洛平时对学生要求那么严格，现在他病了，学生们为什么会对他这么亲热，不怕脏，不嫌累，像伺候父母一样伺候他，张娴如深深地感到，师生之情深似海呀！

后来，汪应洛到理疗室去做康复治疗，医生安排他一天做三种理疗，他要求医生给他把多种理疗合起来做，每天要做七八种，他心里急，希望早点好起来。刚开始练习走台阶，本来规定从很低的台阶开始练，他坚持要从高一点的台阶练起。医生让他坐电梯，他坚持练习爬楼梯。再后来，张娴如陪他练习走路，一步一步向前走，他不气馁，坚持一步一步地练习。别人都休息了，他回到病房继续练。加上电疗等其他辅助治疗，汪应洛恢复得很快。

尽管汪应洛在中日友好医院得到了很好的照顾，但张娴如长期在急救室陪床照顾患者总不是办法。当汪应洛病情好转以后，张娴如便到附近一个学校的招待所去住。那里的条件比较差，张娴如晚上从医院回到招待所时，房间里早就没有洗澡水了。炎热的夏天，一两个星期都洗不上澡，晚上只好在没人的时候到学生宿舍洗碗的地方，用冷水擦擦身子，洗洗脚。有时电灯坏了，黑咕隆咚的，她整夜睡不好觉。天一亮，她赶紧往医院跑，担心汪应洛发生什么情况。等到汪应洛的病情过了危险期，就搬到一个相当于疗养的干部病房去进行康复锻炼。干部病房里有一张长沙发，张娴如晚上就睡在沙发上，虽然说辛苦一些，但能同汪应洛在一起，少了许多牵挂，心里还是感到很满足。

在张娴如的精心护理下，汪应洛的身体一天比一天好，过了一段时间，他决定回西安休养。住在西安交通大学住宅楼的邻居听说汪应洛要回来，便烧好了稀饭，准备好了菜肴，欢迎汪应洛回家。一见汪应洛和张娴如满面春风地回来，大家都非常高兴。张娴如扶着汪应洛，一步一步地踏着楼梯回到了自己的家中。

根据国家重大需求开展科学研究

第一节　丝路研究先行者

汪应洛很早就对两千多年前的古丝绸之路给予了特别的关注，他以管理学专家的视角审视丝绸之路的深远历史意义和广阔的现实意义。他认为，汉代张骞打开大漠苦寒所隔绝的屏障缺口后，东西方都迎来了文明的进步与融合。丝绸、瓷器、造纸、印刷、制铁、凿井、火药、指南针……它们既是商品，更是文明的使者，在分享中让不同民族、国度相互理解与欣赏。长安这座承载古老文明的都城，也得以从一次又一次礼尚往来的丝绸大交流中，成为世界历史上最璀璨的明珠之一。"丝绸之路经济带""海上丝绸之路"，是汪应洛丝绸之路研究成果重大意义的雄辩佐证。

2001 年，汪应洛（左二）出席第四届管理国际会议

丝绸之路，简称丝路，是指西汉时，由张骞出使西域开辟的以长安（今西安）为起点，经甘肃、新疆，到中亚、西亚，并连接地中海各国的陆上通道（这条道路也被称为"西北丝绸之路"，以区别

于日后另外两条冠以"丝绸之路"名称的交通路线）。因为由这条路西运的货物中以丝绸制品的影响最大，故得此名（而且有很多丝绸都是我们中国运的）。其基本走向定于两汉时期，包括南道、中道、北道三条路线。丝绸之路是历史上横贯欧亚大陆的贸易交通线，在历史上促进了欧亚非各国和中国的友好往来。中国是丝绸的故乡，在经由这条路线进行的贸易中，中国输出的商品以丝绸最具代表性。19世纪下半期，德国地理学家李希霍芬（Ferdinand von Richthofen）就将这条陆上交通路线称为"丝绸之路"，此后中外史学家都赞成此说，并沿用至今。张骞通西域后，正式开通了这条从中国通往欧、非大陆的陆路通道。这条道路，由西汉都城长安出发，经过河西走廊，然后分为两条路线：其中一条由阳关，经鄯善，沿昆仑山北麓西行。广义的丝绸之路指从上古开始陆续形成的、遍及欧亚大陆甚至包括北非和东非在内的长途商业贸易和文化交流线路的总称。除了上述路线之外，还包括在南北朝时期形成、在明末发挥巨大作用的海上丝绸之路，以及与西北丝绸之路同时出现、在元末取代西北丝绸之路成为陆上交流通道的南方丝绸之路等。虽然丝绸之路是沿线各国共同促进经贸发展的产物，但很多人认为，中国的张骞两次通西域，开辟了中外交流的新纪元，并成功将东西方之间最后的珠帘掀开。从此，这条路线被作为"国道"踩了出来，各国使者、商人沿着张骞开通的道路，来往络绎不绝。这条东西通路，将中原与西域与波斯湾地区紧密联系在一起。经过几个世纪的不断努力，丝绸之路向西延伸到了地中海。广义上丝路的东段已经到达了韩国、日本，西段至法国、荷兰。通过海路还可达意大利、埃及，成为亚洲和欧洲、非洲各国经济文化交流的友谊之路。

汪应洛研究发现，虽然地理意义上的"丝绸之路"被蓝色通道、银色通道乃至无线网络所代替，但思想意义上的丝路精神永不过时，那就是开放、平等、包容、尊重、互助……新丝路照样可以四通八达，延续文明的辉煌，走向文化的巅峰。1990年，汪应洛将自己对丝绸之路的研究成果与陶谦坎合作著文《开拓现代丝绸之路，实行东西双向对外经济开放》，收入《亚太经济增长与中国沿海发展战略》。汪应洛的开拓现代丝绸之路的科学思想，20多年以后，在我国政府大力筹划和开拓丝绸之路经济带的宏伟蓝图中得到了体现。

汪应洛的研究成果认为，开拓现代丝绸之路，实行东西双向对外经济开放，对振兴中华、构建现代和谐社会有着非常重要的战略意义。他认为，20世纪后期的世界，科学技术取得了日新月异的发展，由于新技术的发展，人类活动的领域急剧扩大，从五大洲直到外层空间。人们的认识境界也随之骤然提高，科学技术的发展决定着现代的思维认识必须超越大洋和大陆，超越种族和国家。与此同时，人类的经济活动也日趋扩大，21世纪的全球经济发展战略的特点将是国际经济的大合作，因此在逐渐形成西太平洋地区经济协作系统的同时，加强亚洲和欧洲的经济合作，也有着重要的现实意义。面向21世纪，中国应该实行全方位的对外开放。

实行全方位的对外经济合作，必须要有四通八达的交通运输网络，开拓现代丝绸之路，把中国东部沿海地区和地处内陆的西部与中部地区连接起来，并贯通欧亚大陆，将是具有重大战略意义的壮举。

开拓现代丝绸之路将大大促进我国与亚洲其他地区及欧洲的经济联系，一旦欧亚两大洲经济合作的新格局出现，将对南北的经济合作有很大的推动作用，有利于形成世界经济新秩序。如果西太平洋经济协作系统和欧亚经济合作系统能够并驾齐驱，相辅相成，那么一个便于经济合作的新局面将会为全人类的发展作出重大贡献。特别是在当前，东部沿海在对美国、日本等国家实行开放政策的过程中暂时出现困境的情况下，实行东西双向对外经济开放更具有现实意义。

面向未来新技术革命的浪潮，高技术产业将迅猛发展，高技术产业需要高效率的运输网络，利用现代丝绸之路的大陆桥和空中走廊，将会促进中国高科技产业的发展。

汪应洛指出，贯通欧亚大陆桥，实行东西双向对外经济开放，具有巨大的潜在的经济效益。

从中国东部沿海的江苏省连云港，连接陇海铁路和兰新铁路，再修通北疆铁路，就可直达中俄边境阿拉山口，一旦与俄罗斯境内的土西铁路接轨，就可形成贯通欧亚两大洲、从中国的连云港到德国的汉堡或荷兰的阿姆斯特丹的世界最长的大陆桥。同时，沿线建立起一条四通八达的公路网，那么这条现代丝绸之路，将把中国东部沿海地区和中部、西部及巴基斯坦、伊朗等国家联系起来，这条现代海陆空立体运输网络不但是中国通往欧洲的捷径，而且东亚其他地区、北亚、东南亚等太平洋地区都可以充分利用。

长期以来，西部地区是国家内地建设的基地，投资巨大，形成了相当可观的工业基础，已具备规模宏大、门类齐全、富有特色的机械工业生产体系。全国机械工业的重要企业有一半以上分布在西部地区，加上这一地区在原材料和能源方面的优势更为明显，具备了巨大的出口潜力。同时，陇海—兰新地带的一些城市还拥有雄厚的技术和人才优势，其中西安有各类专业技术人员 26 万多人，占职工总数的 20.4%，居全国前列；有自然科学研究机构 322 所，科研人员 38 000 余人，高等学校 40 余所，居全国第四位。兰州的科技力量也比较雄厚，中国科学院有一批实力雄厚的研究所分布在兰州附近。所有这些资源对于发展新、高技术和高附加值的产业都具有重要的作用。

西北各省区都在发挥自己的优势，加快改革开放的步伐，呈现蓬勃发展的势头。新疆地大物博，能源、矿产业以及棉花、糖、盐等资源十分丰富，民族团结，推动了经济建设发展。新疆维吾尔自治区政府提出"重点要大力发展盐、糖、棉纺和有色金属等高利润、高税收、高创汇"的战略决策。积极开发建设国家级棉花、甜菜生产基地。在政府的支持下，实行地方总承包，走开放经营、自我积累、自我发展的路子。乌鲁木齐采取东引西联、南北展开、挂靠生产、补偿贸易、技术转让、联营畅销等多种形式开展协作,已取得成效。

通过研究,汪应洛看到,贯通欧亚大陆桥,前景可喜。

汪应洛经过科学的分析认为,我国这条现代"丝绸之路"与西伯利亚大陆桥相比,具有一系列得天独厚的优越条件:①地理位置适中,运距短,经路便捷,对货运有吸引力;②自然条件优越,气候适宜,为不冻港,可全年不间断作业;③铁路沿线自然条件优良,便于营运管理;④连云港正在建设成为良好的东端桥头堡;⑤桥头多,各港站之间的运量可以相互调节。

经过科学的定性、定量研究分析,汪应洛提出了具有前瞻性的建议。开拓现代丝绸之路虽然具有重要的战略意义,但也是一项巨大的系统工程,是一项十分艰巨复杂的任务,为此必须认真研究相关发展战略和解决困难的对策。

(1)大陆桥建设必须有总体规划,提高全线的通过能力。大陆桥由我国境内的陇海线、兰新线、北疆线组成,与俄罗斯境内的土西铁路接轨。全线各段运量不平衡,必须进行整体规划,提高全线通过能力。

(2)改善现代"丝绸之路"沿线地带的投资环境,加强区域合作,合理调整产业结构,充分挖掘这一广阔地带的资源潜力和科技潜力,多渠道筹集资金。陇海—兰新经济带包括 11 个省区,我国东、中、西部优势互补,联合开发,协调发展的态势已经展现,一个包括实现生产力要素合理组合、结构优化在内,按商品经济规律实现合理分工的商品联合市场正在逐渐兴起。一个东西双向对外开放的格局已见雏形。我们不仅应从全国经济社会总体发展战略的高度,而且要以亚太经济、太平洋乃至经济发展的战略趋势去评价、展望和预测它的重要作用和潜在的功能。东西双向对外的格局已经决定了它的发展必须同世界经济的发展联系起来,密切注意国际上的新动向和新机会，在国际竞争中求生存、求发展。在世界产业结构重组过程中，转移出的产品主要是相对劳动密集型产品，即资本、技术含量较高的劳动密集型产品，如机电产品等，从而与前几次世界经济结构重组过程中转移出的传统劳动密集型产品不同。另外，许多发达国家转移这些产品的主要目的就是要使其产业向更高的技术水平转化，如果我们不充分认识到这点，就有导致和世界先进国家之间的差距越来越大的危险。因此，陇海—兰新经济带在大力发展能够创汇的相对劳动密集型产品的过程中，应着手培育国际化产业，即产品的国际贸易程度、投资和技术转让程度高的产业。

综上所述，开拓现代"丝绸之路"，贯通欧亚大陆桥，实现东西双向对外开放的事业，前途光明，大有可为，是改革和实现现代化的趋势所向，会为我国的现代化建设带来巨大的经济效益。

通过国家西部大开发方针的贯彻及建设"丝绸之路经济带""海上丝绸之路"，汪应洛多年前提出的开拓现代丝绸之路的对策有些已变为现实，有的正紧锣密鼓地进行着。

西安交通大学对口支援新疆大学（前排左五为汪应洛）

第二节　立足需求搞科研

汪应洛面向国家需求，努力开展国家重大工程项目的可行性研究和工程经济及社会效益的评估，取得了丰硕的成果，也为发展管理工程科学提供了理论和实践支撑。

一、系统工程应用于重大工程理论和规划

从 1978 年开始，汪应洛就在国内工程科技领域，力求将工程与管理紧密结合，运用系统工程理论和方法进行工程论证、发展规划、战略决策等方面的研究，核心思想是强调用系统工程整体优化的思想解决重大工程与战略决策问题。他在这一领域先后主持参加了十余项国家重大项目的研究。

（1）重大工程决策。1982 年受国家科委委托，汪应洛承担三峡工程决策分析和决策支持系统的研究，该系统在当时的论证过程中得到应用。20 世纪 90 年代初，他参加长江三峡工程重大科学技术研究专家组，主要研究三峡工程综合评价及决策分析。例如，针对当时激烈争论的坝高论证，他综合各方意见，经过系统分析，综合研究发电、移民、航运、防洪等因素，优化计算后，他所负责的研究组提出坝高 185 米、蓄水高 175 米的建议方案，被工程采用。又如，关于工程投资与国力能否承受的研究，他针对各方意见进行了综合剖析，得出了若干有价值的研究结论。例如，三峡工程投资估算应按国家当时规定的估算办法，不能都按西方传统的复利计算；三峡工程投资虽大，但并非一次投入，应按工程进度具体计算每年

的资金投入量；三峡工程投资还可采取以电养电的方式。优化计算和综合权衡的结果表明，三峡工程投资是国力可以承受的。

1995年，冯耕中、席酉民、汪应洛出版专著《决策支持系统理论与实践》，该项目获国家教委科技进步一等奖。

（2）战略决策。汪应洛从20世纪80年代初期开始进行战略决策理论、方法及应用的研究。1980年，他参加由国务院组织的"山西能源重化工基地发展战略研究"，着重运用系统工程方法建立发展战略模型体系和进行决策分析，受到国务院技术经济研究中心和山西省的重视，并在实际规划中得到了应用。

当时关于山西煤炭生产计划问题，国家有关部门要求加大生产计划，山西省觉得根据本省实际情况，计划太高，有不少问题，对此感到有压力。国务院组织汪应洛科研团队参与对山西煤炭生产的科学分析和论证。汪应洛带领课题组赴山西进行深入细致的调查研究，上矿山，下煤井，查资料，作访谈，大量收集资料，广泛听取意见，忙得连春节也没有回西安过年。他们根据山西省当时的开采能力、运输能力和电力、水利等资源情况，优化出最佳方案。时任山西省委书记的霍士廉非常高兴，邀请汪应洛科研组成员赴山西座谈，汪应洛因工作太忙未能成行。霍士廉书记热情接见了西安交通大学科研组的郭干慈等人，对西安交通大学为山西省能源建设作出的贡献表示感谢，感谢西安交通大学在关键时刻给山西省帮了大忙。霍士廉曾任陕西省委书记，对西安交通大学的教学质量和科研水平有比较深刻的了解。

20世纪80年代，汪应洛参与国务院发展研究中心组织的"2000年的中国""中国地区协调发展战略与政策综合研究"，他在工作中的贡献受到国务院发展研究中心的嘉奖。20世纪80年代初，汪应洛将战略管理中的有关理论应用于区域经济发展战略模型体系中，为一些省区的区域发展规划提供了理论依据，1990年与席酉民合作出版专著《战略决策》，1995年完成宜昌地区"城区供配电设计管理计算机智能决策支持系统""智能决策支持系统及信息处理"的研究与开发。

二、战略管理创新研究与应用

从 20 世纪 80 年代中期开始，汪应洛开展战略理论和战略管理的研究，核心思想是强调在复杂动态多变的环境下，战略管理者需要充分认识到战略的变化，需要制定柔性战略来提升战略的柔性，并将这一思想应用于地区战略和企业管理工作中。

（1）柔性战略。20 世纪 90 年代以来，针对骤变环境不确定程度高的特点，国际上开始关注一批大型企业濒临困境及由此引发的战略柔性问题。汪应洛经过多年研究，提出了柔性战略理论体系和以战略转换为纽带实现战略一体化管理的方法。围绕柔性战略这一领域和伦敦商学院等一些国际著名研究机构合作，对国内外 600 余家企业进行了反复的调查研究，通过大样本的统计分析，得到一批有益的论点；1990 年，汪应洛与席酉民出版《战略研究理论及企业战略》等。同时，汪应洛结合不同产品创新类型提出了相应的战略选择方案，受到国内外同行的重视。上述许多成果在国内海信、彩虹等一批大型企业中应用，效果显著。该成果于 2005 年获得陕西省科技进步奖二等奖。

（2）863 高技术产业化战略。1986 年 3 月 3 日，王大珩、王淦昌、杨嘉墀、陈芳允四位科学家向国家提出要跟踪世界先进水平、发展中国高技术的建议，邓小平在《关于跟踪研究外国战略性高技术发展的建议》上，作出"此事宜速作决断，不可拖延"的重要指示。在充分论证的基础上，党中央、国务院果断决策，于 1986 年 11 月启动实施了 863 计划。汪应洛将柔性战略理论应用于 863 高技术产业化过程和机制研究，针对当时 863 项目战略目标调整及高技术产业化中的问题，通过对大量高技术产业化单位的调查研究、典型案例研究和中外高技术产业化的比较研究，对高技术产业化中的产权划分、成果归属、实现产业化途径及机制等实践中存在的亟待解决的关键问题进行了系统分析和实证研究，提出高技术产业化既要符合高技术研究与开发的规律，又要符合市场竞争规律。该项目是1995年受国家科委高技术司委托主持研究的。经国家科委组织鉴定并在实践中得到应用，对我国高技术发展战略的调整和完善起到了积极促进作用。该成果于1997年获陕西省科技进步奖二等奖。

三、制造业发展战略及管理模式

汪应洛从20世纪80年代中期开始应用系统工程、战略管理的理论与方法研究制造业的先进管理模式与运作优化问题，将生产率工程、先进制造管理模式应用于制造业企业中，在陕西鼓风机厂、陕西汽车制造厂等企业取得了良好的经济效益与社会效益。其核心思想是强调制造业面对资源配置与市场竞争全球化与个性化需求、市场快速变化等挑战，需要应用虚拟企业、战略合作、供应链管理等管理方法实现对市场需求的快速响应和资源的有效集成，我国制造业需要从制造环节向市场与研发等服务环节升级和转型。

（1）生产率工程。20世纪80年代，汪应洛开展我国生产率工程研究。1992年参加国家自然科学基金"提高我国生产率"重大课题研究，将系统工程与工业工程相结合，提出生产率工程理论体系及提高工业生产率的系统化方法，在工业企业得到有效应用。2001年，与安义中出版专著《生产率工程》。1995年获陕西省科技进步奖二等奖。

（2）先进制造模式及管理。汪应洛自1999年开始承担国家自然科学基金重大项目"先进制造技术若干基础研究"（批准号：59990470-4）和科技部"九五"攻关项目"分散网络化制造及管理研究"。在研究中，他以我国制造业现状、面临的机遇和挑战为切入点，深入研究了先进制造模式的内涵、特征及其演变机理；指出先进制造模式的基本特征是快速响应市场需求和制造资源快速有效集成；首次对国际上最具代表性的 63 种先进制造模式进行了系统、科学的分析、比较和分类研究。在充分研究国外先进制造模式的基础上，先后与一批企业、研究所合作，结合我国制造业现状和国情提出了"精简、灵捷、柔性生产系统"的科学管理，研究了聚合制造、灵捷网络化制造、生态制造和合作制造等几种新型制造模式。对先进制造模式中的科学管理进行了深入系统的研究，如虚拟企业的组织管理、知识供应链及知识管理、战略联盟环境下的业务流程改造等。此外，汪应洛课题组还对全国企业实施先进制造技术和先进制造模式进行了大量调查研究，对几个典型案例进行了实证研究，如广东省机械研究所的跨国战略联盟，实施 24 小时连续不间断的研究开发；深圳生产力促进中心的模具制造战略联盟等，为我国企业推行先进制造模式积累了经验、树立了信心。2002 年，与陈菊红、孙林岩出版《灵捷虚拟企业科学管理》；2003 年，与王端民、孙林岩出版专著《新经济、新制造、新模式、新机制——灵捷网络化制造模式与管理机制》。

该成果于 1999 年获部级科技进步奖二等奖，2005 年获陕西省科学技术二等奖，2001 年获中国机械工程学会科技成就奖。

（3）中国制造业发展战略。汪应洛于 2004 年承担国家自然科学基金重点项目"中国制造业发展战略的管理研究"（批准号：70433003），以中国制造业发展所面临的机遇和挑战为背景，在探究世界制造业结构变迁和国际转移机理的基础上，对中国制造业的产业结构和区域分布进行了全面深入的研究，并对一些热点问题和现象进行了探索性的分析，提出了服务型制造模式，基于中国制造业实际提出了对中国制造业发展战略的建议。该成果获得 2010 年陕西省科学技术二等奖。

（4）绿色供应链管理。汪应洛重视可持续发展战略及其环境与资源协调发展问题，制造业是环境污染的重要来源之一。实践表明，通过供应链上个别企业来实施环境管理难以实现制造业与环境友好，通过供应链上成员间的协调与合作实施环境管理（即绿色供应链管理），是提升企业环境管理能力和绿色竞争力的有效途径。其核心观点是：强调通过供应链成员的协调及整体实施环境管理战略，在改进供应链经济绩效的同时也能提升其环境管理绩效。从制造业企业（清洁生产）及产业链（绿色供应链）两个角度来研究绿色供应链的关键理论和运作实践问题。研究成果被有关政府机构和企业所采纳，如关于陕西能源发展战略及煤化工"三位一体"的观点，被陕西省委省政府领导高度重视；陕西黑猫焦化股份有限公司、陕西省韩城钢铁炉料有限责任公司、韩城市新丰焦化有限责任公司、广东领亚电子科技股份有限公司、广东力优环境系统股份有限公司、广东正亚科技有限公司、西安交大长天软件股份有限公司等多家企业应用了部分研究成果，在环境、经济等方面取得了良好的效益。1998年出版《清洁生产》、2006年出版《绿色供应链管理》。该成果于2011年荣获陕西省科学技术二等奖。

四、中国管理科学与工程教育及学科发展

通过大量的科研和管理实践，汪应洛深刻体会到中国实现管理现代化，关键是需要一批高素质的复合型管理人才。多年来，他将系统工程、管理工程和工业工程的理论与方法融会贯通，形成了具有特色的管理教育及学术思想。为此，他一贯积极倡导在工科院校加强管理科学与工程教育和学科建设，核心思想是在工程人才中培养既具备先进管理理念与知识，又具备管理技能与动手解决实际问题能力的复合型管理人才。

（1）管理人才培养与教育。汪应洛在1979年参加我国第一个管理学家代表团访美，对美国的管理教育进行了比较全面的考察，回国后针对我国大学管理教育取消多年、管理人才缺乏、整体素质偏低等现状，向教育部极力建议：在有实践经验的工程技术人员中培

养高级工程管理人员，推动我国管理教育尤其是工程管理学科的发展。同时，他在西安交通大学身体力行，20世纪80年代初为国家培训一大批大中型企业的厂长、总工程师（汪应洛任全国大中型企业领导干部培训教学指导委员会副主任委员）；开始办工程与管理双学位班，培养了一批具有工程背景的高层管理人员；1984年推动建立我国第一批管理学院，进一步促进了我国的管理教育。他培养了一批优秀的学生，多数毕业生已成为我国管理科学与工程学科的学术骨干（有些已成为博士研究生导师）或高级工程管理人员，如1996年青年科学家奖获得者席酉民博士（西交利物浦大学执行校长）、原轻工部副部长潘蓓蕾（第一批双学位班学生）等。西安交通大学管理科学与工程学科和工商管理学科先后被评为国家重点学科，2007年在全国一级学科评比中排名第一。2012年在全国一级学科评估中，工商管理学科全国排名第一，管理科学与工程学科全国排名第二。

（2）管理科学与工程教学体系学科建设。汪应洛长期担任教育部管理工程类教学指导委员会主任委员，对管理工程类专业设置、师资培养、教材编写、质量评估做了大量工作，推动了全国管理工程教育。1982年主编出版教材《系统工程导论》。1986年主编出版《系统工程》（1995年出版第2版，2003年出版第3版，2008年出版第4版，2015年出版第5版，2024年出版第6版），获机械电子部优秀教材一等奖。1992年主编出版《系统工程理论、方法与应用》（1998年出版第二版），获国家教委优秀教材一等奖。这些教材均成为高校广泛采用的教材。

1984年，汪应洛建议国务院学位委员会成立管理工程学科评议组，后任首届组长，一直连任召集人直至2003年初。为了推动学科发展，帮助一批学校加强学科建设，建立了管理科学与工程学科博士点；组织全国相关学科讨论建立管理学门类，经国务院学位委员会批准后实施。20世纪90年代初期，提出发展工业工程学科的研究、应用和人才培养，首先在机械工业推广应用，并在中国机械工程学会下设工业工程分会，担任主任委员。为了适应社会发展的需求，汪应洛率先在西安交通大学管理学院设立工业工程专业，培养了一批本科生、硕士研究生和博士研究生；协助工业部门培养了上万名自学考试的工业工程大学生和工程硕士，受到工业界的欢迎。2003年开始承担中国工程院一系列关于工程管理人才培养咨询项目，具体包括新型工业化道路进程中的工程管理教育改革、中国工业工程应用现状与发展策略研究、创新型工程管理人才培育策略；研究并提出在新形势下如何培养高素质工程管理人才的战略；积极推动工程管理人才培养工作，2010年联合中国工程院工程管理学部院士向国务院学位委员会办公室提出培养工程管理专业人才的建议，于2011年经学位办批准新增工程管理硕士（MEM）学位点。

20世纪90年代初，汪应洛受国家自然科学基金委员会委托，组织有关专家研究我国管理科学学科发展战略，对我国管理科学学科体系进行深入系统的研究，论证了学科发展态势、阶段和机会，提出我国跨世纪管理科学学科发展的战略目标、优先研究领域等，成果应用于国家自然科学基金委员会"九五"规划及管理科学学科重点项目遴选。1995年出版《管理科学学科发展战略》一书，该成果于1999年获国家科学技术进步奖三等奖。

五、汪应洛参与或主持的基金及重大咨询项目研究

汪应洛参与了教育部博士点基金项目"网络组织的知识管理研究"（20040698027）。该项目的主要内容包括：①网络组织的知识管理的理论基础，认识网络组织中的知识活动机制，明确知识管理的机理与规律，识别知识在网络组织中活动绩效的因素，以及知识在活动中的绩效如何测度；②网络组织的知识管理中的组织问题，具体包括知识管理的网络组织构建，网络组织的知识管理中的契约安排，支持网络组织知识管理的信任机制，基于知识管理的网络组织

的风险预期、规避及控制机制；③知识管理技术在网络组织中的应用，具体包括网络组织的知识管理技术的理论研究、知识管理技术在网络组织中的应用。

同时，汪应洛还参与了中国工程院的多项咨询项目，具体如下。

（1）中国智能城市建设与推进战略研究。城市经济、科技、文化、管理发展战略研究，是中国工程院组织院士、专家，从城市信息的全面感知，以及城市生活的智能决策与处理，实现城市可持续发展、优化产业布局和改善民生三者的有机统筹建设方面进行的研究。

（2）工程管理理论体系的研究。我国是当代世界工程大国，大量雄伟的工程建设项目积累了丰富的实践经验，如长江三峡工程、载人飞船工程，从我国大量的工程实践中凝练出了丰富的工程管理理论体系。

（3）中国服务型制造业的发展战略研究（汪应洛主持研究）。该课题研究了中国产业升级中面临的问题、服务型制造产业发展对中国产业结构升级和优化的意义与价值，以及服务型制造产业的战略发展和实施策略等问题，取得了一批在国内外具有一定影响力的研究成果，并推动了服务型制造的产业实践。有些地方政府已经把发展现代服务业、促进制造业和服务业融合发展，作为发展现代产业体系、促进产业结构优化升级的重要措施。在企业界，陕鼓动力集团、陕汽集团、上海电气集团等企业，通过发展服务型制造产业，显著提高了企业的经济效益和社会效益，提高了自身的核心竞争力，获得了持续的竞争优势。

（4）中国企业自主设计能力提升战略研究。该课题从提升我国制造业的自主设计能力、促进中国制造业优化升级、促进经济发展方式转变等途径展开研究。如何进一步推动科技资源的统筹，促进资源整合；如何倡导和发展制造业自主设计能力，是促进我国科技服务业的发展、推动制造业和服务业融合的关键问题；通过调研，针对提高我国制造业的自主设计能力、促进人口素质的进一步提高、驱动全民教育水平和质量的进一步提升提出了相关建议。

（5）《工程哲学》（殷瑞钰、李伯聪、汪应洛等著）。该书于2007年出版，是中国工程院"工程哲学"课题研究的学术结晶，是我国工程专家和哲学家合作的成果，该书在"自然－工程－社会"的复杂关系中分析和研究工程与工程哲学，提出了许多新观点，是一本开拓性的著作。该书面向工程界、企业界、哲学界、社会科学界，相关公务员、政策研究人员等，特别是面向广大工程师、理工科院校的师生，是相关院校的教学用书。

（6）《工程演化论》（殷瑞钰、李伯聪、汪应洛等著）。该书于2017年出版，是对2007年出版的《工程哲学》一书内容的延伸和深化。通过进一步的深入研究，开辟了"工程演化论"这个学术新主题、新方向、新领域，对转变经济发展方式、调整产业结构和产业升级起到一定的促进作用。

（7）国家大型工程项目管理问题的调查研究。对我国重点的大型工程项目进行调研，具体包括三峡工程、国家大剧院等重大项目，在调研的基础上对我国大型工程项目管理中存在的问题及经验进行总结，并就如何更有效地管理大型工程项目提出相应的政策和建议。

（8）中船工业集团中长期发展规划咨询评价。受中国船舶工业集团的委托，中国工程院组织了一批院士专家对中国船舶工业集团的发展战略进行咨询与研究，就中国船舶工业集团的现状、发展机遇、战略目标与战略实施等进行了具体的研究，在此基础上系统提出了中国船舶工业集团发展规划的咨询建议。

（9）新型工业化道路进程中的工程管理教育改革。研究目标为：在新型工业化进程中，工程管理人才如何适应新型工业化进程的需要，在对国内外工程管理人才培养的经验和知识体系进行对比分析的基础上，提出了我国新时代背景下培养创新型工程管理人才的策略。

（10）工业工程——中国实现世界制造基地的杠杆。对中国工业工程的应用现状与发展策略进行研究，对我国工业工程理论与方法在我国企业尤其是大型制造业企业中的应用现状进行了大范围调研，在此基础上提出了在中国现阶段大力发展并提升工业工程人才培养与学科建设的策略。

（11）创新型工程人才培养研究——创新型工程管理人才培养研究。就如何在中国培养创新型工程管理人才提出了相应的政策和建议、培育策略，并通过中国工程院向教育部建议设立工程管理专业硕士学位，教育部采纳了该建议。

（12）三峡工程论证及可行性研究结论的阶段性评估项目。评估对象是1992年全国人大七届五次会议正式审议批准的论证报告和可行性研究报告。三峡工程项目阶段性评估研究，就三峡工程的防洪、发电、航运等各方面进行了经济效益、社会效益、环境效益等系统的阶段性评估，汪应洛在该课题中主要承担经济组的评估研究工作。财务评估结果表明，三峡工程财务效果较好，与原论证的财务评估结论一致；国民经济分析结果表明，三峡工程国民经济效益是好的，与原论证的结论一致。

（13）《工程管理概论》。该书于2013年出版，是工程管理专业硕士学位研究生系列教材。

（14）《智能制造管理白皮书》。智能制造旨在提升品质、降低成本、满足个性化需求，其精髓不仅在于硬件升级，更在于利用数据科学决策，革新制造理念与方法。西安交通大学与英飞凌智能制造管理联合实验室联合发布《智能制造管理白皮书》，融合国际先进经验与本土实践，助力半导体及更广领域的智造升级。展望未来，《智能制造管理白皮书》将持续更新，引领中国特色智造战略前行。智能制造的研究和实践为中国制造业的智能化转型与升级提供了重要的理论支持及实践指导。

（15）《工程方法论》。该书于2017年出版，对工程方法论的系列重大理论问题进行了分析和阐述。在研究工程哲学的过程中，人们认识到需要进一步深入研究的问题和领域还有很多，其中工程方法论就是一个亟待大力开拓的研究领域。通过研究案例，该书阐述了对工程方法论一般理论观点的认识，从对各案例关注的不同程度及行业特性等角度，进行分析总结，凝练成21世纪以来我国重大工程建设的新成就和新认识，这不乏为该书的"新亮点"。

（16）《工程知识论》。该书于2020年出版，工程知识论是以工程知识为研究对象形成的一个研究领域，不但要研究工程知识的本性和基本特征，而且要研究工程知识的形成过程、社会功能和发展规律等。工程知识论不仅是哲学，特别是工程哲学的关键内容之一，而且是工程学、工程活动和工程教育的关键内容之一。知识论是一个重要而困难的研究领域，而工程知识论的研究又有其特殊的重要性和困难之处。该书也是当前一段时期国内外首部以"工程知识论"为主题的学术著作。

2018年7月16日，"工程知识论"课题组在汪应洛家中讨论写作大纲

（17）《系统工程》（第 6 版）。该书于 2024 年出版，系 1986 年首次出版的高等学校试用教材《系统工程》的第 6 版，是普通高等教育"十一五"国家级规划教材、首批国家级精品课程"系统工程"的主教材，被教育部评选为普通高等教育精品教材。系统工程作为 20 世纪中期开始兴起的一门交叉学科，是从总体出发，合理开发、运行和革新一个大规模复杂系统（特别是管理系统）所需思想、程序、方法的体系，是综合性的技术方法和重要方法论。该书在第 5 版的基础上，结合近几年教学与研究的实践修订而成。

汪应洛等主编的《系统工程》第 1 版到第 6 版的封面

第三节　三峡工程智囊团

　　三峡大坝主体工程竣工后，汪应洛高瞻远瞩，及时提出对三峡库区发展低碳经济的战略思考，为三峡工程的可持续发展指出了方向，受到国家有关方面的高度重视。为此，汪应洛与张国兴、郭菊娥撰写了论文《"三峡库区"发展低碳经济的战略思考》，在文章中指出，随着 2009 年三峡大坝主体工程的全面竣工以及三峡电力机组的顺利投产，涉及人员总体搬迁任务的完成，标志着我国三峡建设已基本完成。2009 年 1 月，《国务院关于推进重庆市统筹城乡改革和发展的若干意见》中明确提出，"加强库区生态环境建设。健全库区生态环境保护体系，把三峡库区建成长江流域的重要生态屏障，维护长江健康生命，确保三峡工程正常运转"。这说明移民安稳致富、库区社会经济发展、生态环境建设已逐渐成为三峡库区后续工作的

21 世纪初，汪应洛（右）和中国工程院院士潘云鹤（左）
考察三峡工程库区

主题，是"后三峡时代"需要长期关注的重点和核心问题。推进库区清洁发展是适应低碳经济发展的时代要求。三峡库区如何低碳发展是亟须思考的重大战略问题。

汪应洛院士（右三）与陆佑楣院士（左三）、沈国舫院士（左二）等在三峡考察

汪应洛在《三峡工程论证及可行性研究结论的阶段性评估项目综合报告》中指出，亟须关注三峡库区的移民安稳致富、生态环境建设和社会经济的协同发展问题。

三峡库区的人地、就业和生态矛盾对发展低碳经济提出了挑战。

随着人员搬迁任务的完成，三峡库区实现了"搬得出"的基本目标，但离实现"稳得住、逐步能致富"的目标还有一定距离。主要表现如下。

一是产业空虚问题，导致库区迁建企业的职工下岗、企业关闭和进城安置移民就业困难。三峡库区受自然、地理因素影响导致招商引资困难，制约了工业的发展，使库区自身解决就业问题的环境差。同时，受全国就业环境以及移民生活条件和习惯的影响，大量移民回流返乡，使得移民再就业、社会保障问题凸显。

二是自然生态条件不利于农业发展。三峡地区的基本地貌是

"七山一水两分田"，平地少、坡地多，水田少、旱地多，成片地少、零星地多。自然灾害频繁，农业生产条件差，产业化水平低。

自然风景和人文景观将成为三峡库区脱贫致富的支柱性产业。自三峡工程建设以来，库区各级政府利用三峡品牌和自然、人文景观发展旅游业，使三峡旅游资源得到了部分开发，但还存在如下问题须引起重视：库区涉及重庆、湖北的20多个县市，在缺乏对三峡旅游品牌的整体开发和营销情况下，亟待出台惠及库区整体的区域旅游规划。库区悠久的文化、医药、民俗与旅游经济脱节，缺乏产业间的相互促进、协同发展。

三是低碳旅游消费未形成。旅游消费造成的点源污染、面源污染、流动污染问题较为突出，将库区旅游业彻底扭转到低碳、环保的发展道路上来，尚有不少工作要做。三峡成库后，水体流速放缓，自净能力下降等，部分支流及其向干流汇入区域的水质已有明显的恶化迹象。三峡库区沿岸上百座大中小城市不断排放的生活污水，两三亿只畜禽每天的排泄物以及农药化肥的大量使用，同时加上工业污染和航运污染的治理不力等，使三峡水库的水质和生态环境恶化。如何在不影响三峡库区经济发展的前提下实现节能减排目标，是库区发展低碳经济面临的重要挑战，但并非是不可逾越的鸿沟。

汪应洛认为，发展低碳经济为三峡库区保护生态环境提供了机遇。

我国是《京都议定书》的缔约国。三峡库区要保护生态环境，必须快速适应新经济发展模式的要求，走低碳发展之路。

发展低碳经济是我国协调经济发展与应对气候变化的根本途径和战略选择。低碳经济实质是能源高效利用、清洁能源开发，核心是能源技术和减排技术创新、产业结构和制度创新以及人类生存发展观念的根本性转变。低碳生活与健康、绿色、幸福的品质联系在一起，是一种低成本、低代价的生活方式。

在《三峡工程论证及可行性研究结论的阶段性评估项目综合报告》中，汪应洛提出了将三峡库区建成我国低碳生态示范区的建议。

汪应洛（右）与何继善（中）、沈荣骏（左）三位院士在三峡考察

要实现三峡库区的可持续发展，就必须大力发展低碳经济，有效保护库区水资源环境，解决目前存在的产业空虚、移民就业难等问题。因此，要积极利用库区特色，调整现有产业结构，建立起对库区财政起支撑作用并能创造大量就业岗位的骨干和特色产业。

（1）大力发展低碳旅游产业。三峡库区现有资源使旅游业成为库区脱贫致富的战略性和支柱性产业。

（2）培育低碳旅游产业群。旅游业重复性强、频率高，具有很强的消费关联性，带动系数大，就业机会多，对最终消费的刺激作用最直接，对繁荣市场的效果相当明显，抓好旅游业就等于抓住了促进最终消费的关键环节。尽管旅游业资源消耗性低，但绝非零排放。要在保持三峡库区旅游业良性发展的同时，降低对能源消费的依赖，形成以旅游业为主的低碳产业群。

（3）有效规划库区旅游资源。首先，整合渝鄂库区资源，统筹三峡景区，统一策划、规划和营销库区景区，规避目前各自为政的不利现状；其次，通过制定、实施旅游产业发展政策和激励机制，进一步优化库区旅游发展软环境，重点在项目引导资金、贴息贷款、税费减免、土地调整和简化审批程序等方面给予大力支持；再次，充分发挥三峡旅游的综合效益和带动三峡库区经济发展、移民安稳致富的作用，强化旅游业对三峡库区地区经济的惠及程度，加强库区旅游对第一、第二产业的带动促进作用，让库区旅游资源相对匮乏的移民区县也能享受到发展旅游业所带来的好处；最后，合理评估库区客流容量的限制，规避旅游旺季来临库区人满为患、垃圾遍地、库区水质严重污染的不利后果，加强库区卫生监测，加大环境治理力度，调整经济发展模式。

（4）打造库区低碳交通走廊。机动游船是三峡库区旅游及客运的最主要交通工具。然而，以燃油发动机为动力的机动船对水环境造成污染，主要表现在含油废水、生活污水、生活垃圾及海损污染事故等方面。随着太阳能游艇游船、氢能燃料电池等制造技术的逐渐成熟，努力减少以燃油发动机为动力的水上交通工具，用无污染的机动旅游船替代现有的燃油机动船，实现旅游线路上一县一停，充分利用低电价的政策进行夜间充电，应用先进技术解决旅游船舶造成的生活污水、生活垃圾问题，不仅在运行动力成本方面具有竞争力，而且旅游交通服务将有可能实现较少的碳排放甚至是零排放，是打造三峡库区低碳交通走廊的重要途径。

20世纪初，三峡工程智囊团等为三峡库区发展规划出谋划策
（前排右一为汪应洛）

（5）营销库区特色产业。首先，依托国家级文化、自然遗产地，打造具有代表性的精品景区；其次，在妥善保护自然生态、原居环境和历史文化遗存的前提下，合理利用民族村寨、古村古镇，建设特色景观旅游村镇，规范发展"农家乐"、休闲农庄等旅游产业，实施乡村旅游富民工程；再次，传承与开发库区优秀少数民族传统医药、民族特色小商品，库区少数民族特色产品大多数是利用当地资源手工制造的；最后，在加强保护库区自然文化遗产的同时，深挖库区文化内涵，普及科学知识，把提升文化内涵贯穿到吃、住、行、游、购、娱各环节和库区旅游业发展全过程。旅游商品要提高文化创意水平，旅游餐饮要突出文化特色，旅游经营服务要体现人文特质。要发挥库区的文化资源优势，推出具有地方特色和民族特色的演艺、节庆等文化旅游产品。

（6）适宜发展经济作物。汪应洛强调要适宜发展低碳种植业。为促进三峡库区移民安稳致富、经济社会的可持续发展，以三峡库区资源优势为依托，因地制宜地积极发展适宜库区种植的经济作物，发挥可以吸纳就业等优势。适宜库区发展的经济作物有许多，如茶叶、柑橘、板栗、食用菌、笋用竹、龙眼、榨菜、高山玫瑰以及众多其他特色花卉等。以高山玫瑰为例，如果能够实现在库区不同海拔地带、不同土壤条件下开展高山玫瑰引种栽植试验，配套以苗圃基地及产业化开发示范项目，结合三峡库区沿江绿化带和三峡旅游景观带的建设，协同库区旅游业，不仅可以实现峡江两岸漫山遍野开满鲜花，形成绚丽迷人的新景观，而且在实现种植规模和产业规模的基础上，将成为移民增收的新产业。因此，在充分调研、科学引进的基础上，结合退耕还林，采取诸如"农户＋基地＋项目"等建设模式，使库区经济作物成为另一主导产业，为当地群众创收，使生态建设与低碳经济发展相互促进。另外，要特别重视库区垃圾无害化处理与农业有机肥联动机制，避免在发展经济作物的同时出现化肥大量使用导致库区水体污染加重的问题。

（7）挖掘碳汇种植潜力。三峡库区不乏优良的水土保持植物、速生丰产树种。增加碳汇以提高对温室气体的吸收也是减排的重要途径，增加碳汇有三个领域：森林、耕地和草地。再造林碳汇项目是《京都议定书》框架下发达国家和发展中国家之间在林业领域的唯一合作机制，是指通过森林固碳作用来充抵减排二氧化碳量的义务，通过市场实现森林生态效益价值的补偿。森林碳汇是最有效的固碳方式。三峡库区耕地只占 16% 左右，而林地占 47% 以上，因此增加或保持耕地土壤碳库的碳储量具有很大的潜力。在三峡库区建立国内碳交易市场，将改变造林项目年年投入、一次回收的生产模式。在库区适宜发展林业地区内，应通过造林和再造林、建立农林复合系统等方式增强森林碳汇，通过减少毁林、改进采伐作业等措施来保护森林碳储存，通过沼气替代薪柴、耐用木质林产品替代能源密集型材料、采伐剩余物回收利用、木材产品深加工、循环使用来实现碳替代，不仅可以满足工业发展的原料需要，还可以解决库区水土流失问题，使得库区生态和工业发展都取得突破。

（8）搭建国内碳交易市场。尽管我国碳交易市场潜力巨大，但仍以清洁发展机制（clean development mechanism，CDM）项目的场外交易为主，碳交易市场和标准都由发达国家掌握，我国始终处于全球碳交易产业链的最低端，巨大的减排量被发达国家低价收购。因此，建立适合我国国情的碳排放交易体系迫在眉睫。充分利用我国节能减排与低碳经济发展之间的政策协同关系，深入研究国际规则，分析影响我国开展碳交易项目的开发进度和数量的诸多问题，大力推进国内碳交易市场的建设，搭建公开、公平、公正的专业性三峡交易平台，使我国履行低碳发展的企业、产业甚至个人或地区从减排中得到最大程度的实惠。三峡库区应在充分调研的基础上，开展造林项目的可行性研究，在适宜大面积造林地区开展造林碳汇的试点项目，同时积极寻求三峡库区造林碳汇项目的国际谈判。通过清洁发展机制为三峡库区造林项目吸引投资，通过市场实现森林生态效益价值补偿，不仅可为三峡库区带来一定数量的林业建设资金，有利于吸引库区移民就业和库区水土保持，而且可从多个方面促进库区社会经济和环境稳定发展，实现库区低碳经济的长期可持续发展。

汪应洛倡导构建库区农村低碳生活消费体系。发展库区低碳经济，倡导清洁能源农村的低碳生活，因地制宜、因时制宜地推行沼气工程，宣传和倡导可再生能源的消费模式，同时实施相应的激励政策，降低库区生活污水、农畜排泄物排放以及减少农药化肥的大量使用，是保持库区水质和生态环境的重要途径。

首先，搞好农村沼气建设，利用沼气这一可再生清洁能源，替代薪柴等传统生物质能源及煤气等商品能源，减少薪柴使用量，优化农村能源消费结构，保护森林资源、生态环境，促进生态经济发展；其次，发展农村沼气，吸纳厕所、猪圈所产生的污染物，对废弃物进行无害化处理，把环境卫生问题解决在家居、庭院和街区之内；最后，充分利用沼渣、沼液这些优质高效的有机肥料替代传统的化肥、农药，增加土壤有机质改良土壤，积极推进有机农业发展，维护农业生态系统平衡作用。

总而言之，低碳经济与人口、环境、经济增长乃至整个国民经济存在复杂的传递和反馈作用，库区低碳经济的实现是一项复杂的系统工程，不仅需要政府多管齐下，多措并举，更需要库区群众大力配合，维护和提升长江三峡这一世界级品牌，探索、总结、建立解决库区人地矛盾、就业不足导致的移民收入低以及库区生态安全问题的长效机制，这既是为率先转变库区社会经济发展方式提供依据，也是库区可持续发展的必然要求。

汪应洛等在三峡考察期间开会

第四节　战胜病魔攀高峰

　　2001年春节，汪应洛从天津出差回来，感觉到肠胃不舒服，开始他以为是在外出差，水土不服，生活规律被打乱，引起了排便不畅。谁知回到家以后生活恢复了正常，但仍然排不出大便。过了5天，肚子也有点发胀。张娴如请来医生为他诊治，医生给他进行了按摩和推拿，肚子就不胀了，但是仍然排不出大便，用其他方法调治都不起作用，只好连夜送他去医院。医生给汪应洛做了初步检查，便说："你得住院检查。"于是，汪应洛就在医院里住了下来。

　　消化科的医生给汪应洛进行了灌肠术，但不起作用，便请各科医生来会诊。会诊之后，一位外科医生把张娴如叫到旁边的办公室，告诉她说："他的症状很明确，是癌症。"一听这话，张娴如吓得眼泪哗哗地流出来。

主治医生说："要马上做手术，不能耽搁了！"

明天就是大年夜，医院要放假了，这该怎么办？

主治医生说："明天去给有关科室打个招呼，请他们做个造影，把病灶位置确定一下，大年初一做手术！"

张娴如在绝望中看到了希望，她遇到了一位好医生，医生主动提出大年初一给汪应洛做手术，张娴如深深地感激这位医生。

张娴如说，医院里做 B 超的技术员是汪应洛一个学生的爱人，过去是位护士。主治医生说他认识这人，便过去给这位 B 超技术员打了招呼，叫她及时给汪应洛做检查。

医生要在大年初一给汪应洛做手术，让张娴如决定到底做不做。张娴如非常害怕，拿不定主意。正好孙林岩来医院看望汪应洛，顺便向他汇报学院工作上的事。张娴如本来想把孙林岩叫出来商量一下，看要不要做手术，但转念一想，考虑到瞒着汪应洛也不好，于是就当着汪应洛的面同孙林岩商议究竟要不要做手术。她问汪应洛："这到底该怎么办呀？"汪应洛平静地说："那就做吧！"孙林岩也在旁边说："还是早一点做好！"决定后，医生就赶紧给医院有关部门打招呼，因为当时面临放假，各科室都基本停止工作了，医生让赶紧准备东西，给汪应洛做造影检查等准备工作。

大年初一，汪应洛被推进了手术室。医生让张娴如在手术单上签字，张娴如紧张得不得了，看着手术单上写的各种可能出现的意外情况，张娴如非常害怕。她知道汪应洛患有糖尿病，有糖尿病伤口就不容易愈合；汪应洛患有高血压，又发生过脑出血，手术单上所说的各种意外情况都有可能随时发生。她实在难以在手术单上签字。汪应洛的学生们陪伴着张娴如，大家安慰她，说汪老师不会有事，手术是安全的。张娴如最后用颤抖的手在手术单上签上了自己的名字。

手术进行得很顺利。汪应洛这次在西安住院，离家较近，方便多了。医院在病房中给张娴如留了一张床位，方便她休息。汪应洛的同事和学生纷纷前来看望他，大家轮流值班，让张娴如多休息一会儿。有的学生给医院打来电话，说他们要来看望汪老师，问汪老师喜欢吃什么东西，他们要给汪老师带点好吃的来。张娴如连连谢绝他们，说不需要什么东西，送来的东西太多了，吃不完，也没地方放。尽管尽量劝阻，学生们还是一拨又一拨地到医院来看望汪应洛，送来的吃食柜子都放满了。

汪应洛的一个学生是庆华公司的党委书记，他白天工作忙，晚上就到医院来陪护，忙前忙后。这位学生让张娴如在旁边的床上休息，自己坐在一个小凳子上，在夜灯下写材料、办公。第二天张娴如一起床，这位学生就向她汇报汪应洛晚上的情况，如前一晚晚上服了几次药，排了多少尿液，等等。

汪应洛的病情稍微好了一些，就开始在病床上写材料。张娴如劝他好好休息，汪应洛说自己的身体还行，坚持要抽空处理一下工作上的事情。

有一天，有人给张娴如家里打电话，叫张娴如接收一份材料。张娴如赶回家里，来人说协会推荐汪应洛申报中国工程院院士，还需要一些材料，让汪老师赶紧补报一下。张娴如回到医院，向汪应洛说明了这一情况。她说："你身体都这样了，真不要命了吗？干脆放弃了吧，别申报院士了！"汪应洛一向淡泊名利，从不计较什么职务和地位，这次却坚持要申报。张娴如明白，汪应洛希望进入中国工程院，并不是图什么名和利，他有许多关于国家发展大局的设想，希望能通过中国工程院这个平台去实现。尽管他身体有恙，也知道能当选中国工程院院士是多么困难，但他还是努力争取。最终，凭借着百折不挠的努力和丰硕卓绝的学术贡献，汪应洛于2003年当选为中国工程院院士。

2003 年，西安交通大学管理学院 20 周年院庆
暨汪应洛教授当选中国工程院院士庆祝大会

第五节　提名院士自述词

在被提名中国工程院院士的材料中，汪应洛对自己在管理科学与工程学科的建设、发展与人才培养及学术研究方面的工作作了如下自我介绍。

四十多年来，我一直致力于管理科学的建设、发展与人才培养，长期从事以系统工程为基础的管理创新研究，一直都在教育和工程技术界服务。这里简要介绍我在以下两个方面所做的工作。

1. 在工程科技方面的主要工作

我从 1978 年开始，在国内工程科技领域，力求将工程与管理紧密结合，运用系统工程理论和方法进行工程论证、发展规划、战略决策等方面的研究，先后主持参加了十余项国家重大项目的研究。

1.1 重大工程论证

1982 年受国家科委委托，承担三峡工程决策分析和决策支持系统的研究，并在当时论证过程中得到应用。

20 世纪 90 年代初参加长江三峡工程重大科学技术研究专家组，主要研究三峡工程综合评价及决策分析。如当时激烈争论的坝高论证，综合各方意见，经过系统分析，综合研究发电、移民、航运、防洪等因素，优化计算后，我所负责的研究组提出坝高 185 米、蓄水高 175 米的建议方案。又如，关于工程投资与国力能否承受的研究，对各方意见进行了综合剖析研究，得出了若干有价值的研究结论，如三峡工程投资估算应按国家当时规定的估算办法，不能都按西方传统的复利计算；三峡工程投资虽大，但并非一次投入，应按工程进度具体计算每年的资金投入量；三峡工程投资还可采取以电养电的方式。优化计算和综合权衡的结果表明，三峡工程投资是国力可以承受的。

该项目获国家教委科技进步奖一等奖。

1995 年出版专著《决策支持系统理论与实践》。

1.2 战略决策及发展规划

从 20 世纪 80 年代初期开始进行决策理论、方法及应用的研究。

1980 年参加由国务院组织的"山西能源重化工基地发展战略研究"，着重运用系统工程方法建立发展战略模型体系和进行决策分析，受到国务院技术研究中心和山西省的重视，并在实际规划中得到了应用，1990 年出版专著《战略决策》。

1995 年完成宜昌地区"城区供配电设计管理计算机智能决策支持系统"和"智能决策支持系统及信息处理"的研究与开发，1997 年和 1998 年分别获得国家教委科技进步奖一、二等奖。

以上主要工作被学术界认为是 20 世纪 80 年代我国系统工程应用的重大成果（参见许国志等《系统工程的回顾与展望》一文，原载《系统工程理论与实践》，1990 年第 6 期）。

1990 年，国家教委和国家科委联合授予"全国高等学校先进科技工作者"称号。

1.3 先进制造模式管理及生产率工程

1.3.1 生产率工程

开展我国生产率工程研究，提出符合国情的先进制造模式及管理方法。1992 年参加国家自然科学基金"提高我国生产率"重大课题研究，将系统工程与工业工程相结合，提出生产率工程理论体系及提高工业生产率系统化方法，在工业企业得到有效应用。1995 年获陕西省科技进步奖二等奖，2001 年出版专著《生产率工程》。

1.3.2 先进制造模式及管理

1999 年开始承担国家自然科学基金重大项目"先进制造技术若干基础研究"（批准号：59990470-4）和科技部"九五"攻关项目"分散网络化制造及管理研究"。在研究中，以我国制造业现状、面临的机遇和挑战为切入点，深入研究了先进制造模式的内涵、特征及其演变机理；指出先进制造模式的基本特征是快速响应市场需求和制造资源快速有效集成；首次对国际上最具代表性的 63 种先进制造模式进行了系统、科学的分析、比较和分类研究。

在充分研究国外先进制造模式的基础上，先后与一批企业、研究所合作，结合我国制造业现状和国情提出了"精简、灵捷、柔性生产系统"的科学管理，研究了聚合制造、灵捷网络化制造、生态制造和合作制造等几种新型制造模式。对先进制造模式中的科学管理进行了深入系统的研究，如虚拟企业的组织管理、知识供应链及知识管理、战略联盟环境下的业务流程改造等。

此外，我们课题组还对全国企业实施先进制造技术和先进制造模式进行了大量调查研究，对几个典型案例进行了实证研究，如广东机械研究所的跨国战略联盟，实施 24 小时不间断研究开发；深圳生产力促进中心的模具制造战略联盟等。这些为我国企业推行先进制造模式积累了经验，树立了信心。

2002～2003 年参加编写并出版专著《灵捷网络化制造模式与管理机制》《灵捷虚拟企业的科学管理》。该重大课题已通过鉴定，鉴定专家评价为"总体成果具有国际水平，部分成果达到国际先进水平"。

本项目 1999 年获部级科技进步奖二等奖。

2001 年本人获中国机械工程学会五年一次颁发的科技成就奖。

1.4 战略管理理论的全新研究及应用

1.4.1 战略理论和战略管理应用

从 20 世纪 80 年代中期，开展战略理论和战略管理的研究，参与国务院发展研究中心组织的"2000 年的中国"及"中国地区协调发展战略与政策综合研究"，我在工作中的贡献受到中心的嘉奖。

20 世纪 80 年代初，将战略管理中的有关理论应用到区域经济发展战略模型体系中，为一些省、区的区域发展规划提供理论依据。1990 年出版《战略研究理论与企业战略》等。

重视可持续发展战略及其环境与资源协调发展问题，1998 年出版专著《清洁生产》，2001 年为联合国试点城市铜川编制《铜川 21 世纪议程》。

1.4.2 柔性战略及其在工业企业和工程管理中的应用

20 世纪 90 年代以来，针对骤变环境不确定程度高的特点，国际上开始关注一批大型企业濒临困境及由此引发的柔性战略（strategic flexibility）问题。我们经过多年研究，提出了柔性战略（flexible strategy）理论体系和以战略转换为纽带实现战略一体化管理的方法。

柔性战略强调战略的博弈性，而不满足战略的计划性；强调通过战略产品的开发来合理地利用变化甚至促成变化，而不仅仅满足适应变化；强调通过战略设计获得更多的行动机会，并以有效的价值网络竞争来创造机会，把握战略时机，以降低不确定性可能带来的损失；同时注重通过系统学习和组织间的知识转移，对战略在环境发生急剧变化时进行适时转换，并关注转换效率和转换成本。

本项目和世界一流的伦敦商学院等一些国际著名研究机构合作，对国内外 600 余家企业进行了反复的调查研究，通过大样本的统计分析，得到一批有益的论点。同时，结合不同产品创新类型提出了相应的战略选择方案，受到国内外同行的重视。上述许多成果在国内海信、彩虹等一批大型企业中应用，效果显著。

1.4.3 将柔性战略理论应用于 863 高技术产业化过程和机制研究

针对当时 863 项目战略目标调整以及高技术产业化中的问

题，通过对大量高技术产业化单位的调查研究、典型案例研究和中外高技术产业化的比较研究，对高技术产业化中的产权划分、成果归属、实现产业化途径及机制等实践中存在的亟待解决的关键问题进行了系统分析和实证研究，提出高技术产业化既要符合高技术研究与开发的规律，又要符合市场竞争规律。该项目是1995年受国家科委高技术司委托主持研究的。经国家科委组织鉴定并在实践中得到应用。对我国高技术发展战略的调整和完善起到积极促进作用，1997年获省级科技进步奖二等奖。

2. 在管理科学与工程学科建设和人才培养方面的主要贡献

通过大量科研和管理实践，我深刻体会到中国实现管理现代化，关键是需要一批高素质的复合型人才。为此，本人一贯积极倡导在工科院校加强管理科学与工程教育和学科建设。

2.1 推动我国管理科学与工程教育

我在1979年参加我国第一个管理学家代表团访美，对美国的管理教育进行了比较全面的考察。回国后针对我国大学管理教育取消多年、管理人才缺乏、整体素质偏低等现状，向教育部极力建议：从有实践经验的工程技术人员中培养高级工程管理人员，推动我国管理教育尤其是管理工程学科的发展，同时在我校率先力行。20世纪80年代初为国家培训一大批大中型企业厂长、总工程师（我任全国大中型企业领导干部培训教学指导委员会副主任委员）；开始办工程与管理双学位班，培养了一批具有工程背景的高层管理人员；1984年推动建立我国第一批管理学院，进一步促进了我国的管理教育。

长期担任教育部管理工程类教学指导委员会主任委员，对管理工程专业设置、师资培养、教材编写、质量评估做了大量工作，推动了全国管理工程教育。

1982 年主编出版《系统工程导论》教材。1986 年主编出版《系统工程》(1995 年第 2 版，2003 年第 3 版)，获机械电子部优秀教材一等奖。1992 年主编出版《系统工程理论、方法与应用》(1998 年第 2 版)，获国家教委优秀教材一等奖。这些著作均成为高校广泛采用的教材。

2.2 推动我国管理科学与工程学科的发展

1984 年建议国务院学位委员会成立管理工程学科评议组，本人由自动化学科评议组转任首届组长，一直连任召集人，直至 2003 年年初。为了推动学科发展，帮助一批学校加强学科建设，建立了管理工程博士点；争取西安交通大学管理工程学科被评为全国重点学科；组织全国相关学科讨论建立管理学门类，经国务院学位委员会批准后实施。

2.3 推动我国工业工程学科的发展

20 世纪 90 年代初期，我提出发展工业工程学科的研究、应用和人才培养。首先在机械工业推广应用，并在中国机械工程学会下设立工业工程分会，我担任主任委员。为了适应社会需求，率先在西安交通大学管理学院设立工业工程专业，培养出一批学士、硕士、博士。协助工业部门培养了上万名的自学考试的工业工程大学生和工程硕士，受到工业界的欢迎。

2.4 研究我国管理科学学科发展战略

20 世纪 90 年代初，受国家自然科学基金委员会委托，由我组织有关专家研究我国管理科学学科发展战略，对我国管理科学学科体系进行深入系统研究，论证了学科发展态势、阶段和机会，提出我国跨世纪管理科学学科发展的战略目标、优先研究领域等，成果应用于国家自然科学基金委员会"九五"规划及管理科学学科重点项目遴选。1995 年出版《管理科学学科发展战略》一书，1999 年获国家科学技术进步奖三等奖。

2.5　学科建设及人才培养的主要成果

多年来将系统工程、管理工程和工业工程的理论与方法融会贯通，形成了具有特色的管理工程教育及学术思想。

已培养了一批优秀的学生，其中博士 48 名，博士后 9 名，另外还有一批正在就读的博士生。多数毕业生已成为我国管理科学与工程学科的学术骨干（有些已成为博士生导师）或高级工程管理人员，如 1996 年青年科学家奖获得者席酉民博士（西安交通大学副校长）、原轻工部副部长潘蓓蕾（第一批双学位班学生）。

获国家科学技术进步奖三等奖 1 项和省部级科技进步奖一等奖 2 项、二等奖 6 项，国家级教学成果二等奖 2 项，省教学成果一等奖 1 项。积极开展国际学术交流，至今还担任国际工业工程学会（International IE Society）常务理事、《计算机与工业工程》（*Computer & IE Journal*）国际编委等职。

2001 年，西安交通大学管理科学与工程学科再次被评为国家重点学科，2002 年，全国一级学科评比排名第一。近年来，社会上的学科评比也均名列前茅。

3. 结束语

在 50 年的奋斗生涯中，我深刻体会到科学管理乃治国之道。我始终坚持和追求四个方面的结合，即世界先进的科学管理理论、方法与我国国情的结合；科学管理与工程实践的结合；系统工程与管理工程、工业工程的结合；管理创新应用研究与高层次、实用型管理人才培养的结合。

今后我将继续致力于我国工程管理学科的建设与人才培养和以系统工程为基础的工程管理创新研究。

2004 年，汪应洛（左）与冯耕中参加院士大会时合影

第六节　环境保护惠民生

　　汪应洛当选中国工程院院士以后，视野更开阔了。他经常从国计民生的角度观察和考虑问题。早在 2008 年，他就同林宣雄副教授共同撰写了关于环境问题的文章。在文章中，汪应洛提出了民生问题，简单地说，就是与百姓生活密切相关的问题，也是他们最直接、最关心、最现实的利益问题，民生问题关乎社会治乱和政权兴亡，关注民生、重视民生、保障民生、改善民生环环相扣。随着环境问题的日益累积和越发严重，环境问题会快速浮出水面，成为时下以及今后 10 年中国最严重的民生问题。汪应洛是我国最早关注、研究和提出治理环境问题战略的学者之一。

　　汪应洛认为，民生问题有显性和隐性两种，它们会依据一定的条件和时机互相转化。显性民生问题处理好了，或消亡，或弱化，或隐性，皆有可能；如果任凭隐性民生问题发展，假以时日，隐性民生问题便会发展成显性民生问题。环境问题便是具有隐性特点的民生问题，如果不加以高度重视，随着时间的推移，会显性爆发，并加剧几乎所有当前显性民生问题的表现力度和爆发程度。

环境问题是 21 世纪伴随人类文明特别是工业化进程而出现的危害人类的最大问题，具有公地性、后显性或隔代显现性、全球波及性、吞噬性、叠加性、全面影响性和时空密集性等特点。公地性使得环境破坏容易究责难。后显性或隔代显现性使得人类有理由麻木，有理由追求眼前利益而不顾子孙后代。全球波及性是指环境问题的危害不局限于一个地区，就像台风一样，所到之处无一幸免。台风毕竟有时段性，而环境问题可以循环危害，如果不加以控制和处理，便有始无终。吞噬性使得环境问题会颠覆或吞噬其他民生问题的解决成果。叠加性是指环境问题随着时间的推移会累积加重，而不会如台风那样即便不处理也会自然消亡。全面影响性是指环境问题会对人类生命生活产生全面的影响。时空密集性是指环境问题会对人类从体内到体外等点、线、面所有活动空间产生影响，乃至在大气层以下其危害无处不在，无时不有。

汪应洛写道，人类的先哲们早已对环境问题有着深刻的认识，以环境问题是民生问题的认知促进制度与机制的建设与创新，提升中国环保的根本品质、政党的执政意识、政府的决策思维，形成政府各部门的环保合力，从而大大加强广大公务人员的环保执行力，在当下中国极具意义，深有裨益。环境问题是民生问题，而且是今后 10 年的重大民生问题，那么从现在起，中央政府务必把环保作为考核地方党政官员的重要指标，各级地方政府务必把环境问题的解决列入重要议事日程，老百姓务必把解决环境问题作为评判各级地方官员任上政绩的重要依据，并做自觉的环保人。中央、地方、百姓的环保角色担当和作用发挥构成了中国环保的金字塔，三个"务必"就是环保金字塔的钢架铁梁，而对环境问题的正确认知便是环保金字塔的黏结剂。中央决策、地方执行、百姓参与，就没有什么环境问题解决不了了。认知了，就会有意识；意识了，就会有行动；行动了，就会有结果。

汪应洛关于环境问题敏锐的预见性，在国家后来的一系列治理环境问题的政策和举措中得到了体现。

汪应洛在"大力发展循环经济 促进农民增收"研讨会上发言

第七节　众星捧月庆八秩

2010 年 5 月 21 日，是汪应洛 80 岁华诞和执教 60 年纪念日，西安交通大学举行了一系列庆祝活动，颂扬汪应洛为发展我国管理科学所建立的丰功伟绩，祝愿他健康长寿。教育部、中国工程院等国家有关部委、陕西省、西安市的领导和全国各地及汪应洛在海外的弟子及在校师生参加庆祝大会，中国工程院院长徐匡迪，西安交通大学党委书记王建华、校长郑南宁等发来贺信。

中国工程院院长徐匡迪的贺信如下：

汪应洛院士：

在您八十华诞之际，谨致热烈祝贺。感谢您为我国工程科技事业发展和国民建设作出的重要贡献。您严谨求实的科学态度，孜孜不倦的学习精神，无私奉献高尚的品格，是我国工程科技界学习的榜样。祝您生日快乐，健康长寿！

西安交通大学党委书记王建华、校长郑南宁在贺信中写道：

尊敬的汪应洛教授：

值此您执教60周年暨师生学术研讨会召开之际，又恰逢您八十大寿，谨代表学校全体师生员工向您表示热烈的祝贺！

您是我国管理工程类教育与研究的开拓者，是我国系统管理学科的奠基人，是一位成就卓著的管理工程专家和教育家。在您的主持下，自20世纪80年代初叶管理学院恢复建立至今，保持着国内一流管理学院的地位，并成为我国西部乃至全国培育管理人才的摇篮。

精勤育人，桃李天下。您是我国管理工程学科首批博士生导师和博士后导师。您最早提出从工程师中培养管理人才，并且推动了国内培养具有双学位和MBA高级管理人才的教育。20世纪80年代后期，首先在国内倡导工业工程教育、研究与应用，为我国工业工程教育体系的建立和学科的发展作出了突出贡献。近年来，又积极推进知识管理研究和工程管理教育，在创新教育和教书育人方面取得了令人瞩目的成就。

追求真理，锐意创新。您始终站在学科发展前沿，以敏锐的洞察力和创新的思维、不断开拓的精神和勇气，率先将系统工程和管理工程的理论与方法综合应用于解决管理与工程实践和社会经济问题，创造性地完成了多项国家科研项目，为国家、区域经济发展作出了卓越贡献，享誉海内外。

今年，您已度过了在西安交通大学执教的60个春秋，您还在用您的睿智，关心着国家和学校的发展，还在为扩大学校国内外的影响积极努力。您胸怀博大，求真务实，治学严谨，言传身教，诲人不倦，是我们年轻一代做人做事的楷模和典范，西安交通大学为有您这样杰出的教授而感到无比自豪和骄傲。这里还要特别感谢长期与您相濡以沫、同舟共济的夫人张娴如老师。

再次祝愿两位老人健康长寿，生活愉快，万事顺意！

时任陕西省副省长的姚引良教授在会上致辞：

尊敬的汪老师：

在您八十寿辰暨执教60周年之际，我谨以一个西安交通大学校友和一个学生的名义向您及师母表示衷心的感谢。自我1978年2月步入西安交通大学以来，汪老师以其深厚的学问、谦逊的为人、严谨的治学态度和长者风范，一直影响着我们这一代西安交通大学学子。作为西安交通大学管理学院的主要创立者和学科带头人，在您的带领下，西安交通大学管理学院在科学研究和人才培养方面成就卓著，为国家培养了一大批管理科学与工程的高端人才，使西安交通大学管理学科在国内傲立群雄，为西安交通大学也为陕西争得了荣誉。在我离开西安交通大学从政的20多年间，多次亲历您为陕西经济发展出谋划策的过程，可以说陕西省委省政府及一些地市政府的许多重大决策都凝结着您的心血和智慧。每当同事谈及此事，我们都为有幸成为您的学生而自豪。此时此刻，我怀着感恩之心，对您多年来的培养和教诲深表谢意，并衷心地祝愿您和师母健康长寿，永远快乐！

汪应洛院士桃李满天下，遍及世界各地的学生纷纷赶来参加恩师的寿诞庆贺会。其中，时任合肥工业大学原副校长杨善林教授在会上致辞时说：

汪老师平时给过我们很多指导，如果早一点告诉我今天要作致辞，我应该要把很多心里话表达出来，写出来。很遗憾，我是刚刚知道要说这么一段话。很高兴。

尊敬的汪老师，尊敬的张老师，在汪老师执教60周年暨八十华诞之际，我受委托，代表全国的管理学院，向汪应洛致以衷心的祝贺。汪应洛是我国管理学科的开拓者和系统学科的奠基人。汪院士不仅仅引导和指导了西安交通大学的管理学院，还亲手把西安交通大学的管理学院培养成了我国的一流知名管理学院，帮我国培养了一批一流的管理人才。汪院士也是我们全国管理学科备受尊重、备受爱戴的老师，也为我们全国管理学科的发展作出了贡献。汪院士这种高尚的人格风范、学识风范始终激励着我们。汪院士从1996年起，是我们合肥工业大学的顾问教授，为我们合肥工业大学的管理教育发展倾注了大量心血。我们学校管理学科的发展，每一步都得益于汪院士的指导。我代表我们学校向汪院士致以衷心的感谢。汪院士也给予我们很多的关心。我们的每一步发展也都是在汪院士的指导下所取得的。最后，我代表我们学校，代表全国的管理学科，祝汪院士和张老师身体健康，健康长寿。谢谢！

汪应洛院士的学生、聊城市委原书记宋远方因公务太忙，无法亲自赴母校向老师祝寿，特委派聊城市原副市长秦传滨代表自己前来祝贺。

尊敬的汪教授、尊敬的西安交通大学各位领导、各位同志：

今天非常高兴也非常荣幸应邀出席这次纪念庆祝汪老师执教60周年暨八十寿辰纪念大会，可以说参加这次会议，刚才听了汪老师语重心长的话，我也很受鼓舞，很受启发。这次来，我很遗憾不是交大的毕业生，更没有能成为汪老师的弟子。但是，我想我有三个原因来参加这次活动。

第一，我在学管理学的时候，就拜读过汪老师的大作，尽管理解得不深不透，但也从中学到了很多的知识，对自己的能力学识，有很大的启发和提高。

第二，汪老师对我们聊城的社会经济发展非常关心、非常重视。多年以来我们聊城市和交大有着密切的联系。西安交通大学的成果在聊城得到了转化，得到了发展，特别是2008年聊城市和西安交通大学建立了全面的合作关系。这两年来，市委宋书记带领我们聊城市的企业和领导多次来西安交通大学，西安交通大学的老师们和同学也多次到聊城，就人才的引进、培训、成果的转化进行了大量的合作，取得了大量的成果。应该说这些结果在聊城"转方式、调结构、获总量"的整个的盘子里起到了非常重要的作用。汪老师对西安交通大学和聊城的合作非常重视和关心。2008年3月，汪老师78岁高龄，亲自到聊城深入企业、厂矿、农村视察，提供指导，提出了很多宝贵的意见和建议。这些建议有的已经成为我们市政府的决策。在指导聊城克服经济危机的影响，实现科学发展、跨越发展、率先发展的路子上发挥了很重要的作用。我们聊城市590万人口衷心地感谢汪老师以及西安交通大学各位专家对聊城的支持。

第三，也是最重要的，受我们班长、汪老师的弟子宋远方博士的委托来参加这个庆祝会。宋远方博士对庆祝汪老师执教60周年暨八十寿辰这个活动非常重视，做了精心的准备，令我非常感动。他由于有公事在身，确实不能前来，很遗憾。这里，我代表他表达对汪老师的感恩之情。为了庆祝汪老师这个寿辰，宋书记专门做了一首诗。这首诗，写在一幅画上，这幅画是我们山东一位很有名的画牡丹的画家和一位画鱼的画家一起合作画的，寓意是富贵有余。诗是赞美牡丹，同时也很好地表达了学生对老师的感恩之情。我想他这首诗不仅代表他自己，代表了汪老师所有的弟子们，也代表了我们所有毕业的学生们对老师的一种崇拜和崇敬之情。这里我把它读出来，与各位老师、同学共享！

得承雨露成花魁，

乘却东风展芳菲。

为报园丁桑莘苦，

愿化丹红映霞辉。

最后，我也代表宋远方书记邀请西安交大的老师和同学们到聊城去，特别是宋书记的师姐师兄、师弟师妹们，到聊城去做客。最后再次祝汪老师，福如东海长流水，寿比南山不老松！谢谢大家！

中国人民解放军第四军医大学副校长殷进功教授作为汪应洛院士的弟子代表，在庆祝大会上发言。

尊敬的汪老师和师母，尊敬的各位领导、老师、同学们：

上午好。今天我非常高兴参加汪老师八十寿辰和执教60周年庆祝活动。更感荣幸的是能作为老师的学生，代表老师的弟子在这里发言，但是我临时接到任务后，又诚惶诚恐，唯恐代表不了同学们的心意和对老师的祝愿。首先，我代表全体同

汪应洛（右）和中国人民解放军第四军医大学校长苏博（左）
参加殷进功（中）的博士学位论文答辩会（摄影：吕绚丽）

学对汪老师八十寿辰和执教 60 周年表示诚挚的祝贺，也借此机会衷心感谢老师对我们的培养和教诲，并代表所有同学向老师和师母致以最崇高的敬意。作为教育家，老师执教六十载，老师教书育人，政界、教育界、科技界、企业界，国内国外，桃李满园。为了学生，老师躬身做桥，立身做梯，孜孜不倦育英才。对学生，老师传道授业解惑，教学生如何做人做事做学问。此情此景，历历在目，记忆犹新。作为管理工程专家，老师潜心科学研究 50 年，承担国家重大科研项目 10 余项，著书立说 20 余部，发表论文 300 余篇，获得过国家奖、省部奖、教学奖、科技奖，硕果累累。作为中国工程院院士，老师拥有我国管理工程学界最高学衔当之无愧。老师精心致力于管理工程学科建设，奠基、开拓、创新，引领学术前沿，为了我国管理工程学科的建设呕心沥血，作出了应有的贡献，对整个学科重大理论和实践问题，作出了突出的成就，享誉国内外。作为长辈，老师不仅关心学生的学习、生活、工作，更关心学生的成长和进步。他不仅是严师还是慈父，不仅是长辈还是益友，老师的关心、爱护、支持、帮助和谆谆教诲，让学生受益终身。师恩难忘，难忘恩师。作为 80 岁的老人，老师能够殚精竭虑、领学术风骚，躬耕校园育桃李，俭朴一生，设立奖学金，精神可嘉，难能可贵。这就是我们的老师，学生之师表，学校之骄傲，学界之楷模。德高堪为人范，学高堪为人师，等等，难以言尽。作为老师的学生，我们以老师为自豪和荣耀，然而仅此而已是远远不够的。我等应当牢记老师教诲，不忘老师嘱托，不负老师厚望，诚实做人，踏实做事，努力学习，立足本职，奋发工作，为民族之复兴，国家之富强，人民之安康，为我国管理工程学科的辉煌，贡献我们的聪明才智和力量，为西安交通大学我们的母校添彩，为汪应洛老师争光。最后，我衷心地祝愿老师和师母幸福安康，快乐长寿。愿老师继续引领学科学术创新发展，再谱教书育人精美华章。谢谢！

西安交通大学原校长史维祥是汪应洛的入党介绍人，是汪应洛的大学同班同学、同宿舍挚友，他衷心祝贺汪应洛为发展我国管理科学所作出的巨大贡献。他在《我知道的汪应洛教授》一文中深情地回忆了和汪应洛同窗攻读、并肩奋斗的时光。

2014年，汪应洛（右）与史维祥共同追忆当年的奋斗史

老同学汪应洛教授，一生勤奋耕耘成就斐然。

我与汪应洛教授在一起学习、一起工作，共有三个阶段。第一阶段，在新中国成立初期，1950年至1952年我们在交通大学上学，在同一班级，同一小组，住一个房间，我是他的入党介绍人。第二个阶段是1978年以后，我们在机械系任教，后担任系领导，我任系主任，他任系副主任。第三阶段共同在校担任校领导工作，时间在1984年后，我任校长，汪教授任副校长。韶华易逝，一晃数十年过去了，现在我们都进入老年了，真是"高堂明镜悲白发，朝如青丝暮成雪"。几十年中，他在科研教育上作出了很大的成绩，当选为院士，现在中国工程院又为他写传记，我为他的贡献与成就感到高兴。我们把一生贡献给了教育事业，献给了交通大学。我对汪教授知道的一些情况，分上述三个阶段叙述如下，希望能为他写传记做些帮助。

第一阶段：大学读书时代

交通大学在新中国成立以前是上海的"民主堡垒"，地下党的力量很强，在上海的学生运动中起领头作用，所以那时党在青年学生中的影响就很大。大学生也是思想进步，跟着党走。学生大都积极响应党的各个号召，要求进步，其中不少入了团，有些还要求入党。党在学生中的威信很高，大家相信中国共产党能领导人民建立一个民主、富强的新中国，大家也都对美好的未来充满了希望。在这样的历史背景下，汪教授积极要求进步，靠拢党，并努力争取入党。他在班上思想进步，业务学习又好，入了团，还担任了团支部委员。1951年美国和朝鲜斗争，全国开展了抗美援朝、保家卫国运动，在学校中掀起了激烈的思想斗争。考上交通大学，在校继续读书，毕业后当工程师，这是每个学生的追求与向往，而去参军参干上战场，则生死不明。在这场为国家献身还是为个人前途奋斗的思想斗争中，一大批学生克服了个人思想与家庭的干扰，毅然报考参干，而汪教授就是其中之一。其后学校要对所谓旧社会过来的老知识分子（老教师）进行思想改造，使他们适应新中国、新民主主义社会，克服过去资产阶级的个人主义，摒弃欧美旧社会的思想。学校花了大量时间组织他们学习。除外面调来学校的革命干部及地下党员参加他们的学习、帮助他们进行思想改造外，还在学生中挑了一批政治上较强、思想进步的学生骨干参加老知识分子的学习，当时汪老师即为挑选出的学生干部。他积极参加了这项工作，在帮助老师进行思想改造的同时，也使自己得到很大提高。

汪教授参加以上各种活动对他思想上的触动与提高都起到了很好的作用，但真正对他思想深深触动与考验的还是他对资产阶级家庭的态度。他父亲是民族资本家，新中国成立后他们家族企业的利益受到了很大的打击，以后还要把工厂交给国家进行公私合营。在当时的情况下，是拥护共产党对私营企业改造还是站在家庭资本家的立场反对改造，这对他来说是一个政治立场上与思想情感的考验。事实证明，他经受住了考验，仍是不断进步，最后经组织批准加入了中国共产党。当时，班上的学生能被批准入党是很特别的。

第二阶段：机械系一起奋斗的那段时光

汪老师从1958年至1978年担任了机械制造系副主任。"文化大革命"后，我在担任机械制造系主任期间，与汪老师工作了一段时间。这期间他负责科研工作，并协助陶钟同志（后为省委常委）抓系里的教学管理工作。国家在全国恢复高考制度后，1977级及1978级学生正式入学，正是百废待兴，需要恢复一些规章制度。汪老师与大家一起，兢兢业业，努力工作，在比较短的时间内把教学科研中原来的一些正规制度很快恢复起来，如制订新的教学计划、教学大纲，编写新的教材。在科研方面，各个教研室确定新的科研方向。根据国家要求，他们与工业企业、政府机关开展产学研合作，确定和单位合作的科研项目，组织科研团队。在各种重建与创新方面，机械系在全校走在前面。

在系科研工作方面，在汪老师的领导下，各专业都有明确的科研方向与科研项目。我记得，如金相专业，在周惠久教授的带领下，在金属强度理论、低碳马氏体的机理研究与石油工业中的应用上取得了很大成绩，被称为高校科研"五朵金花"之一。教育部为该专业拨款建立了一座大楼。机械制造专业的科研号称有"八面大旗"（即八个科研方向），如提高机床工作精度、机械自动化、齿轮加工原理及液压驱动等方面的研究，在全国高校中都走在最前面。铸造专业在铸件缺陷的机理研究、球墨铸铁及失蜡铸造等新工艺的研究都取得了很好的成绩。焊接专业的科研工作也跑在兄弟院校的前面。在脉冲弧焊、新型焊机设计、板材焊缝焊接、自动跟踪设备等方面的科研成绩都很大，为企业解决疑难焊接问题作出了不少贡献。锻造专业教研室很活跃，在这个阶段还成立了计算机模具设计研究室，为企业模具设计做了大量工作。直至现在，模具设计仍是该专业的科研主要方向之一。综上所述，汪副主任在抓各专业的科研工作，拨乱反正、开创系科研工作新局面两方面是功不可没的。

第三阶段：携手担任学校行政领导工作，共建交大辉煌时代

1984年，经国务院批准，西安交通大学新的行政班子成立。当时我任校长，汪应洛教授任副校长，同时他也是学校学术委员会副主任，主管学校科研，并协助校长抓学校学科建设（博士点、重点学科建设）及国家重点实验室等建设。过去学校党政的主要领导大都是革命经验丰富、领导水平高的老干部，"文化大革命"后大都是从教学科研岗位上来，对教学科研及学校工作熟悉，又长期从事过系处级领导工作，以及有教授职称的同志。这是改革开放后学校领导层新的变化。汪副校长就是一个典型的例子。他是一位所谓双肩挑干部，除教学科研水平高、成绩卓著外，还长期担任过系处行政领导，所以行政工作经验丰富，也有较高的领导水平。20世纪80年代中后期，"文化大革命"后经过几年的拨乱反正，我国高校的教学科研工作又步入正轨。在邓小平同志改革开放思想的指引下，学校如国家工农业战线一样，各项工作如严冬后的春天，得到蓬勃的发展。高校之间的竞争也很激烈，汪老师主管的科研及学科建设工作又变得尤为重要。他思想敏锐，工作勤奋努力，对学校新的科研方向、新学科的发展看得准，抓得紧。

在副校长任期内，汪老师在三个方面的工作成绩是尤为突

出的。

第一，是学校科研工作成绩突出。1985年，在汪老师的精心组织下，成立了12个研究所、4个独立研究室和1个中心，组建了一个较完善的组织体系。在此基础上，广大教师与职工努力奋斗，力争上游，开创了学校科研工作的新局面，科研成果空前丰硕。如在1978年度国家教委科技进步奖评选中，我校得奖21项。其中一等奖5项，位列国家教委直属高校第二位。由国家教委汇编的500万元以上的科研项目数量，我校当年名列全国第二；获得国家级科技进步奖一等奖1项和国家自然科学奖三等奖2项，在国家教委直属工科院校中名列第三。在其他年份，我校科研成果评奖，在各高校中也是名列前茅。又如，在一次高校科研成果交流展览中，我校共展出99项。

第二，在新兴学科和新科研方向上，博士点建设及国家级重点实验室建设方面，汪副校长做了大量工作，成绩重大。在这个阶段，我们对一些新兴学科及研究方向，如电子材料、系统工程、人工智能、电子物理、半导体、核能发电等加强了建设，以弥补我校机、电、动等传统学科较强而一些新兴学科发展不足的缺点。改革开放后，国家对研究生教学空前重视，成立了国务院学位委员会，聘请了大批国内各专业专家评审博士点、硕士点，建立了我国研究生培养体系，所以一个学科有多少博士点、重点学科，就成为衡量学校等级的重要指标。汪教授抓这方面的工作成绩亦是突出的。我校博士点及后来的重点学科建设迅猛发展，如1986年一次就上去了9个博士点，充分反映了学校在教学科研方面深厚的基础。当时学校所具有的博士点数在全国各所高校中名列前茅，仅次于清华大学。在国家级重点实验室方面，我校第一次被评上7个重点实验室、3个专业实验室，在工科院校中亦是名列前茅的，这也是反映一个学校水平的重要指标。汪老师带领了一批各学科负责人，在国家教委参加评审，找教委领导反复反映我校各有关学科的水平，使地处西北的西安交通大学得到国家的更多支持。例如，在机械系已有材料强度实验室定为国家级重点实验室后，机械制造与自动化水平很高，想建国家级重点实验室，但排不上名次。他们就争取组建了一个交叉学科实验室，即集机械制造、系统工程、管理学科于一体的机械制造系统工程国家实验室，使我校相关学科获得了发展的良好平台。

第三，是在学校为社会服务方面。由于汪教授积极活动，精心组织，我校这一时期在为省市工业、社会建设等服务方面取得了显著成绩。可以说，这一时期是我校在学校为社会服务方面最活跃的时期之一。汪教授常带着老师去争取上级部门的支持，找企业洽谈合作。如与西安市结合，共同努力向国家申请并争取高新技术开发区，取得成功；与省市一起探讨科技体制运作方式、发展战略，制定规则等，作出了积极有效的贡献。在广东及深圳积极开展科技合作，如广州市信息管理系统、流花宾馆及白天鹅五星级宾馆的整个宾馆的信息管理系统，都是我校计算机系设计安装完成的。在能源动力方面，为广州万家乐家电公司培养干部，解决制冷技术；在公司试制推广涡旋式压缩机；在深圳中航技公司建计算机实验室，并同时承担一批技术开发任务。此外，在天津、南京、常州等地，我们在模具设计、压缩机及制冷技术等方面，为企业科技服务作出了积极贡献。至于在这个时期，1984年后在生产组织与管理教研室的基础上，汪教授带领一批教师创建了我校管理学院等，在这里就不评述了。

总之，在20世纪80年代后期，学校各方面工作蓬勃发展，除上面所述1987年的情况外，1990年5月《文汇报》以《西安交大教学科研双获"国优"》为标题，报道了西安交大双喜临门的喜讯。报道说，西安交通大学1989年国家教委科技进步奖获奖情况在国家教委直属高校中，继 1987 年后再次夺魁。1990 年，《文摘周报》根据国家教委发布的各方面材料，对 52 所工科重点大学排名，清华大学名列榜首，第二为西安交通大学，后面为浙江大学、天津大学等。事实上，在前面，即 1984 年 3 月，国家确定了共 10 所重点建设学校，在国家下发的文件中排列名次为北京大学、清华大学、复旦大学、西安交通大学、上海交通大学等，我校在全国高校中排名第四。总之，这个时期是西安交通大学发展过程中最光辉的时期之一。这些成果是学校广大教职工在校党委的领导下，上下齐心协力、艰苦奋斗，发挥西安交通大学西迁精神取得的，当然这与汪教授领导学校科研工作，取得优异成绩是分不开的。

我认为汪教授的长处是积极进取，淡泊名利，对工作认真负责，看问题敏锐，对新事物敏感，对同事、朋友谦和谨慎，友好相处。这些好的品德应该就是汪教授能取得大的成就的基础。

在汪应洛八十华诞庆祝大会上，汪应洛发表《执教 60 周年感言》，衷心感谢党对自己的培养，感谢西安交通大学各位师长对自己的栽培，感谢同志们对自己的支持。

我从 19 岁，也就是中华人民共和国成立那一年进入交通大学，成为新中国培养的第一代大学生。从 1950 年开始就参加交通大学教师的思想改造运动。在党的培养、教育下，我从一个无知青年成长为一名共产党员、新中国的人民教师、中国工程院院士。我的第一感受就是感恩之心，感谢党的教育和培养，感谢西安交通大学的培育之恩。我见证和实践了西安交通大学的艰苦奋斗、发展壮大，和西安交通大学一同成长，荣辱与共。我至今仍牢记周恩来总理对西安交通大学的谆谆教导。我决不辜负党的嘱托，要让西安交通大学和西安交通大学管理学院在大西北生根开花。我感谢陕西的领导和众乡亲50年来对我们一家的哺育之恩。

我对培养我的交大老师们，也深怀感恩之心。彭康等老领导和周志宏、周惠久、雷天觉、陆庆乐、周志诚等前辈教授的教诲，令我终生难忘。对我的同事们，也深表谢意。我们在艰苦的环境下，共同奋斗，开拓创新，与时俱进，使西安交通大学管理学院蓬勃发展，立于国内管理学界的前沿。

我的处世哲学是淡泊心态，宽容待人。我乐于在教育岗位上教书育人，我为弟子们在事业上的成就而欣慰。我曾有多次机会调回上海，或者到中央部委工作，但是，我最后决定还是留在西安交通大学，立志终生忠诚于党的教育事业，为祖国培养优秀的管理人才。

我平生注重凝聚团队，勤奋追求事业发展，为我国的管理教育事业开拓创新，为管理学科的蓬勃发展不断开创新局面。在学校领导的支持下，在全院同志的共同努力下，西安交通大学管理学院在国内已经享有盛誉。现在我们更要努力走向国际化的征途，办成世界知名的管理学院。

2010年，汪应洛院士（前排右四）与部分学生共同庆祝八十大寿

现在我已进入耄耋之年，在有生之年更希望和年轻的同志们共同为管理学院，为西安交通大学，为养育我们50年的陕西

西安的发展壮大再做一些有益的工作。老骥伏枥，志在报国。借此桃李芬芳花满园的美好时刻，祝大家事业有成，前程似锦，身体健康，家庭幸福！

在大型系列庆祝活动中，举行了"汪应洛青年学子奖励基金"揭牌仪式，进行了汪应洛精英弟子学术报告会，展现了汪应洛执教60年、桃李满天下的丰硕成果。庆祝大会组委会编辑出版了精美的画册《教书育人桃李芬芳——汪应洛教授执教60年纪念画册》。

第八节　媒体和社会各界盛赞汪应洛

2013年7月12日，由《人民日报》、新华社、《光明日报》、《经济日报》、中央人民广播电台、《科技日报》、《中国科学报》等多家中央媒体组成的中央采访报道组，在中国工程院办公厅、科学道德办公室、新闻办等负责人的陪同下，专程深入采访汪应洛院士。《人民日报》、中央电视台、中央人民广播电台即时刊播了汪应洛院士的先进事迹报道。在第29个教师节即将来临之际，新华社《光明日报》《经济日报》、《科技日报》、《中国科学报》等中央各大媒体，在重要版面相继刊出西安交通大学汪应洛院士的人物通讯报道，把这位默默奉献、成就卓著的管理科学领域的开拓者和领军人物的风采展现在世人面前，在学术界又一次掀起了学习管理学权威汪应洛的热潮。

2013年9月7日，新华网发表文章《汪应洛院士：教学科研两相长　科学管理铸强国》，其中写道：

"在50多年的奋斗生涯中，我深刻体会到科学管理乃治国之道。"这是中国工程院院士、西安交通大学教授汪应洛的院士箴言。如今，83 岁的他谈起来仍言语铿锵，殷殷目光透露着深沉的爱意："人生如画卷，我只与教学科研相伴，铸梦强国而不悔！"

2013 年 9 月 8 日，《光明日报》发表文章《碧血丹心荐轩辕——记中国工程院院士、西安交通大学教授汪应洛》，其中写道：

> 汪教授的一段话让人难以忘怀："我是新中国培养出来的第一批大学生，我深深地爱着我的祖国。我这一辈子最钟情的是科研教育事业。我按照我的愿望走，一边搞科研，一边带学生，这条路我走着心里很踏实。能为国家多培养些人才，看着他们在各自领域发挥出来的作用，我感到非常欣慰！所以，我还会这样走下去！"

2013 年 9 月 8 日，《经济日报》发表文章《运筹，不只在帷幄中》，其中写道：

> "在 50 多年的奋斗生涯中，我深刻体会到科学管理乃治国之道。"作为我国管理工程学界的泰山北斗级人物，汪应洛始终坚持将世界先进的科学管理理论、方法与我国国情结合起来，让科学管理融入工程实践中。运筹捭阖，不只在帷幄之中，也深入千里之外的实践里。

2013 年 9 月 8 日，《科技日报》发表文章《汪应洛：有梦想就不能轻言放弃》，文中写道：

> 前不久，83 岁高龄的中国工程院院士汪应洛在网上写了一篇文章。文章开头写道："我来自上海，在陕西生活工作了 55 年。刚从事教育工作时，一没经费，二没设备，几乎没有条件实现梦想。但是我始终没有放弃最初的梦想，孜孜追求！每个人心中都有一个梦想，有了梦就不能轻言放弃。"

2013 年 9 月 9 日，《中国科学报》在头版发表文章《汪应洛：

开创管理工程学时代》，文中写道：

> "老骥伏枥，志在中华复兴。"
>
> 说起自己的中国梦，83岁高龄的中国工程院院士汪应洛意气风发："我希望中华民族复兴，立足于世界强国之林；我希望民富国强，早日建成小康社会，百姓都能生活在环境优美、生态文明的社会当中；我希望青年一代更加富有创造力，早日建成创新型国家，中国经济有新的发展。"

作为我国系统管理学科的奠基人、管理工程研究与教育的开拓者之一，汪应洛为发展管理工程学，一干就是半个多世纪。50年艰辛，50年收获。而今已是耄耋之年的他，追梦的脚步仍未停止。

西安交通大学管理学院党委书记孙卫在《心中的丰碑》一文中写道：

> 汪应洛院士作为恩师是我们弟子心中一座永远的丰碑，让我们弟子高山仰止，对他充满了崇敬之情。汪老师德高望重，成就卓越，我们弟子再过数十年也很难与老人家比肩。我们只能鞭策自己永远在学术生涯和企事业工作实践中努力追求，不断上进，以无愧于老人家对我们弟子的殷切期望。
>
> 时光斗转，岁月如梭，自己成为汪老师的弟子已是16年前的事。然而往事仿佛就在昨天，历历在目。
>
> 1998年，我以激动的心情报考汪老师的博士研究生。那时，汪老师已是闻名遐迩的管理学大师和教育家，对于汪老师，我心中充满了敬仰，也深知对于我这样一个经济管理基础并不雄厚的硕士研究生来说，考汪老师的博士生充满了挑战。记得面试那天，见到汪老师亲自主持面试，心里一阵紧张。但是他和蔼地看着我，让我先谈谈个人的工作经历和报考管理方向博士研究生的想法，我紧张的心情在这位慈祥的老人面前一下变

得轻松了许多。当我后来得知正式被录取，成为汪老师门下弟子之后，我第一个反应就是赶紧向父母和家人打电话报喜。许多熟悉汪老师的人曾对我说："汪老师是一位好导师，出了很多非常优秀的弟子，能成为他的研究生是很幸运的。"我的心愿终于实现了。

　　作为弟子，第一次去见导师，不是在欢迎会上，也不是在他的办公室，而是在他的家里。当时他刚从病中恢复过来。我以为，他可能会身体虚弱，脾气也可能暴躁，因而心中充满了忐忑与不安。然而，见到汪老师时，他却是笑容满面，态度十分和蔼可亲。我注意到，他的腿脚不是很方便，但是坚持着自己走到座位上。听说我是新录取的博士研究生，他便拉着我的手说，他还记得面试过我，接着又问了我过去的工作、家庭情况，甚至个人业余爱好。我先前的拘束感一下子消失得无影无踪。汪老师从管理学科的发展、前沿方向等方面讲了很多，让我受益匪浅。我确信自己是幸运的。

　　汪老师待人诚恳，平易近人，但是治学严谨，对学生一丝不苟。我本科读的是材料工程学科，硕士研究生阶段学的是技术经济专业。在进入博士研究生阶段学习期间，经过一段时间研究，有了初步的研究成果，形成了一篇工作论文，我欣喜若狂地将文章交给了导师。没过几天，汪老师把我叫到他的办公室，语重心长地对我说："搞科学研究，要有新思想，但是首先要以文献研究为基础，另外所产生的成果不是简单地建模计算一下，而是要根据中国国情，进行修正和创新，还需要仿真验证，得出有价值的结论。再好好研究一下，不要急于发文章。"他还用自己曾参加过的重大工程论证的例子来说明进行科学研究应有的科学态度。这一堂课让我心情沉重，但是他教会了我如何从事科学研究，如何去做一名合格的学者。这件事对我教育很深，至今难忘。我后来在金融工程、国债定价等方面取得了一些成绩，都与导师的精心培养和严格要求是分不开的。

2002 年初，在他的指导下，我终于完成了博士学位论文的初稿，第一次呈给汪老师指正。他花了半个月时间对我的论文初稿进行细致的批注，提出了许多中肯的修改意见。我修改后再呈交给先生。这样又经过 3 个周期，我已经有信心能够在 3 月进行学位论文答辩了。可是 3 月初的一天，先生找到我，没有谈学位论文答辩的事情，却建议我再好好修改，特别建议让从加拿大回学院短期访问的他的一个弟子再对我的博士学位论文把把关。他说："我们要和国际接轨，她在国外名校工作，尤其是在方法论上很有经验，一定会给你很好的建议。"与汪老师的弟子见面后，她对研究的理论、方法和规范性都提出一定的质疑和探索性研究的建议，汪老师颇为赞许。其后的 5 个月，在汪老师的帮助和勉励下，我对论文做了较大幅度的修改，并取得了新的更有价值的理论成果和应用成果。9 月中旬，我的博士学位论文顺利通过了答辩。每每回想起这一段经历，我的内心便充满了感恩之情。正是有了这一段研究经历，才更加坚定了我在学术道路上更加深入地探索。只有成为汪老师的弟子，与汪老师一起相处才有可能细细体会到"何为大师"之妙。

汪老师不仅是一位循循善诱的好导师，更是一位名副其实的战略家和教育家，他学识渊博，追求真理，锐意创新，是集管理大成者，培养了我国大陆（内地）第一位管理工程博士。汪老师始终站在学科发展前沿，率先将系统工程和管理工程的理论与方法综合应用于解决管理与工程实践和社会经济问题，创造性地完成了多项国家科研项目，为国家、区域经济发展作出了卓越贡献，赢得了国内外学术界的尊敬，成为当代当之无愧的中国管理学科的奠基人和推动者。在汪老师的主持下，自 20 世纪 80 年代初管理学院恢复建立至今，他以敏锐的洞察力和创新的思维、不断开拓的精神和勇气，引领学院保持着国内一流管理学院的地位，并成为我国西部乃至全国培育高层次管理人才的摇篮。作为管理学院的创院院长，从就任的那天起，他就把自己的宝贵年华与学院的事业发展紧紧地联系在一起，从前沿学科布局人才培养模式创新，从国际化战略实施到学科创新的重要举措，从MBA、EMBA的招生到工业工程方向、大数据学科方向的创设，都体现了汪老师急国家利益所急，以及高瞻远瞩、洞察秋毫的大师风范，学院发展的每一步都留下了他坚实的足迹，誉满海内外。

汪老师精勤育人，桃李天下。他培养了百余名博士和硕士。不论是在国外工作还是国内工作，不论是在政府机关还是身居企业要职或在高校工作，弟子们都谨记导师的教诲，"踏踏实实地工作，努力追求卓越"，也努力使自己在岗位上能够更加"出彩"。一年一度老师的生日聚会，来自各条战线的弟子齐聚母校为他祝寿。他很高兴地询问自己弟子们的工作情况、家庭情况，还会欣喜地向弟子们介绍学院取得的新突破和新进展，同时，也会让他的弟子们来介绍最新的管理研究动态与取得的成绩，不时还要画龙点睛地点评几句，对学院发展有利的重要信息会马上让参加聚会的院领导尽快思考并采取必要的措施。他的言谈举止体现了这位慈祥的老人对他钟爱一生的学院的爱，将自己全部心血和满腔的热情完全倾注于学院事业的发展。这样的聚会还在继续，但是我们发现他对自己的生日总是显得那么"轻描淡写"，而更多的是把他的生日聚会作为弟子们信息交流和开阔视野的重要平台。

汪老师言传身教，诲人不倦。自我担任学院领导后，每每请教导师，他从来都是娓娓道来，复杂的问题在他面前经常迎刃而解，而且有锦上添花之妙。他有一个习惯性动作，那就是在与他告别的时候，他都会起身与来者握手，亲切告别，尽管汪老师站起来有些艰难。如果不出差，老师会坚持到办公室工作。他的案头摆满了重要的研究报告、研究生论文、重要文件，甚至准备发言的幻灯片文稿，等等。他时而思考，时而下笔批注或修改，有重要信息会很快召集我们院领导研究应对策略。两年前，汪老师不顾年事已高，带领学院的相关教师主编了我国第一部工程管理研究生教材《工程管理概论》，还带领学院的学者团队承担了中国工程院"中国智能城市经济、管理发展战略研究""中国服务型制造业发展战略研究""工程管理教育培养创新型人才课题"等重要课题。作为一名受党教育多年的老党员，他始终保持着很高的政治觉悟和党性原则，无论何时，都会称呼某某同志，并经常提醒我们这些年轻的干部，要不断加强党性教育和自省教育。

如今，汪老师已进入耄耋之年，但仍然思维清晰、敏捷，讲话铿锵有力，仍然活跃在管理学科研究的最前沿，引导着管理学院的发展。汪老师关心着国内外发生的重要事件，关心着管理学科发展的前沿问题，关心着学校和学院下一步的发展，关心着年轻同志的成长，唯独不太考虑的就是他自己。作为西安交通大学老一辈学者的杰出代表，汪老师永远是我们弟子和年轻同志成长中的灯塔，永远指引着我们前进的方向，也永远作为榜样和楷模激励着我们弟子在人生的道路上努力奋进，报效祖国。

汪应洛的博士生连维良在《我的博士指导老师汪应洛院士》一文中表达了自己对导师感恩不尽的感情：

汪应洛院士是我国管理工程类教育与研究的开拓者，是我国系统管理学科的奠基人，是成就卓著的管理工程专家和教育家。在汪老师的主持下，自20世纪80年代初西安交通大学管理学院恢复建立至今，始终保持着国内一流管理学院的地位，并成为我国西部乃至全国培育管理人才的摇篮。

汪老师是我国管理工程学科首批博士生导师和博士后导师，精勤育人，桃李天下。他最早提出从工程师中培养管理人才，并且推动了国内培养具有双学位和 MBA 高级管理人才的教育。20 世纪 80 年代后期，他首先在国内倡导工业工程教育、研究与应用，为我国工业工程教育体系的建立和学科的发展作出了突出贡献。近年来，他又积极推进知识管理研究和工程管理教育，在创新教育和教书育人方面取得了令人瞩目的成就。能够在汪老师的指导下继续学习，对我来说是一件十分幸运的事。

汪老师始终站在学科发展前沿，以敏锐的洞察力和锐意创新的思维、不断开拓的精神和勇气，追求真理，追求卓越，率先将系统工程和管理工程的理论与方法综合应用于解决管理与工程实践问题和社会经济问题，创造性地完成了多项国家科研项目，为国家、为区域的经济发展作出了重大贡献，享誉海内外。

在汪老师指导下学习的过程中，深感老师就如一座藏有宝藏的大山，有可以使自己终身受益的无尽财富。汪老师虽 80 多岁高龄，但他始终在用自己的睿智关心着国家的发展，指导学生论文选题时强调一定要紧扣国家发展的重大问题，研究成果要能对我国发展方式转变有所贡献；他胸怀博大，求真务实，治学严谨，对论文中的一些观点反复推敲斟酌。不仅他反复审改，还让有相关研究经验的教授共同指导；他言传身教，诲人不倦，是我们做人做事的楷模和典范。我为能幸运地成为汪院士的学生而感到由衷自豪和骄傲。

西安交通大学管理学院党委副书记尚玉钒是这样赞颂管理学院的重建创始人汪应洛院士的：

"天以其广阔，汇群星而璀璨；海以其博大，纳百川而浩瀚；山以其厚重，历沧桑而伟岸。"这几句话正好表达了汪老师在我心目中的形象。

从师徒关系来说，我是汪老师"孙子辈"的学生了。以前我听席酉民老师时而会说起汪老师当年指导他们在北京与老一代管理前辈做项目的情景。那种与老前辈们一起投身在国家重大项目中的责任心和自豪感是我们所向往的。但我一直没有太多的机会接触到汪老师，只是偶尔在院里听到老先生给学生作报告或发表演讲。远观这样一位院士先生，我只能是高山仰止了。

后来做了学院副书记，得以经常与汪老师一起开会、请教和汇报工作，才有了可以近距离地接触汪老师的机会。学院的联席会有时一开就是一早上，而且时而会延续到中午午休时分，但汪老师一般没其他的事都会坚持听到底，对于一位80多岁的老人，这种精神让我很是感动。更关键的是，在一些重大的、棘手的问题上，我们都没有太多的经验，汪老师都会给我们出主意，细致地分析，寻找解决方法。这常会使我们感到老先生的高瞻远瞩的睿智。

这次写传记，我有幸承担了组织筹备工作，在前期准备大量的访谈录时，才得以真正有机会与汪老师本人以及他周围的老同事、老领导、弟子以及家庭成员直接接触。点滴之间，窥见一斑，汪老师做事总是井井有条，而且一丝不苟。每次访谈他都会做一个提纲准备；每一份转录文本，他都会认真批阅；每一项工作他都是周到全面地安排布置。这让我们这些参与的人，不得不肃然起敬。特别是从大家口中，我也了解到汪老师他们当年白手起家闯出一番天地的不易：从推动系统工程学科组到创建管理学门类，从关注国家重大项目到瞄准世界前沿方向，从创建管理博士学位教育到推动MBA、EMBA发展，点点滴滴，无处不让人感到老先生对学院发展呕心沥血的忘我投入。他的语言总是那么平和与带有鼓励性，但他对做事的标准要求是极高的，无形中就给了我们莫大的鼓励和鞭策。

我为自己能有机会通过工作向汪老师学习而感到庆幸！汪老师治学的严谨态度是我们不断学习的榜样，汪老师言传身教的包容大度是我们行为处世的典范，而我更感到应把我们在老先生身上看到、感受到的专注、奉献，以及强烈使命和责任感等宝贵精神财富吸纳并传承下去。

第九节　三十年院庆群英会

2014 年 8 月 1 日，西安交通大学管理学院隆重举办恢复建院 30 周年盛大庆典暨思源管理论坛。耄耋之年的汪应洛见证了自己亲手恢复重建的管理学院英姿勃勃地走过了 30 年辉煌历程，始终引领着中国管理教育的新潮流，人才济济，成果丰硕，格外高兴。他对海内外的管理学院培养的才俊回母校参加庆典表示热烈的欢迎。

在庆祝西安交通大学管理学院恢复建院 30 周年的喜庆日子里，管理学院新一届领导班子同管理学院首任院长汪应洛院士合影留念
（从左至右：时任院党委副书记尚玉钒、副院长苏秦、副院长谢恩、院长黄伟、汪应洛院士、副院长冯耕中、党委书记孙卫）

百余位分布在世界各地的管理才俊云集母校，看望母校西安交通大学及管理学院的创建人、指引管理学院勇攀高峰的恩师汪应洛院士。

汪应洛与众人讨论工作
（从左至右：席酉民、高山行、李垣、汪应洛、孙林岩）

对于引领中国管理科学新潮流的西安交通大学管理学院，海内外管理科学界都十分关注并给予极高的赞誉。美国前国务卿基辛格博士为西安交通大学管理学院恢复建院30周年院庆发来了热情洋溢的贺信。美国第24任劳工部部长赵小兰也来函祝贺。美国《财富》杂志主编安迪·塞维尔（Andy Serwer）先生，交通大学1946级校友、美国福茂集团董事长赵锡成先生，台湾大学校长杨泮池先生等分别来信或题词表示祝贺。时任西安交通大学党委书记张迈曾，校长王树国，西安交通大学管理学院名誉院长、中国工程院院士汪应洛，时任校党委常务副书记王小力，副校长蒋庄德、徐宗本、宋晓平，校党委副书记宫辉及中国人民大学管理学院执行院长毛基业，阿肯色大学教授约翰·R.塔尔伯特（John R. Talburt），兄弟院校的其他领导代表，西安交通大学各职能部门的领导，管理学院全体院领导、师生，以及来自世界各地的校友参加了庆典活动。

汪应洛（中）与张迈曾（左）、王树国（右）

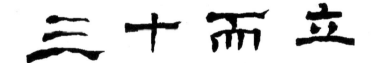

西安交通大学管理学院三十周年誌慶

三十而立

臺灣大學校長 楊泮池

台湾大学校长杨泮池先生的题词

　　汪应洛的博士生、时任管理学院党委书记孙卫主持了庆典及论坛。时任校长王树国在致辞中对西安交通大学管理学院的贡献给予了高度评价，他说："西安交通大学管理学院没有虚度时光，培养了大批的人才，取得了一大批成果，为社会的发展贡献了智慧。"

　　作为西安交通大学管理学院的恢复重建者和首任院长，汪应洛在庆典大会上致辞。他说：

欢迎远道而来的各位嘉宾参加这次盛会！

今天是管理学院恢复建院30周年，这是一个值得庆贺的日子，我向我们全院的老师们和教工、同学们表示衷心的祝贺，同时也感谢大家几十年来为管理学院所作出的贡献。

30年，弹指一挥间，管理学院经过了大家的勤奋、拼搏、开拓创新，取得了辉煌的成绩，在这30年里，管理学院始终坚持一个信念，就是以育人为主，严谨治学，精心育人。我们培养了一代又一代的高级管理人员，为国家输送了大批高级管理人才，在学科建设上做了大量的工作。我们根据国家的需求开拓创新，与时俱进，使我们的学科得到了壮大和发展。我们开始建院时，只有一个管理工程学科，经过努力，又开拓了工商管理学科。我们设立了7个系，培养了大量国家急需的高级管理人才。

另外，我们争取在国务院学位委员会下面设立了管理科学与工程一级学科的学科评审组，然后发展了工商管理一级学科的评审组，西安交通大学管理学院是这两个一级学科的"领头羊"。然后我们又联合全国的管理学者在国务院学位委员会下面创立了管理学门类，这就为管理学院的发展提供了一个宽广的平台。我们始终坚持一种信念：一枝独秀不是春，万紫千红春满园。

不仅仅我们西安交通大学的管理学科得到了很大的发展，全国的管理学科也得到了飞跃的发展。另外，我们也认识到管理学科是一个强调理论和实践相结合的学科，而且是多学科交叉的产物。所以我们的研究工作一直强调面向国家需求，积极地参加国家的一些重大的研究项目，这样的研究工作提高了我们的师资水平，提高了我们整个学科发展的水准。

应该说，在30年的学科发展当中，我们的老师们和同学们特别是我们的博士生们，并肩战斗，教学相长，使我们管理学院的学术声誉得到了社会的认可。另外，这30年我们坚持了走国际化道路，与国际上的一些知名学校、知名学者进行了广泛的学术交流，参加了各种各样的学术会议，开展了一些合作研究，对我们管理学院的学科发展起到了积极的作用。

首先我们在20世纪80年代，推动了系统工程学科的发展。广泛的国际交流使得我们了解了国际上系统工程学术上的一些重大研究。社会经济建设上的一些巨大的成果，使我们能够在比较高的起点上在我国推动了系统工程学科的发展，成为我国系统工程领域的领军人物之一。

20世纪90年代，国际上在深入开展战略研究的情况下，我们也是比较早地在国内积极地引领开展了战略研究这样一个领域。在国际上和英国的一些著名学校进行合作，在战略研究方面也作出了显著的成绩。在国际上开始兴起大数据的时代，我们比较早地与美国MIT合作建设了关于大数据和信息质量研究中心，在国内也是比较早地开展了大数据管理的研究。

另外，我们在管理教育、人才培养方面和加拿大多所学校建立了10年的合作关系，联合培养硕士生、博士生，为我们国家的管理教育吸收了一些国际上先进的理念，对我们管理教育的发展起到了积极的促进作用。

30年来，我们培养和锻炼了一支强大的师资队伍，这是我们管理学院发展的一个重要基础。同时，我们的学生在老师的熏陶下在参加实际科研工作中使教学相长，能够直接地体验国家的一些重大建设的发展，现在管理学院的毕业生遍布全国，有些成为很多高等学校的骨干，也在经济战线上发挥了积极的作用。

时代不断地前进，社会不断地发展，我们管理学院必须要与时俱进，继续坚持开拓创新，同时要始终坚持以育人为根本，能够为国家培养一批又一批的创新型高级管理人才。在研究工作方面，我们要面对信息化时代、大数据时代，要创新发展，始终站在时代的前沿。既能够把握发展的战略机遇，又能够脚踏实地为国家的重大需求开展研究工作。我们要面对国家深化改革的大形势，面对科学技术创新发展的大趋势，必须担负起我们实现中国梦的社会责任感！

时任西安交通大学管理学院院长黄伟在致辞中对汪应洛院士表达了崇高的敬意和衷心感谢。他说，管理学院在创始院长汪应洛及学院老一辈教授、学者的带领下，一代又一代管理学人艰苦奋斗，求真务实，积极探索，在人才培养、科学研究与社会服务等方面始终密切关注国家和社会经济发展的需要，同时紧跟国际前沿发展趋势，致力于为国家培养有特色、高质量的高层次管理人才，引领科学研究和学科发展，为政府和企业提供管理咨询与社会服务，并取得了较大的成就，率先拥有管理科学与工程、工商管理两个国家一级重点学科以及博士点和博士后流动站，是国家第一批 MBA 和 EMBA 试点学院之一，在中国大学学科排行榜上连续十几年名列前茅。

作为西安交通大学管理学院恢复建院 30 周年庆典系列活动内容之一，2014 年 8 月 2 日，第十九届国际大数据与信息质量权威会议在西安交通大学管理学院举办。这个国际会议是国际上大数据与数据质量方面最权威的国际会议，由美国麻省理工学院于 1992 年创办，旨在促进信息质量和数据科学领域在研究、技术、实践等方面的发展和交流。会议已在全球范围内成功举办 18 届，历届年度会议吸引了包括美国、加拿大、澳大利亚、中国、英国、爱尔兰、德国、法国、芬兰、西班牙、意大利、印度、巴西、阿根廷等国家的知名学者和企业代表参与。本届会议是国际大数据与信息质量权威会议第一次在亚洲召开，足见汪应洛恢复重建的西安交通大学管理学院在亚洲乃至全球管理学界的崇高地位。

在这次会议上，陕西省西咸新区沣西新城经济发展招商局局长刘军作了关于陕西及西咸新区的基本情况、西咸新区大数据产业的特色、优势，存在的问题、开展的主要工作和下一步的工作设想的报告。中国科学院院士、西安交通大学副校长徐宗本，阿肯色大学教授、大数据领域专家约翰·R.塔尔伯特，安客诚亚太区首席执行官茹威（Frederic Jouve），国务院医改专家委员会委员房志武，陕西省产业投资集团副总经理徐晋等知名学者及行业专家分别在大会上作主题发言。85岁高龄的汪应洛院士宝刀不老，神采奕奕地在大会上作了关于大数据的学术报告。他指出，当今的时代是大数据的时代，数据量（volume）大、数据种类（variety）多样、要求实时性（velocity）强，以及蕴藏的商业价值（value）大，是大数据的特性，这也决定了大数据在未来的潜力。大数据带来的变革已经深刻地影响了世界。互联网行业最先受到影响，接着是商业智能与咨询服务领域、零售行业，还包括医疗、卫生、交通、物流甚至生物科技、天文等方面。大数据的发展不仅催生了数据服务的意识和能力，而且促进了各行各业的巨大变革。

2012年3月，美国奥巴马政府宣布推出的"大数据的研究和发展倡议"（Big Data Research and Development Initiative），是大数据从商业行为上升到国家战略的标志，表明大数据的研究已经正式提升到战略层面。大数据管理作为重要的企业竞争力，已经深入全球经济的各个部门。来自麻省理工学院斯隆管理学院的教授曾经说过，基于数据分析的决策实现的生产率增长，要比任何其他因素都高出5%～6%。这种生产率的增长则能够决定大多数行业的胜负。对于那些能够战略性地利用大数据的企业，他们的创新能力、业务灵活性和利润都将得到极大的提高。

汪应洛说，据互联网数据中心（Internet Data Center，IDC）预测，中国的大数据市场在2012～2016年将增长5倍，政府、银行、医疗卫生、电信等行业将在其中占据最高的份额，大数据带来的巨大商业价值已经不言自明。然而，其价值的实现取决于一个重要的前提条件：只有在取得准确、全面、及时的高质量数据的基础上，才能借助有效的分析手段，呈现出数据背后的商机或警示。否则，再好的商业模式都只是基础薄弱的空中楼阁。另外，对于一个组织来说，数据是其最具价值的资产之一。企业的数据质量与业务绩效之间存在着直接联系，高质量的数据可以使公司保持竞争力，并在经济动荡时期立于不败之地。有了普遍深入的数据质量，企业在任何时候都可以信任满足所有需求的所有数据。

汪应洛强调，我们不应只看到大数据发展的美好前景，大数据的管理也面临很多问题和挑战，有待继续研究。

数据的快速积累和发展，越来越凸显的问题就是数据管理人才的缺失，特别是在统计方法和大数据管理方面有深厚专业知识的管理员与分析员，而分析人员的水平恰恰是决定企业竞争力的关键因素。如何实现高效、智能的存储和获取也是一个问题。随着数据量和各种类型数据的不断增加，数据的存储和访问是需要重点解决的问题。

因此，如何通过调整技术、科学管理去适应和迎接这些挑战是亟待思考的问题。汪应洛认为，我们作为大数据和信息质量领域的开路人，身上肩负着时代的使命，应抓住大数据时代潜在的机遇，为整个社会的发展作出贡献。

第十一章

喜获2015
复旦管理学
终身成就奖

六十年如一日、一生奉献给教学与科研工作的汪应洛2015年又喜获"复旦管理学终身成就奖"。2015年10月31日，在复旦管理学奖励基金会颁奖典礼暨十周年总结会的庆典上，复旦管理学奖励基金会理事长、第十届全国政协副主席徐匡迪为汪应洛颁发了"复旦管理学终身成就奖"。西安交通大学党委书记张迈曾、校长王树国亲自致电表示祝贺，校科研院副院长贾毅华、管理学院院长黄伟、汪应洛的助理吕绚丽博士应邀陪同张娴如女士出席了颁奖大会，共同见证了这一历史时刻。

2015年10月31日，汪应洛（中）、杨善林院士（左）、吕绚丽（右）
在"复旦管理学终身成就奖"颁奖前合影

复旦管理学奖励基金会成立于2005年，是由中共中央政治局原常委、国务院副总理李岚清同志用个人稿费作为原始基金发起的，是中国管理学界最具影响力、公信力的基金会。自2012年起，复旦管理学奖励基金特别增设"复旦管理学终身成就奖"，用于奖励在我国管理学领域为学科建设、人才培养等作出开创性、奠基性贡献的老一辈工作者。中国工程院院士刘源张、清华大学教授傅家骥、著名管理学家和经济学家成思危先后于2012年、2013年、2014年获奖。

在颁奖仪式上，汪应洛发表了获奖感言，肺腑之言瞬间感染了与会的嘉宾们。他满怀激情、精神饱满、双目炯炯有神，站在主席台中央，铿锵有力地感谢基金会提名授予他"复旦管理学终身成就奖"殊荣。

2015 年 10 月，汪应洛院士获得"复旦管理学终身成就奖"

即使获得如此高的荣誉，汪应洛依然虚怀若谷地表示，能够取得今天的一点点成绩，首先应该感谢党，感谢党对自己的培养，让他从中华人民共和国成立初期一个无知懵懂的少年一路在党的关怀和抚育下走到了今天。

汪应洛时刻没有忘记感谢西安交通大学，感谢教过他的老师们、身边的同事们以及西安交通大学的校领导。自 2003 年当选为中国工程院院士到 2015 年这 12 年的时间也是汪院士认为一生中最富有激情的日子，他披星戴月，无论节假日还是双休日，始终奋斗在学科的最前沿。

他每周工作 7 天，白天连着黑夜地干，似乎不知疲倦，大有"蜡炬成灰泪始干"的干劲——这正是作为学生和在院士身边工作十余年的学术科研及行政助手最深刻的印象。他从不浪费一分钟的时间，即使 85 岁高龄也依然在和时间赛跑。在外出差的时间也是会中套会，利用尽可能的时间空当安排满整个行程，熟悉他的人时常提醒："他的劳动强度太大了，不能这样安排，会把老师累垮的。"但他从来都只是笑笑。无论出差回来多晚，第二天一早 9 点整他依然会风雨无阻地坐在办公室里开始工作。

汪应洛从心底里非常感谢中国工程院、工程管理学部的院士们。他和学部的其他院士们一起承担着国家的重大科研任务，他不遗余力承担了十余项国家重大咨询课题，亲自带领团队成员赴企业、下矿井、到现场调研，总是亲自参加每一次的科研团队讨论，鼓励大家各抒己见、大胆阐述自己的研究观点。在大家研究过程中遇到各种问题时，他总能及时准确地为大家指点迷津，为研究团队把握研究方向。

汪应洛最后感谢的是他的家人，特别是与他患难与共、相濡以沫六十多年的老伴，他们经历过两次大病的考验，1994 年汪应洛在北京会场刚作完报告突发脑出血倒在了会场，多年后他居然打趣地谈道："我在合适的时间、合适的地点生了病。"2001 年他又患了直肠癌，但是他们夫妻都相互依靠走过来了。他心里想的依旧是"要更加努力地去实现他的中国梦。"

汪应洛作为新中国培养的第一批大学生，自毕业的那一刻起，他的人生便和管理工程教育紧紧连在一起。经过 60 年的努力，终使管理学科从刚开始的"公众不认识，社会不承认，政府不支持"，到后来成为十二大学科门类之一。对于自己在其中的贡献，汪应洛只字未提。他谈的多是学科的发展、人才的培养等。

幼年经历过的炮火中的颠沛流离让汪应洛深感国家强大的重要性。工业救国的思想深深地在他的心中扎根，"工业强则国家强"的观念也促使他始终扎根西北，一待就是一辈子。他认为"这不仅仅是一种使命，也是对管理教育事业的热爱"。严谨审慎的作风、甘于奉献的精神、百折不挠的态度奠定了汪应洛成为我国管理科学与工程、系统工程学和工业工程的学科带头人的基础。他为我国管理科学与工程、系统工程和工业工程学科的发展及相互融合做了大量开创性的系统工作，并将其理论与方法综合应用于解决工程管理和社会经济问题之中。

中国管理学科的初创时期，汪应洛早在 20 世纪 70 年代初就已将中国的管理学科与麻省理工学院、哈佛大学等美国知名学府建立了联系，国际交流的加强让当时的学者们对美国的管理教育认识加深，对于管理学的发展影响深刻。

改革开放以后，汪应洛被委任为国务院学位委员会管理工程学科组副组长。在管理工程的专业建设和人才培养上，汪应洛起到了十分重要的推动作用。1984 年，汪应洛就积极促成我国第一批管理学院的建立，进一步促进了我国管理学科发展的平台保障。为了推动学科发展，他不但帮助一批学校加强学科建设，还帮助这些兄弟院校建立了管理科学与工程学科博士点。他是一个没有私心的人，对待同行、兄弟院校和学生，都是抱着一颗赤子之心，也正是因为这份无私，他对我国的经济发展起到了重要的作用。

汪应洛认为，中国管理学的理论研究已经跟国际接轨，管理学的重要性已经越来越成为共识。国家对战略的重视程度已经大大加强，他深深地知道国家发展需要好的战略。

汪应洛又开创性地提出了"服务型制造"，即"基于制造的服务"和"面向服务的制造"，这是使制造与服务相融合的新产业形态，是一种新的制造模式，可以有效帮助我国制造业走出困境。汪

汪应洛（左三）等接待国外学者

应洛带领的课题组通过与陕西汽车控股集团有限公司、陕西鼓风机（集团）有限公司等企业多年的试点摸索成功地实践了这一理论。

与时俱进，勇于创新。早在2009年，汪应洛就已关注大数据，他认为，大数据对管理学科的发展是一个重要机遇。也正是在汪应洛的指导下，西安交通大学管理学院与美国麻省理工学院经过两年的合作，于2012年合作成立了大数据研究中心。2014年，牵头与国家发展和改革委员会联合成立了改革试点探索与评估协同创新中心，为陕西省改革创新新思路、新举措提供理论支持。

汪应洛一直关注推动关中天水经济带，倡导大区域、大战略的主导先行。"一带一路"倡议提出后，他又率先引导团队提出"'一带一路'能源通道的建设和科教文先行"的思路，建议一经提出就被国家发展和改革委员会、教育部认可，成为国家制定方针的重要依据。科教文先行，是文化传播，教育扶持，科学引领，增强国家的软实力。汪应洛在西安交通大学2015年5月正式发起成立"新丝绸之路大学联盟"（UANSR）。在UANSR框架指导下，汪应洛带领团队成立了"'一带一路'大学管理学院子联盟"，致力于推动盟内学院之间在校际交流、人才培养、科研合作、文化沟通等方面开展形式多样的友好合作，共建教育合作平台，推进区域开放发展。

汪应洛总能从海量信息中精准把握前沿的科学问题，对工作永远充满热情与激情。管理学是一门需要社会责任感的学科，管理学界在获得社会不断发展所带来的利好的同时，也承担着重大的责任。管理学需要人才，人才培养是重中之重。对于已经走上管理岗位的年轻人，汪应洛对他们寄予殷切希望：希望他们能够成为学者型的管理人才，要具备战略眼光、创新思维、文化素养、沟通能力、社会责任感、包容心、处事能力，做人要谦虚谨慎。

人品是最高的学位，而品德是人格的灵魂。人品的修养比学识更有价值、更具魅力。汪应洛正是这样一位既有人品又有学识且思想高尚的人。他认为此生能够培养出一批批优秀的人才，看到他们成绩卓越，贡献超过他对国家的贡献，是最令他引以为豪、最开心的时刻！

2008 年，汪应洛与夫人张娴如参加第七届光华工程科技奖招待晚宴

汪应洛院士是第一批获得国务院政府特殊津贴的著名专家学者。2001 年获中国机械工程学会科技成就奖；2008 年获中国工程院颁发的光华工程科技奖；2012 年获中国系统工程学会颁发的第一届系统科学与系统工程终身成就奖，中国机械工程学会颁发的终身成就奖；2015 年获复旦管理学终身成就奖；2022 年获第八届中国管理科学学会管理科学奖特殊贡献崇敬奖。

第十二章

成果丰硕的中国工程院院士

2003~2023 年，汪应洛当选为中国工程院院士以来的 20 年，在中国工程院工程管理学部的领导与组织下，承担并参与了十余项国家重大咨询项目。

本章充分展现了汪应洛当选院士后的学术经历、学术思想和重要学术观点，这也是汪应洛学术生涯中最活跃、最深刻、最有价值和最值得回忆的经历。

第一节　中国制造 2025

改革开放以来，我国制造业持续快速发展，如何提升我国制造业在自主创新、自主研发、资源利用效率、产业结构水平、信息化程度、战略转型升级和跨越发展等方面的能力，尽快跻身于世界先进水平行列是一个重大问题。具有前瞻性、超敏锐洞察力的汪应洛再一次率先带领研究团队走进了陕西鼓风机（集团）有限公司、陕西汽车控股集团有限公司等典型企业推行服务型制造。

数十年如一载，汪应洛怀揣着梦想踏入了"中国制造 2025"——一个中国版的"工业 4.0"规划时代。《中国制造 2025》是中国政府实施制造强国战略第一个十年的行动纲领，提出了中国制造强国建设三个十年的"三步走"战略。2006 年在国内外首先提出的服务型制造战略，成为《中国制造 2025》的 9 项战略任务和重点之一。

为进一步全面贯彻党的十八大和十八届二中、三中、四中全会精神，坚持走中国特色新型工业化道路，以促进制造业创新发展为主题，以提质增效为中心，以加快新一代信息技术与制造业深度融合为主线，以推进智能制造为主攻方向，以满足经济社会发展和国防建设对重大技术装备的需求为目标，强化工业基础能力，提高综合集成水平，完善多层次、多类型人才培养体系，促进产业转型升级，培育具有中国特色的制造文化，实现制造业由大变强的历史跨越将在这里谱写辉煌的篇章。

"中国制造 2025"之重点战略任务——服务型制造和生产性服务业发展战略研讨会于 2015 年 5 月 30 日上午拉开了帷幕。自 2006 年以来，面对传统产业转型升级和我国经济发展方式转变面临的挑战，以西安交通大学汪应洛为代表的专家和学者，率先提出了服务型制造理论，并在全国哲学社会科学规划办公室、中国工程院、陕西省政府的支持下，开展了一系列关于服务型制造理论、产业实践和政策建议的研究，并在陕西鼓风机（集团）有限公司、陕西汽车控股集团有限公司等企业开展了深入的产业实践，为企业增收超过 30 亿元，创造利税超过 1 亿元，经济效益和社会效益显著。在陕西省"十二五"发展规划中，"服务型制造"位列其中。

为了进一步落实"中国制造 2025"，促进陕西省制造业发展服务型制造和生产性服务业，提升产业竞争力，汪应洛倡议西安交通大学联合陕西省发展和改革委员会、陕西省工业和信息化厅、陕西省科技厅、陕西省决策咨询委员会等单位的主要领导，从事服务型制造研究的知名学者，以及陕西鼓风机（集团）有限公司、陕西汽车控股集团有限公司等践行服务型制造取得突出成就的企业，共同探讨陕西制造业落实"中国制造 2025"规划，促进服务型制造与生产性服务业发展的对策与行动计划，协商建立服务型制造管理与技术研究中心，探讨陕西省制造业发展服务型制造的行动纲领。《光明日报》《科技日报》《中国社会科学报》《陕西日报》等媒体参加了研讨会，共同见证了陕西省学界和企业界在服务型制造领域的开创性成果。

制造业作为国民经济的主体，其重要性不言而喻。它不仅是立国之本、兴国之器，更是强国之基。自 18 世纪中叶工业文明开启以来，世界强国的兴衰史和中华民族的奋斗史一再证明，没有强大的制造业作为支撑，国家和民族就难以强盛。因此，打造具有国际竞争力的制造业，对于我国提升综合国力、保障国家安全、建设世界强国而言，是一条必由之路。

回顾历史，我们可以看到，中华人民共和国成立后，尤其是改革开放以来，我国制造业经历了持续快速的发展。在这一过程中，我国建成了门类齐全、独立完整的产业体系，不仅有力推动了工业化和现代化进程，还显著增强了综合国力。制造业的发展为我国经济增长、社会进步和国际地位提升奠定了坚实基础。从汽车、钢铁到电子、通信，我国制造业在许多领域都取得了显著成就，成为全球制造业的重要一环。

然而，与世界先进水平相比，我国制造业仍然面临"大而不强"的问题。在自主创新能力、资源利用效率、产业结构水平、信息化程度、质量效益等方面，我国制造业与世界先进水平存在明显差距。这意味着，尽管我国制造业规模庞大，但在核心技术和高端领域，我们仍需依赖进口或外部技术。这种现状不仅限制了我国制造业的进一步发展，也对国家安全和长期竞争力构成了潜在威胁。

面对这一挑战，我们必须认识到，转型升级和跨越发展的任务紧迫且艰巨。随着新一轮科技革命和产业变革与我国加快转变经济发展方式形成历史性交汇，国际产业分工格局正在重塑。这一重大历史机遇为我国制造业提供了前所未有的发展空间和潜力。我们必须紧紧抓住这一机遇，按照"四个全面"战略布局的要求，实施制造强国战略。

实施制造强国战略，首先需要加强统筹规划和前瞻部署。这意味着我们要从国家战略的高度出发，制定长期、中期和短期的制造业发展规划。我们要明确发展目标、发展路径和政策措施，确保制造业发展的可持续性和竞争力。同时，我们还要加强跨部门、跨地区的协调合作，形成合力，共同推进制造业的转型升级。

其次，我们要注重创新驱动，提升制造业的核心竞争力。创新是制造业发展的灵魂。我们要加大研发投入，推动技术创新、产品创新和产业创新。我们要鼓励企业加强自主研发，掌握核心技术，打造自主品牌。同时，我们还要加强产学研合作，推动科技成果的转化和应用。通过创新，我们要使我国制造业在全球产业链中占据更高位置。

再次，我们要优化产业结构，提升制造业的整体素质。我们要推动传统产业的转型升级，提高资源利用效率和环境保护水平。我们要大力发展新兴产业和高技术产业，培育新的经济增长点。我们还要加强产业链上下游的合作与协同，形成优势互补、协同发展的产业格局。通过优化产业结构，我们要使我国制造业更加适应市场需求和国际竞争。

此外，我们还要加强人才培养和引进，为制造业发展提供有力支撑。人才是制造业发展的关键因素。我们要加强职业教育和培训，培养更多具有专业技能和创新能力的制造业人才。我们还要完善人才引进政策，吸引更多海内外优秀人才投身我国制造业发展。通过人才培养和引进，我们要为我国制造业的持续发展提供源源不断的动力。

最后，我们要坚持开放合作，积极参与全球制造业竞争与合作。我们要加强与国际先进制造业企业的交流与合作，学习借鉴其先进经验和技术。我们还要积极参与国际标准和规则的制定与修订，提升我国制造业在国际舞台上的话语权和影响力。通过开放合作，我们要使我国制造业在全球产业链和价值链中占据更加有利的位置。

总之，实施制造强国战略是我国制造业发展的必然选择。我们要紧紧抓住历史机遇，加强统筹规划和前瞻部署，注重创新驱动、优化产业结构、加强人才培养和引进以及坚持开放合作。通过不懈努力和奋斗，我们相信到中华人民共和国成立 100 周年时，我国一定能够建设成为引领世界制造业发展的制造强国，为实现中华民族伟大复兴的中国梦打下坚实基础。这也是我们每一个人的中国梦。

第二节　研究规划现代制造服务业发展战略

　　汪应洛当选为中国工程院院士以后，以顽强的意志继续战胜病体痛苦和其他种种困难，努力地在管理工程领域奋勇攀登，取得了丰硕的成果，为国家的建设和社会的繁荣作出了重大贡献。"制造服务业强国战略"是中国工程院重大咨询课题，汪应洛承担了这一重大课题的分课题研究——"现代制造服务业发展战略研究"。他在这个课题研究中，完善和发展了"服务型制造"理论，为"中国工程"与"中国制造"的联动发展提供了科学理论根据。在进行"现代制造服务业发展战略研究"时，汪应洛组成了以他为核心，有李刚、

2007年，汪应洛出席首届现代制造业项目管理高层论坛

郭菊娥、冯耕中、苏秦、吴锋、周支立、何正文、王能民、田军、姜锦虎、原长弘、王龙伟、吕绚丽等参加的科研团队，分"服务型制造""物流服务系统""科技服务（含自主创新）""大数据服务（含信息质量）""产业结构优化创新（相关产业联动发展）""制造业与生态环境"等多个专题进行研究。课题研究期间，汪应洛多次往返于西安、北京等地，与全体成员共同探讨课题研究进展情况，研究报告于2014年顺利完成，阶段性成果报告呈送中国工程院。

汪应洛带领研究团队从以下几个重要方面进行了深入研究。

一、制造服务业和制造业的互动机理

从制造业发展情况来看，服务化趋势日益显现；从服务业发展情况来看，工业化已成为一种趋势。制造服务业能够提升制造企业的竞争能力，扩大生产规模，而制造业生产规模扩大以后也能促使制造服务业不断地发展进步为专业性的服务产业，这对于经济的发展是一种帮助，可以说制造业和制造服务业是一种互补互利的关系。

随着全球经济发展模式的演进，制造服务业在制造业中扮演的角色也在不断演变。总的来看，制造服务业在制造业中扮演的角色越来越重要，知识含量越来越高，具备了知识化、信息化、网络化的新特征。

二、我国制造服务业的发展现状分析

1. 我国制造服务业的发展现状

（1）产业规模。根据我国的统计数据，汪应洛团队研究的制造服务业包括以下行业：交通运输、仓储和邮政业；批发和零售业；金融业；其他行业。其中第四类的其他行业含有部分非制造服务业的内容。但由于我国统计数据分类的原因，无法直接区分出其他行业中的子行业是否和制造业直接相关。因此，在课题的研究中，根据国家统计局的相关指标，将以上四类行业界定为广义的制造服务业，而将不包含其他行业的制造服务业界定为狭义的制造服务业。

（2）产业结构。现代制造服务业的产业结构是一个复杂且多元化的体系，融合了互联网、通信、计算机等信息化手段和现代管理思想与方法，为制造业提供全方位的服务支持。主要由一系列与制造业紧密相关的服务行业构成，这些行业不仅涵盖了传统的服务业领域，还融入了现代信息技术和先进管理理念，形成了具有高度创新性和竞争力的新型服务业态。

（3）质量效益。制造服务业的质量效益是衡量其发展水平和贡献度的重要指标。一方面，提升制造业创新能力，优化制造业供给质量，提高制造业生产效率，支撑制造业绿色发展，增强制造业发展活力，推动制造业供应链创新应用；另一方面，虽然各国资源禀赋和发展阶段不尽相同，但是我国服务业的相对水平还存在巨大的上升空间。

制造服务业通过提供研究开发、技术转移、创业孵化、知识产权、科技咨询等科技服务，显著提升了制造业的技术创新能力。这些服务有助于加强关键核心技术攻关，加速科技成果转化，推动产业链与创新链的精准对接和深度融合。这不仅提高了制造业产业基础高级化和产业链供应链的现代化水平，而且促进了中国制造向中国创造的转变。

汪应洛倡导现代制造服务业与制造业深度融合，有机结合，贯穿于制造业的各个环节，为制造业提供全方位的服务支持。依托现代信息技术和先进管理理念，现代制造服务业具有较高的技术含量和创新能力。随着信息技术的不断发展，现代制造服务业将加快数字化转型步伐，提升服务效率和质量。现代制造服务业的产业结构是一个多元化、高度融合、技术密集且服务专业化的体系。随着信息技术的不断发展和环保意识的提升，现代制造服务业将继续朝数字化、绿色化和国际化方向发展。所以，制造服务业在提升制造业创新能力、优化供给质量、提高生产效率、支撑绿色发展、增强发展活力、推动供应链创新应用等方面均发挥了重要作用，为制造业的高质量发展提供了有力支撑。

2. 我国制造服务业发展面临的挑战与机遇

我国制造服务业发展面临的挑战与机遇如下。①国家政策体系的形成与支持。近几年来，我国政府一直高度重视制造服务业及相关产业的发展，相继出台了一系列扶持政策。②信息化与工业化的融合，为现代制造服务业提供了市场需求和技术保障。③我国制造业的产业优势为制造服务业提供了较大的发展空间，可以利用制造业的优势地位，加快提升制造业的辅助行业的发展。④中国工程的大力发展，为中国制造服务业的发展提供了新的机遇。制造服务业内部结构亟须优化。制造服务业依靠以技术进步为驱动的内涵式增长的模式还没有形成。制造服务业的内部结构优化还有很长的路要走。

2005年9月，汪应洛（左三）等中国工程院院士赴重庆考察长安奥拓生产基地

3. 对我国的制造服务业进行了国际比较

从产业规模、产业结构、质量效益、可持续发展能力四个方面

对我国的制造服务业进行了国际比较。与国际制造服务业相比，我国制造服务业的可持续发展能力不强。金融业大而不强，获利主要依靠政策保护和行业垄断，金融创新力度不足。信息服务、管理咨询、制造检测和法律咨询等知识型服务业无论在产业规模还是发展质量上，都较为落后。我国的制造服务业在很大程度上还是集中在传统领域，创新力度不足，高端人才奇缺，产业发展模式落后，制造服务业的可持续发展能力亟待提高。

4. 我国制造服务业的发展预测

美国经济分析局（Bureau of Economic Analysis）网站上提供有1947年以来GDP的构成数据，汪应洛团队选取1947~2011年64年的数据作为参照，预测我国制造服务业的发展前景。汪应洛团队按照美国1947~2011年64年间制造服务业的发展速度，估测了中国2011~2043年制造服务业的发展水平。

对我国制造服务业的发展预测，从产业规模、产业结构、质量效益、可持续发展能力几个方面进行了探索和研究。

（1）产业规模。根据近年来的趋势和预测，我国制造服务业的市场规模将持续增长。例如，有数据显示，2018年制造服务业的市场规模约为13.66万亿元，到2023年上半年已达到11.09万亿元，这表明该行业保持了较高的增长率。预计未来几年，随着制造业与服务业的深度融合以及新技术的广泛应用，制造服务业的市场规模有望进一步扩大。据智研瞻产业研究院等机构预测，到2029年，我国制造服务业的市场规模可能达到45.25万亿元左右。这一预测表明，制造服务业在未来一段时间内将保持强劲的增长势头。

（2）产业结构。随着经济的发展和技术的进步，我国制造服务业的产业结构将不断优化升级。传统服务业（如餐饮、旅游等）将保持稳定增长，新兴服务业（如电子商务、在线教育、远程医疗等）将呈现爆发式增长。同时，制造业与服务业的边界将越来越模糊，两者之间的融合发展将成为趋势。为了满足制造业的多样化需求，制造服务业将不断创新服务模式和服务内容。例如，通过提供研发设计、物流运输、市场营销等一站式服务，帮助制造业企业降低成本、提高效率。

（3）质量效益。稳步提升服务质量：随着市场竞争的加剧和消费者需求的多样化，制造服务业将更加注重提高服务质量。通过引入先进的管理理念和技术手段，提升服务的专业性和个性化水平，以满足客户的差异化需求。增强盈利能力：随着产业规模的扩大和结构的优化升级，制造服务业的盈利能力将不断增强。通过提高服务效率、降低运营成本、拓展市场空间等方式，实现行业的可持续发展。

（4）可持续发展能力。绿色发展：随着环保意识的提高和政策的推动，制造服务业将更加注重绿色发展。通过采用环保材料、节能减排技术等手段，降低对环境的污染和破坏，实现经济效益与社会效益的双赢。创新驱动：创新是推动制造服务业可持续发展的关键。通过加强技术研发、人才培养和品牌建设等方面的投入，不断提升行业的核心竞争力和创新能力，为行业的长期稳定发展提供有力支撑。我国制造服务业在未来一段时间内将保持快速增长的态势，产业结构将不断优化升级，质量效益将显著提高，可持续发展能力将不断增强。

5. 制造服务业对制造强国战略的促进

制造服务业对制造强国战略的促进体现在多个方面，可从提升制造业创新能力、优化产业结构、增强质量效益及推动可持续发展等角度进行研究。

（1）提升制造业创新能力。促进技术融合与创新：制造服务业通过整合研发设计、技术转移、创业孵化等服务，加速制造业与信息技术的深度融合，推动制造业朝数字化、智能化、服务化方向发展。这有助于提升制造业企业的技术创新能力和核心竞争力，从而在全球价值链中占据更高位置。加强产学研合作：制造服务业作为连接制造业与科研机构的桥梁，有助于促进产学研合作，推动科技成果向现实生产力转化。通过提供科技咨询、知识产权等服务，帮助企业解决技术难题，提升自主创新能力。

（2）优化产业结构。推动制造业服务化转型：制造服务业的发展促进了制造业向服务型制造转型，即从单纯的产品制造向"产品＋服务"的模式转变。这有助于延伸制造业的价值链，提高产品附加值和市场占有率，推动产业结构升级。促进产业协同发展：制造服务业与制造业的深度融合，促进了产业链上下游的协同发展。通过提供供应链管理、物流配送等服务，加强产业间的联系与合作，形成产业协同发展的新格局。

（3）增强质量效益。提高产品质量与服务水平：制造服务业通过提供质量管理、检验检测等服务，帮助制造业企业提升产品质量和服务水平。这有助于增强企业的市场竞争力，提高客户满意度和忠诚度。优化资源配置：制造服务业通过提供市场咨询、金融投资等服务，帮助企业优化资源配置，提高生产效率。这有助于降低企业运营成本，提升整体盈利水平。

（4）推动可持续发展。促进绿色制造：制造服务业通过提供环保咨询、节能减排等服务，推动制造业企业实现绿色生产。这有助于降低能耗和排放，保护环境，实现可持续发展。支持循环经济发展：制造服务业在推动制造业向循环经济方向发展方面也发挥着重要作用。通过提供回收与利用服务，完善再生资源回收利用体系，促进资源的循环利用和高效利用。

随着信息技术的不断发展和制造业与服务业的深度融合，制造服务业在制造强国战略中的作用将越来越重要。

三、制造服务业促进制造强国建设的战略

1. 发展战略选择

（1）大力推动中国工程、中国制造和中国服务的联动发展。将

中国工程作为推动我国经济结构优化升级的第三支力量，促进中国制造、中国服务和中国工程的协同发展，可以有效推动经济发展方式转型和产业竞争力提升。

（2）促进制造业改变传统观念，推进制造服务业的外部化。

（3）促进制造服务业的标准化和信息化。

（4）推进制造服务业自主创新。

（5）大力推进制造服务业的集聚式发展，促进产业间的融合。

（6）促进制造服务业发展的外部环境改善。

为了促进制造服务业的发展，改善其外部环境是至关重要的。以下是一些关键措施，旨在优化制造服务业发展的外部环境。

第一，政策支持与引导。

制定发展规划：政府应制定制造服务业中长期发展规划，明确发展目标、重点任务和政策措施，为行业发展提供方向指引。优化政策环境：出台一系列扶持政策（如税收优惠、财政补贴、融资支持等），降低制造服务业企业的经营成本，激发市场活力。加强法规建设：完善相关法律法规体系，保障制造服务业的合法权益，规范市场秩序，为行业健康发展提供法律保障。

第二，市场体系建设。

完善市场机制：建立健全市场竞争机制，打破行业壁垒，促进资源自由流动和有效配置。拓展市场空间：鼓励制造服务业企业"走出去"，参与国际竞争与合作，拓展海外市场空间。同时，引导外资进入我国制造服务业领域，促进内外资企业公平竞争。加强品牌建设：鼓励制造服务业企业加强品牌建设，提升品牌影响力和市场竞争力。

第三，技术创新与人才培养。

推动技术创新：加大对制造服务业技术创新的支持力度，鼓励企业加大研发投入，开展关键技术攻关和成果转化。同时，加强产学研合作，促进技术创新与产业升级深度融合。加强人才培养：完善人才培养体系，加强高等教育和职业教育中与制造服务业相关的专业设置和课程建设。同时，通过实习实训、校企合作等方式，培养具有实践经验和创新能力的专业人才。

第四，基础设施建设。

加强信息基础设施建设：加快 5G、大数据、云计算等新型基础设施建设，为制造服务业发展提供高效、便捷的信息技术支持。完善物流体系：加强物流基础设施建设，优化物流网络布局，提高物流效率和服务水平。这有助于降低制造服务业企业的物流成本，提升市场竞争力。

第五，国际交流与合作。

加强国际合作：积极参与国际规则和标准制定工作，加强与其他国家和地区在制造服务业领域的交流与合作。通过引进国外先进技术和管理经验，提升我国制造服务业的国际化水平。推动"一带一路"倡议实施：利用"一带一路"倡议的契机，加强与共建"一带一路"国家在制造服务业领域的合作与交流。通过共同建设产业园区、开展项目合作等方式，推动制造服务业的国际化发展。

促进制造服务业发展的外部环境改善，需要政府、市场、技术、人才和国际合作等多方面的共同努力。制定发展规划、完善市场机制、加强技术创新与人才培养、优化基础设施建设和加强国际合作等措施的实施，可以为制造服务业的健康发展提供有力保障。

（7）大力实施金融业创新，促进金融业和制造业的跨行业融合发展。大力实施金融业创新，促进金融业和制造业的跨行业融合发展，是当前经济发展中的重要战略方向。以下是对此策略的具体分析和建议。

第一，金融业创新的重要性。

提升金融服务效率：通过技术创新和模式创新，金融业能够提供更高效、便捷的金融服务，满足制造业企业多样化的金融需求。降低融资成本：创新金融产品和服务可以降低制造业企业的融资成本，支持其进行技术研发、设备更新和产能扩张。增强风险管理能力：金融业创新有助于提升金融机构的风险识别、评估和管理能力，为制造业提供更加稳健的金融支持。

第二，促进金融业和制造业融合发展的策略。

制定专项政策：政府应出台相关政策，鼓励金融业和制造业的融合发展，明确发展目标、重点任务和保障措施。提供财政补贴和税收优惠：对参与融合发展的金融机构和制造业企业给予财政补贴和税收优惠，降低其经营成本。

第三，推动金融产品创新。

开发定制化金融产品：金融机构应根据制造业企业的实际需求，开发定制化金融产品，如供应链金融、知识产权质押贷款等。推广绿色金融：加大对绿色制造项目的金融支持，推动制造业向绿色低碳转型。

第四，强化金融科技应用。

利用大数据、人工智能等技术：提升金融服务的智能化水平，实现精准营销、风险预警和智能投顾等功能。构建数字化金融服务平台：整合金融资源，为制造业企业提供一站式金融服务解决方案。

第五，深化产业合作。

建立产业联盟：推动金融机构与制造业企业建立产业联盟，加强信息共享、资源互补和协同创新。开展联合研发：鼓励金融机构与制造业企业开展联合研发，共同攻克关键技术难题，推动产业升级。

第六，优化金融服务体系。

完善多层次金融服务体系：推动银行、保险、证券等金融机构协同发展，为制造业企业提供全方位、多层次的金融服务。加强风险防控：建立健全风险防控机制，保障金融业的稳健运行和制造业的可持续发展。

大力实施金融业创新，促进金融业和制造业的跨行业融合发展，可以显著提升金融服务的效率和质量，降低制造业企业的融资成本，增强其市场竞争力。同时，这也有助于推动制造业朝高端化、智能化、绿色化方向发展，实现经济的高质量发展。

展望未来，随着金融科技的不断发展和应用场景的不断拓展，金融业和制造业的融合发展将呈现出更加广阔的前景和更加丰富的内涵。

（8）制定扶持措施，大力发展知识型制造服务业。为了大力发展知识型制造服务业，可以制定以下扶持措施，以促进该行业的快速成长和高质量发展。

第一，政策引导与支持。

制定专项规划：政府应出台针对知识型制造服务业的专项发展规划，明确发展目标、重点任务和保障措施，为行业发展提供方向指引。税收优惠与财政补贴：对符合条件的知识型制造服务业企业给予税收减免、财政补贴等优惠政策，降低企业经营成本，激发市场活力。知识产权保护：加强知识产权保护力度，完善专利、商标、著作权等知识产权的申请、审查和维权机制，保障企业的创新成果不受侵犯。

第二，加强科技创新与人才培养。

推动技术创新：鼓励企业加大研发投入，开展关键技术攻关和成果转化，提升行业技术水平。同时，加强与高校、科研机构的合作，促进产学研深度融合。人才培养与引进：建立健全人才培养体系，加强高等教育和职业教育中与知识型制造服务业相关的专业设置和课程建设。同时，通过人才引进计划，吸引国内外优秀人才加入行业。建设创新平台：支持建设一批知识型制造服务业创新平台，如技术创新中心、产业研究院等，为行业提供技术支撑和智力支持。

第三，优化市场环境。

放宽市场准入：进一步放宽市场准入条件，降低行业门槛，鼓励更多社会资本进入知识型制造服务业领域。加强市场监管：建立健全市场监管体系，加强事中事后监管，规范市场秩序，打击不正当竞争行为。促进公平竞争：营造公平竞争的市场环境，保障各类所有制企业平等参与市场竞争，推动行业健康发展。

第四，推动产业融合发展。

促进跨行业融合：推动知识型制造服务业与制造业、信息技术服务业等相关行业的融合发展，形成产业链上下游协同发展的良好格局。发展新模式新业态：鼓励企业探索新的商业模式和服务模式，如智能制造服务、工业互联网平台等，推动行业转型升级。加强国际合作：积极参与国际交流与合作，引进国外先进技术和管理经验，提升我国知识型制造服务业的国际竞争力。

第五，强化金融服务支持。

拓宽融资渠道：支持知识型制造服务业企业通过银行贷款、股权融资、债券发行等多种方式筹集资金，满足其经营发展需求。创新金融产品：鼓励金融机构开发适合知识型制造服务业特点的金融产品，如知识产权质押贷款、供应链金融等，降低企业融资难度和成本。完善信用体系：建立健全信用体系，加强企业信用信息管理和应用，提高金融机构对企业信用风险的评估能力。

当前，国际制造服务业的发展趋势是进一步向知识密集化的方向演进。信息服务、互联网服务、管理咨询服务、研发设计服务、质量服务、供应链管理服务，以及物联网、云计算、大数据和电子商等新一代信息技术服务业，成为发展速度最快、质量效益最好的新兴服务业。以上扶持措施的实施，可以有力推动知识型制造服务业的快速发展，提升行业整体水平，为经济高质量发展提供有力支撑。

（9）大力发展制造业电子商务。为推动制造业转型升级，应大力发展制造业电子商务，利用互联网平台拓展市场、优化供应链、提升效率，实现制造业与信息技术深度融合，加速制造业智能化、网络化、服务化进程。促进线上线下融合，加速制造业数字化转型，提升市场响应速度与竞争力。

推动制造业数字化转型：大力发展制造业电子商务，是加速制造业数字化转型的重要途径。通过构建电商平台，实现产品展示、交易、支付等环节的线上化，打破地域限制，拓宽市场渠道。这不仅能提升企业的市场响应速度，还能通过数据分析优化库存管理、生产计划等，提高运营效率。促进供应链协同与优化：制造业电子商务的发展，有助于促进供应链上下游企业的协同合作。通过电商平台，供应商、制造商、分销商等可以实时共享信息，实现供应链的透明化和可视化。这有助于降低沟通成本，提高供应链的整体效率。同时，电子商务平台还能提供供应链金融服务，为中小企业解决融资难题，促进供应链的健康发展。

（10）大力促进制造质量服务业发展。

第一，强化质量服务体系建设：为提升制造业产品质量和竞争力，应大力发展制造质量服务业，包括建立健全质量管理体系，加强质量检验、检测和认证服务，推动制造业企业从生产型向质量效益型转变。通过引入先进的质量管理方法和工具，提高产品可靠性和耐用性，满足市场对高质量产品的需求。同时，加强质量服务人才队伍建设，提升行业整体服务水平。

第二，促进质量服务业与制造业深度融合：推动制造质量服务业与制造业的深度融合是关键。鼓励质量服务机构与制造企业建立长期的合作关系，提供定制化、精准化的质量服务解决方案。通过数据分析、过程控制等手段，帮助企业识别和解决质量问题，提升产品品质和生产效率。此外，加强质量服务业与信息技术的融合，推动智能制造和质量追溯体系的建设，为制造业高质量发展提供有力支撑。

2. 战略目标（2020～2030 年）

到 2030 年，我国将建成产业规模大、产业结构优化、质量效益好、可持续发展能力强的制造服务业体系。制造服务业和制造业紧密融合发展，制造业的竞争力得以显著提升。

大数据给中国制造业的转型和升级带来了新的机遇。但是，我国制造大数据服务业发展仍面临一系列挑战，包括：①大数据人才的缺失成为制造业在应用大数据过程中亟待解决的问题；②制造业大数据技术的匮乏是限制大数据应用的关键因素。

四、发展制造服务业的重点任务

发展制造服务业的重点任务如下：促进现代制造服务业产业规模的壮大；创新制造服务业商业模式；建设制造服务业产业集团与产业集群；以信息技术为推动力，促进制造服务业管理水平的提升；加快制造服务业人才培养；促进制造服务业发展的制度环境优化；优化我国制造企业的生态环境；保护、壮大和提升我国的人力资源队伍；提高我国科技服务水平。

五、发展制造服务业的对策建议

依据以上的研究，汪应洛团队就发展制造服务业提出了以下建议。

1.制定我国制造服务业发展产业发展规划

大力发展制造服务业，需要做好制造服务业的发展规划和区域布局优化。国家要适时出台针对制造服务业不同领域的产业发展规划，并在国家的区域规划之中注重调节好不同区域在制造服务业领域的布局规划。针对国际制造服务业的发展趋势，首先需要做好金融、设计与研发、电子商务、大数据、质量服务、工程服务，以及管理咨询服务的发展规划。在东南沿海等经济发达地区，伴随着制造业的产业升级，优先布局金融、设计与研发服务、电子商务、物流与供应链管理服务，以及管理咨询服务业；在东南沿海制造业向内地转移过程中，结合产业转移的区域，布局工程服务、物流与供应链、质量管理、管理咨询等与制造业生产过程密切相关的服务业的发展。可以将一些对区域位置要求不高但对科技和人才资源要求较高的行业（如制造业大数据服务、科技服务等），布局在中西部科技资源聚集的区域（如西安、成都、合肥等）。同时，在不同区域，布局建设一批大型制造服务企业集团，以及一批中小型制造服务企业，形成制造服务业集群。

2. 减少企业进入制造服务业的行业管制，加大制造服务业的开放力度

促进制造服务业产业规模的扩大和发展质量的提升，需要破除和减少行业管理、行政垄断与区域垄断，鼓励各类资本进入制造服务业；鼓励跨行业、跨区域、跨所有制的服务业的兼并和重组，形成一批大型企业集团；加大制造服务业的开放力度，吸引海外各类人才回国创业和就业，吸收国外在制造服务业领域的先进技术和经验；积极支持国内相关人才在制造服务业领域创业；鼓励我国具有一定国际竞争力的制造服务业企业集团积极实施"走出去"的战略。

3. 加大财税政策对制造服务业的支持力度

对于国家确定的优先发展的制造服务业，在财政和税收政策上给予优先支持。在财政政策上，加大对创业型、科技型、研发型制造服务企业的资金支持力度。在税收政策上，对创业型制造服务业企业，给予所得税减免优惠；对于科技型制造服务业企业，制定企业增值税的优惠政策，鼓励企业进行技术创新；对于新兴的电子商务服务、大数据服务企业，给予其税收优惠支持。

4. 加强制造服务业人才培养

相关部门应出台制造服务业人才培养规划，建设一批专业化的制造服务业人才培养和培训机构，出台人才培养的财政支持政策。针对制造服务业设计的共享技术问题，加大国家科研资金支持力度。设立专门的制造服务业人才发展基金，吸引高层次制造服务业人员的海外回归，支持国内高端人才的培养。打破行业、区域对人才流动的制约机制，改革户籍和档案管理制度，鼓励人才合理流动。

5. 加大对知识产权的保护力度

强化知识产权的立法和执法工作，切实提升对知识产权的保护水平。要加强知识产权保护，为此要健全知识产权保护体系，营造尊重和保护知识产权的法治环境，加强从事知识产权保护和管理工作的人员力量。要创造和发展知识产权，并将其作为国家发展战略的重要内容，要把实施技术标准战略和专利战略作为科技、经济发展的重要内容。防止滥用知识产权制约创新，我国应进一步加强有关商业秘密、技术诀窍、技术流程等无形权益的立法。加强知识产权保护的国际合作。促进地方性立法，增强外包企业的知识产权意识。

6. 大力推进制造业的产业升级

大力推进制造业的产业升级，促进制造业质量、效益和管理水平的提升。通过制造业的发展，带动制造服务业的发展；通过制造服务业对制造业的支撑，促进制造业竞争力的提升。通过产业政策的制定和引导，促进制造业从粗放型增长模式转变到以内生效率和效益提升的内涵式增长道路上来。为此，要鼓励和支持制造业企业加强核心竞争力建设，积极推广和采用服务外包模式，促进非核心业务的外化；促进制造业向产业链两端延伸，形成制造服务企业集团和集群。

7. 促进中国工程、中国制造和中国服务的联动发展

大力推动具有竞争力的中国工程行业实施国际化战略。在我国桥梁、港口、高速公路、高速铁路、航天工程等具备较好竞争力的工程行业，大力推动国际化和海外扩张战略。进一步完善国家对上述行业的财税政策支持，整合国内相关工程资源，优化重组相关企业，形成具备国际化竞争力的大型工程咨询、设计、建设、运营和维护的企业集团，主动出击，参与国际竞争。在国内城镇化过程中，积极探索现代工程发展的新型运营模式和新型商业模式。在城镇化建设过程中，积极推动制造企业、服务企业和现代工程企业的融合发展，探索和实施工程供应链管理模式与精细化管理模式，加大行业整合协同发展的力度，提升工程管理的水平，促进工程行业内部效率和竞争力的提升。

第三节 为中国服务型制造业的发展战略绘蓝图

　　汪应洛与郭重庆等合作研究的"中国服务型制造业的发展战略研究"，为我国制造业的迅猛发展指出了关键所在，也为加快我国工业工程师培养提供了优秀素材。

　　制造业是一个国家的战略性产业和工业崛起的标志，是一国制造业的基础和核心竞争力所在。装备制造业是我国规模最大的产业之一，是为制造业提供"母机"的行业，在国民经济中具有极高的带动作用，是优化产业结构、促进经济发展方式转变的推动力量。近年来，我国制造业快速发展，已成为拉动国民经济快速增长的主要动力。

　　但是，长期以来，我国制造业的增长主要依靠增加投资、增加劳动投入以增加产量的粗放式增长模式，这种增长模式是以物质资源的大量消耗和环境的严重污染为代价的。我国制造业大而不强，缺乏国际竞争力；缺乏发达的产业分工体系；缺少强大的产业链；技术创新能力十分薄弱；发展的内在动力严重不足。在面临日益严重的环境和资源压力，以及经济全球化背景下，我国制造业迫切需要实现增长模式的转型和升级，促进国民经济发展方式的转变。制造业实现增长模式的转型和升级，是提高制造业竞争力，解决制造业资源消耗大、环境污染严重、自主创新能力弱、获利空间有限、经济增加值低等问题的必然选择。我国制造业迫切需要实现从粗放型增长方式向集约型增长方式的转变，从资源消耗型发展向资源节约型和环境友好型发展转变。

在全球范围内，服务经济逐渐兴起，产业结构发生深刻变革，制造业和服务业的融合发展已经成为发达经济体实现产业升级的主线。美国等发达国家已经完成了从工业经济向服务经济的转型，实现了经济增长方式的"软化"，摆脱了依赖资源与环境来促进经济增长的传统模式。主动应对国际产业结构变迁和升级的大趋势，是我国制造业提高国际竞争力、促进发展方式转变的必由之路。

在国际产业结构升级的同时，信息技术、快速交通技术的新发展，经济的全球化和自由化，人类生活水平的提高和需求的多样化，以及人类面临的日益增长的资源与环境的可持续发展的压力与挑战，也推动着传统制造业的商业模式和生产组织方式的变革。

在这样的背景下，在国际范围内，制造与服务的边界日益模糊，制造业逐渐呈现出服务化的趋势，服务业也呈现出工业化的趋势，生产线服务业快速发展，占全球经济的比例越来越高。这些变化驱动着制造业与服务业的融合发展，促进传统的制造业延伸产业链，拓展服务业务，已经成为制造业实现增长模式转变和竞争力提升的重要途径。促进现代生产性服务业向制造产业延伸，主动扩大市场空间，向制造产业提供更全面、更细致的服务，也是现代生产性服务业大发展的必由之路。在这样的背景下，制造业和生产性服务业的融合发展，促进了服务型制造产业的产生、发展和壮大。

服务型制造业是制造业与服务业相融合的新产业形态，是新的商业模式和新的生产组织方式。服务型制造业是为了实现面向顾客效用的整个价值链中各利益相关者的价值增值，通过产品和服务的融合、客户全程参与、制造企业相互提供工艺流程级的制造流程服务、服务企业为制造企业提供业务流程级的生产性服务，实现分散化的制造与服务资源的整合，实现不同类型企业核心竞争力的高度协同，从而实现产品服务系统的高效创新，共同为顾客提供产品服务系统，实现企业价值和顾客价值。服务型制造业具有资源整合、延伸产业价值链、协同创新、降低资源消耗和环境污染的作用，是制造业实现增长模式转变和升级的重要途径之一，也是服务业实现市场空间扩展和服务业产业结构升级的重要途径。

发展服务型制造，对于促进国民经济发展方式的转变、制造业增长模式的转变、服务业产业竞争力的提升，以及企业竞争力的提高具有重要意义。

发展服务型制造，对微观企业核心竞争力的提高，具有重要的意义。通过发展服务型制造，制造业能够集成分散化的制造及服务资源，实现分散化资源的高效协同，以绿色节能的生产方式，通过向顾客提供产品服务系统，延伸产业链，扩大企业价值增值空间，极大地提高装备制造企业的核心竞争力。发展服务型制造，也能够带动现代生产性服务业市场空间和产业规模的增长，促进现代服务业科技含量的提升，从而促进现代服务企业竞争力的提升。

在商业模式上，制造企业发展服务型制造，从传统的向顾客提供物理产品及一次性交易获得利润的方式，升级为向顾客提供将产品和服务集成在一起的产品服务系统模式，向顾客提供集产品与服务于一体的综合解决方案，更多地依靠基于知识的"软性"的服务获取利润，实现企业增长；服务企业则通过发展服务型制造，为专业的制造企业提供覆盖产品市场调研、研发、工程、分销、服务、升级等一系列的专业化服务，融入制造产业链条，扩展产业发展空间，提升服务过程的技术含量，从而促进服务企业价值增长空间的延伸和利润水平的提升。

在价值创造模式上，不同于传统的顾客独立于制造企业只能被动地接受企业提供的产品的价值创造模式，在服务型制造模式下，顾客将成为产品服务系统的合作生产者，通过制造企业和服务企业的分工与紧密的协作，企业通过主动发掘和识别顾客需求，实施需求管理，将顾客引入产品服务系统的创新和生产及消费过程中。只有这样，才能够满足顾客多变的需求，也能够实现企业的价值增长。

在组织模式上，制造企业发展服务型制造，通过专业化从事服务的生产性服务企业，以及专业化从事服务性生产的制造厂商，开展基于工艺流程级别的深度合作，自发形成服务型制造网络，每个企业成为服务型制造网络上的一个价值模块，在业务的高度协同中，实现价值的联合创造和产品服务系统的协作创新。

在运营模式上，传统制造企业需要从原先的"大而全""小而全"的运营模式，向聚焦于集合核心能力的专业化模式转变，将自身不具备核心竞争优势的制造及服务环节，外包给专业化的生产性服务供应商与服务性生产商来完成。服务企业也要从传统的劳动密集型服务向技术密集型、知识密集型服务升级，向制造企业主动提供业务流程级别的服务，实现与制造企业的深度合作，形成高度协同、协调有序运作的服务型制造业的运作模式。

在实施模式上，传统制造企业需要形成面向服务型制造的需求管理、企业网络与风险管理体系，企业内部形成基于需求链、服务链与知识链的高度协同体系，进行信息共享，以及供应链整合、顾客整合、供应商整合、生产性服务供应商整合。大企业集团带动型的服务型制造网络以及以"专、精、新、特"为代表的中小企业集群，是服务型制造网络在宏观层面的表现形式。发展服务型制造，将极大地提高传统装备制造企业的价值创造空间，增强企业竞争优势，促进企业运作成本降低、节能减排、绿色生产和资源集成，实现装备制造企业、生产性服务企业及顾客的合作共赢，形成一个良性循环的生态系统。

在我国的重载汽车、船舶制造与能源动力设备等行业，已经有越来越多的企业开始践行服务型制造模式，通过向顾客提供覆盖产品市场调研、产品研发、产品制造，分销、部署和实施，售后服务，以及回收和升级等一体化解决方案，甚至从向顾客提供基于产品的功能／效用服务转变，取得了突出的经济效益和社会效益，极大地降低了对资源和能源的消耗，减少了环境污染，提升了企业竞争力。

与此同时，显著带动了相关生产性服务企业的增长。实践证明，企业发展服务型制造是促进经济发展方式转变和企业竞争力提升的重要路径。

发展服务型制造，既需要依靠市场的力量，也需要政策的扶持。为了促进我国产业结构的优化升级及企业竞争力的提高，我们需要大力发展服务型制造产业，在制造业大力推广服务型制造模式，促进生产性服务业的大力发展，鼓励制造业和生产性的交叉与融合。

制造业发展服务型制造，要以国家"十二五"规划为纲领，以优化产业结构、促进制造业增长模式转换、促进经济发展方式转变为导向。服务业发展服务型制造，要以国家发布的产业发展规划和相关产业振兴计划为指引，创新服务模式，深入识别制造业对服务的需求，主动和制造业联合，协同发展。

要通过制定相关产业政策，大力倡导发展现代服务型制造业，促进产业链分工的深化和细化；要大力发展大型制造与服务企业集团；积极鼓励和促进各具特色的由中小型企业组成的制造业产业集群和生产性服务产业集群的发展；要把发展服务型制造提升到战略性新兴产业的高度，超前部署产业规划；以国家级高新区经济开发区二次创业为依托，促进制造业和服务业发展服务型制造；以国家产业结构调整为契机，以政策环境优化为推动，为服务型制造产业的发展创造良好的政策环境；要创新体制机制，完善法律、税收、金融和激励政策，为服务型制造的发展创造良好的外部环境；要以人才培育和发展为基石，加大人才引进培育力度，以统筹科技资源助推服务型制造发展；以重大装备工程为依托，引领服务型制造产业发展；大力发展合同能源管理服务，促进节能减排服务业的大力发展；典型示范，由点到面，推进制造业稳步发展服务型制造。要以产业技术平台、公共服务平台和产业对接平台建设，促进服务型制造企业的发展；要大力推进物联网建设，通过物联网建设促进制造业实现服务型制造。

汪应洛作为陕西省决策咨询委员会特邀咨询委员，代表陕西省决策咨询委员会和陕西省委人才办，在80岁高龄时前往陕西省委中心学习组作报告，报告重点谈了发展服务型制造与陕西省转变经济发展方式的问题。汪应洛之所以选择这一命题，出于以下三方面的考虑。第一，生产性服务业的发展特别是"制造企业服务化"，是全球产业发展的大趋势，也是经济发展和技术创新的重要源泉。第二，生产性服务业与现代制造业的融合发展，提升了服务业在三次产业中的比例，推动着制造业结构的转型升级，催生着新的商业模式和经营业态。这些对经济发展方式的转变都具有深远影响。第三，陕西省是一个制造业大省，又处于西部大开发由打基础向新兴产业转变的关键时期，抓住服务型制造业发展的机遇，将会给陕西省这个老工业基地注入新的生机和活力，使建设西部强省的步伐跨得更好更快。汪应洛认为发展陕西省的服务型制造，需要认识以下四点：①服务型制造的内涵及发展服务型制造的意义；②陕西省发展服务型制造的基础和条件；③陕西省发展服务型制造的重点产业和路径选择；④加快发展陕西省服务型制造需要重点做好的几项工作。同时，引导企业重视各类人才的培养和使用。针对不同类型服务型制造从业人员的特点，开展多层次、多形式的岗位职业培训，不断提高从业人员的职业道德、服务意识和业务水平，造就一支素质精良的服务型制造队伍。

第四节　推动现代工业工程，
打造世界制造基地

工业工程是全球发达国家广泛运用、行之有效的工程管理技术。

汪应洛率先在国内引入工业工程，在工业企业推广应用，并率先在国内设立工业工程专业培养人才。他联合多位院士联名向中国工程院提出在国内大力推动"工业工程——中国实现世界制造基地的杠杆"的院士建议，此建议得到时任科技部部长徐冠华的肯定。

2005年12月16日，科技部部长徐冠华委托中国科学技术促进发展研究中心赵刚处长在北京主持主题会议，深入讨论并落实关于推动现代工业工程的院士建议。以汪应洛牵头凝结13位院士智慧结晶的关于"如何推动现代工业工程发展"成为一个很重要的建议。这个重要建议刊登于《中国工程院院士建议》2005年10月28日第11期。

汪应洛深刻认识到工业工程是我国当前亟须开展研究与应用的管理技术手段，本章摘呈了报告的重要观点。

一、工业工程

工业工程是一门"直接以系统效率和效益为目标"的工程技术，它面向"组织系统的运作过程"，包括工业、农业、服务业等由人、物料、设备、能源、信息等多种因素所组成的各种复杂的"组织系统"，并就实际工程与管理问题进行定量与定性相结合的系统分析、设计与优化，追求系统的协调性，追求系统效率和效益的最大化。

我国自20世纪80年代引入工业工程，迄今的主要研究领域有以下几个方面。

1.生产系统工程领域

主要面向各种工业生产，研究和改善方法，提高生产的质量与效率，降低生产的成本，如新的生产模式、生产系统设计与分析、生产运作与控制、生产系统的质量控制与保障、生产设施规划、生产资源规划、库存策略与优化、生产仿真与模拟、生产工艺、计算机集成制造（computer integrated manufacturing，CIM）等。其中许多内容将成为解决企业信息化效益瓶颈问题的关键技术。

2. 人因工程

运用心理学、生理学知识研究和提高包含人的系统的工作效率和质量，如工作研究、安全工程；面向软件业的人机交互（human-computer interaction，HCI）学、软件可用性理论；面向服务业的服务工效学；面向军事的作战工效学；以及面向知识经济的智能效率研究等。

3. 运筹学与作业研究

包括分析作业流程，优化作业效率，如航空 / 汽车等交通系统的运输调度与优化，面向物流系统的库存论，军事后勤学，以及基于网络环境和全球经济的供应链管理等。

4. 行政、农业方面的应用研究

随着国家发展的需要，我们的应用研究正在向行政管理效率、决策、规划、评价以及农业生产工业化等领域发展。

二、工业工程对实现当前国策的直接促进作用

1. 优化资源配置

优化理论与资源配置相关的理论是工业工程研究成果的重要组成，可以利用现代优化理论与方法，结合复杂系统工程的理论，对基于作业层与生产系统层的优化问题进行研究，特别是解决如何在不确定环境下有效运用资源，严谨迅速地评估与规划有助于有效地提高资源配置效率。

2. 加快与推进各个领域的信息化

信息科技的应用，对各种系统流程的各个环节产生了广泛且深远的影响，同时对系统的管理模式与方法产生了深刻的影响。工业工程主要从创新管理模式、提高管理效率和效能入手，如计算机集成制造系统、专家系统、决策支持系统、知识型管理信息系统、网络管理与应用、数据挖掘等工业工程理论与方法，可以为各个领域

的信息化提供有效的支持工具。

3.利用人因工程实现以人为本

人因工程又称"人本科技"，工业工程领域已经从人体计测、生物力学、工作生理、人机系统、人员绩效与可靠度、人类信息处理与决策行为、安全与卫生和环境设计等多角度展开了相关研究。

4.利用知识管理提升自主创新能力

知识管理是工业工程研究领域最前沿的课题，从组织、技术、动机等各个角度全方位地对知识管理进行深入研究，其研究成果能有效地提升各行各业的自主创新能力。

5.利用绿色制造等理论加快绿色工业化，落实科学发展观

绿色工业化是资源、环境压力要求的必然，也是实现以人为本的基础。工业工程领域就制造业如何实现与环境相容的问题已经取得了大量的研究成果，如绿色制造的运作模式及其管理、绿色供应链管理、清洁生产及循环经济等，这些理论方法将为实现我国工业的绿色化提供有力的工具。

三、工业工程的发展需要政府推动

国际上，凡是经济发达的地方，必是工业工程发达的地方。在美国，工业工程与机械、电气、土木、化学、计算机、航空并称为七大工程。工业工程对推动人类社会的工业化进程，尤其是推动西方的经济和社会发展具有巨大的作用。

在我国的国家科研计划中，始终没有工业工程的一席之地；国家教育体系中也没有工业工程的一级学科；政府的决策支持体系中没有工业工程的专家席位，更没有属于自己的科研项目评价标准。这种状况势必会影响学科水平的整体提高和健康发展。

在推广环境方面，由于工业工程属于工程与管理交叉学科，与应用环境的人文、经济背景有着密切的关系，即便是外国成熟的理论和工具，也必须结合本国国情进行应用实验研究；工业工程的应

用又直接影响到整个系统流程的改造；在既无国家政策引导又无前人示范的情况下，很少有人愿意率先"吃螃蟹"。

在人才队伍建设方面，我国"工业工程师"这一岗位职务体系尚未建立，越来越多学习工业工程的人才定位遇到了盲区。此外，既了解产业技术又熟悉生产管理，并经过工业工程专业训练的复合型专门人才在我国十分匮乏，当前我国的工业工程人才培养亟须加强和创新。

上述因素制约了工业工程的发展和应用，问题的解决亟须国家科技政策的推动。

四、工业工程的普及和应用是新型工业化的必经之路

迄今，所有发达国家的实践都证明，工业工程的普及和应用是新型工业化的必经之路，是坚持以人为本、协调发展的基础和特征，因此应该引起政府的高度重视，推进工业工程的发展应用。

我们建议纳入国家中长期科技发展规划的"现代工业工程研究"的重点内容如下。

1. 现代生产系统设计与优化

从系统、人本的角度研究提高生产系统的运行质量和效率，可大幅度提高企业生产力和绿色生产水平，属于当前我国急需的技术。

应用对象：以工业制造业为主的生产企业。

关键技术与成果：

（1）绿色制造技术。从环境、人本的角度开发研究符合绿色特征的先进生产方式。

（2）卓越生产力示范工程（效率示范工程）。分别针对流程型、批量型和离散型生产模式，应用工业工程经典技术结合信息化及人本科技手段，对企业生产系统进行诊断、优化；获得企业效率/效益的大幅度提升，或在效率/效益大幅度提升的基础上全面实现信息化管理。以生产成本、交货周期、市场响应能力、质量保证水

平、产品利润水平等有关的可量化指标的提升为具体考核标准。

（3）以工业工程为特征的企业信息化中间技术。各种生产过程和企业资源管理软件开发的数学模型、设计标准、设计依据等的开发与产业化应用。

（4）生产设施规划设计新方法。以国家重点建设／技改项目为示范重点，开发推广以节约、高效、绿色为标准的设施规划设计新方法。

（5）现代企业生产管理标准。开发以现代工业工程（高效作业、绿色、可循环）为基本特征并符合国情的现代企业生产管理标准。

关键技术与成果：

（1）矿井安全风险评估及事故隐患演化中人因改善措施的研究。从安全监控角度分析矿井事故隐患（以人的因素为重点）的基本特征、成因及演化为事故的机理；从防范和控制事故风险入手，对煤矿重大危险源进行界定和辨识，建立安全风险评估体系，提出人因改善措施。

（2）矿井复杂环境下的事故隐患监控、预警人性化系统研究与开发。研究紧急情况下人的预警与反应、人员可靠性工作机理，开发适应我国工人水平的应急反应指示（令）及技术措施。

（3）适合国情的人性化煤矿安全设备系统的研究与开发。研究矿井人、机、环境相互关系及其安全特性，人、机、环境系统的评价以及人、机、环境系统的可靠性、安全设备的可用性等，用于安全设备的改造与开发。

（4）新型煤矿安全管理机制和管理技术开发。研究开发安全监控系统和安全管控一体化技术，建立煤矿生产职业健康安全管理体系、重大事故应急救援体系，并将其纳入社会经济网络。

（5）煤矿高效作业、安全生产标准技术体系开发。研究煤矿高效作业、安全生产的管理技术与方法，为企业提供管理框架和标准，将被动管理过程程序化、标准化、规范化。

（6）煤矿生产安全信息技术支撑平台。利用工业工程方法对来自不同信息源的安全信息进行综合管理和分析，实现对生产现场安全信息的快速反馈、动态跟踪与闭环控制。

（7）建立基于人因工程（人本科技）和信息化管理的安全、高效示范矿井，以有效降低事故率并提高作业效率为考核指标。

2. 认知工效学与脑力劳动效率改善

认知工效学是研究提升和改善人的认知与知识管理效率的学科分支，目标是提升和改善人的脑力劳动的效率；其研究成果能有效地提升各行业创造性劳动的能力，进而提升各行业的自主创新能力，是工业工程研究领域最前沿的课题，亦为知识经济条件下的急需技术。

应用对象：知识产业（软件、设计、研发等）。

关键技术：综合运用认知科学、人因工程、可用性工程、效率工程及信息化等技术，研究人的认知机理，研究知识工作者创造性劳动的机理，开发知识工作过程中提升效率的辅助设备和支持工具，开发知识工作者绩效提升的技术方法等。

针对知识工作者特定的环境和工作特征，研究个体知识劳动及其个体差异，研究群体合作的规律和特点，通过对知识工作中认知过程的研究（模型的研究），揭示个体、群体和支持群体协同工作的知识过程的规律。通过对认知交互效率的研究，寻找提升感知效率、认知效率、行为效率的技术途径。通过认知过程效率（感知与认知效率）的提升来最终提高行为效率。

3. 现代物流与供应链管理

现代物流与供应链管理是利用现代信息科学和技术手段，研究宏观物流（运输）及生产服务设施配置与物流规划的管理方法和技术。目标是提高我国物资运输效率，降低库存和在制品数量，提高生产资源的利用率和效益。这有助于提高我国制造业、运输业的竞争力，降低物资的无效占用，是国内外最活跃的研究领域之一，属于我国亟须研究和发展的技术。

应用对象：运输业、制造业、服务业等。

关键技术如下：

（1）建立现代物流（多种运输形式联合运输）模式及其管理方法与技术。研究第三方物流、物流园区、配送中心、物资银行、联合运输等现代物流模式及其相应的管理方法和技术体系。

（2）生产、运输与库存的整合优化技术。研究生产、运输与库存的整体协调、优化技术，最大限度地提升物流速度和效率，降低库存，优化物流系统，提升效率，降低占用和损耗。

（3）开发先进生产方式和库存管理方式。如研究与开发准时制、灵捷式、网络化等生产方式和相应的管理方法和技术，研究我国联合库存、供应商管理库存等新型库存管理方式及相应的管理方法和技术。

汪应洛（左三）等考察汽车生产基地

第五节　培养工程管理创新型人才的理论研究与实践

中国是一个工程大国，中华人民共和国成立以来建设了成千上万的大型工程，培养和成长了一大批工程师、大师和工程技术人才，但是我们的大型工程仍缺乏高级管理人才，汪应洛深感我国迫切需要培养大批创新型工程管理人才。汪应洛参加了中国工程院工程管理学部组织的相关课题，提出了一些切实可行的真知灼见。

随着我国新型工业化进程中大规模建设工作的开展以及各类企业的建立和发展，工程管理领域迫切需要大量既精通技术业务又擅长管理的工程管理人才。为更好地引领工程管理人才的发展方向，为国家培养合格的创新型工程管理人才，中国工程院组织开展了"创新型工程管理人才培养研究"专题研究。

汪应洛领导的"工程管理教育培养新型人才研究课题"作为中国工程院"创新型工程人才培养研究"课题的分课题，重点通过对我国典型行业的调研以及国内外相关资料的综合对比，分析我国工程管理人才现状，提出工程管理人才培养面临的问题与需求，比较各国工程管理人才状况与发展趋势，预测我国 2020 年工程管理人才的需求。通过研究分析我国创新型工程管理人才培养与成长的环境，向国家有关部门提出政策建议，以推动我国工程管理人才培养工作的进一步深化。

汪应洛认为，在全面建设小康社会步入关键阶段之际，根据特定的国情和需求，要把科技进步和创新作为经济社会发展的首要推动力量，把提高自主创新能力作为调整经济结构、转变经济增长方式、提高国家竞争力的中心环节，把建设创新型国家作为面向未来的重大战略。

世界上的许多教育发达国家都在对自身的高等工程教育进行改革，在各项改革中，课程和教学改革始终占据核心地位。因为要适应社会发展对高等工程人才的需要，就必须通过课程和教学来实现。世界高等工程教育的课程和教学改革，主要表现为以下三方面的趋势：①为学生提供综合的知识背景；②更加强调工程的整体性和实践性；③更加重视学生的个性及创造性的培养。

创新型工程管理人才的培养是一项复杂的系统工程，其培养模式和成长环境不仅与高校的培养目标、课程设置等有关，还与企业、社会需求、已有工程管理人才总量等因素密切相关，所以这一系统具有多变量、定性分析与定量分析相结合、时变复杂等特点，而这些恰好也是系统动力学的研究对象（社会、经济系统）所具有的特点。所以，在对工程科技人才的需求量进行预测时，需要主要应用系统动力学的思想、原理和方法。

此外，由于工程管理人才的概念界定不清楚，并且直接针对工程管理人才的统计数据非常少，因此首先需要收集所有工程行业从业人员的统计数据，然后根据文献及一些典型行业的情况，确定管理人才占总从业人员的比例，从而估计工程管理人才总量，进而预测到2020年工程管理人才的数量变化趋势。

如何培养大批具有创新能力的人才，是教育战线面临的至关重要的问题。对工程管理人才而言，创新并不是指每个人都去搞发明创造，更多的是指创造性地开展工作。

提升工程管理效率需要大量工程管理专业人才，现有的工程管理培养体系与我国经济和社会发展的需要仍存在一定距离，中国工程管理学科的发展具有重要的战略意义。汪应洛探讨了工程管理学科的特征，分析了我国工程管理学科教育的发展问题，指出可以从以下五方面来发展中国工程管理学科：构建中国工程管理的理论体系；总结整理中国工程管理的实践经验和典型案例；梳理和凝聚中国工程管理的知识体系；探索和完善中国工程管理的方法论；大力发展中国工程管理教育，培养创新型工程管理人才。

在我国全面建设小康社会的进程中，投资起着十分重要的作用。自20世纪80年代以来，我国的经济发展水平一直保持着连续高速增长。宏观经济的有序平稳增长，为我国房地产市场的健康与快速发展创造了良好的环境。因为房地产行业与钢铁、水泥等部分行业有很大的关系，所以房地产行业投资对经济的发展拉动意义重大，同时极大地促进了第三产业的发展。大量投资产生了一大批工程项目，以三峡工程为代表的大型水利工程以及具有自主创新成果的高速铁路工程等产生了一系列工程管理成果。中国工程院于2004年以咨询项目的形式立项，对中国新兴工业化进程中的工程管理教育问题进行研究。相关项目旨在通过对我国工程管理专业教育现状与国内外工程管理发展趋势的研究，发挥中国工程院的咨询作用，向教育部门提出有关工程管理培养层次、专业设置、教学内容与方法等方面的建议，推动我国工程管理人才的培养。通过相关项目的研究，研究团队认为：高速发展的中国工程对中国工程管理人才产生了巨大的需求，同时也为中国工程管理学科发展提供了难得的机会，建立中国工程管理学科、加强中国工程管理教育，对于中国工程和中国经济的持续发展都具有十分重大的战略意义。

汪应洛带领团队，从中国工程管理学科的现状、工程管理学科的定位、工程管理学科的发展等方面进行了详细研究。

对于工程管理类专业人才的培养，国际上存在两种观点，学科定位不同导致培养体系、研究方向等均存在明显差异。我国工程管理专业可追溯到20世纪60年代初期，是一批20世纪50年代留学苏联的工程经济专家与20世纪50年代前留学英国、美国的工程经济专家在我国开设的技术经济学科。该阶段主要研究的是项目和技术活动的经济分析，如项目评价与可行性分析，1979年在国内包括西安交通大学在内的11所院校开办了管理工程专业，1980年华中工学院开始招收物资管理工程本科生，1981年哈尔滨建筑大学招收了建筑管理工程本科生，此后房地产经营管理、国际工程管理等专业相继开设。我国高校本科专业先后经过1963年、1989年、1993年及1998年四次修订，将原有相关专业［包括建筑管理工程、基本建设管理工程、管理工程（建筑管理工程方向）、房地产经营管理、涉外建筑工程营造与管理、国际工程管理等］整合成工程管理，于1998年正式成为管理科学与工程一级学科下设专业。根据教育部的要求，工程管理专业是要培养具备管理学、经济学、工程技术等基本知识，掌握现代管理科学的理论、方法和手段，能在国内外工程建设领域从事项目决策和全过程管理的复合型高级管理人才。本专业毕业生应获得以下几方面的知识和能力：掌握工程（及房地产）管理的基本理论和方法；掌握投资经济的基本理论和知识；熟悉工程技术知识；熟悉工程项目建设的方针、政策和法规；了解国内外工程管理的发展动态；具有运用计算机解决管理问题的能力；具有从事工程项目决策与全过程管理的能力；掌握文献检索、资料查询的基本方法，具有初步的科学研究和实际工作的能力；掌握进行国际工程项目管理所必需的相关商务知识，并具有较强的外语能力。

我国工程管理硕士的教育与培养定位和美国工程管理学会的定位保持一致。工程管理硕士学位的知识体系综合了各工程领域的核心业务和管理类核心课程。通过为具有工程背景学士学位的毕业生和从业者提供市场营销、财务、知识产权、商业法等核心课程，为他们创造性地解决新兴技术环境条件下日益复杂的工程活动中的管理问题提供了知识储备和经验积累。不同的工程背景和工程活动需要不同的知识，在各自不同工程领域中具有各自的独特业务、新的技术问题，需要为其制定复杂的业务问题的创新解决方案，这需要从业者具备各工程技术领域的前沿知识和商业知识及经验积累。工程管理硕士与工商管理硕士两个学位建立的基本出发点是：前者更强调工程背景和管理知识的融合，后者更强调商业知识和经验的培训。从知识体系来看，与工商管理硕士课程相比，工程管理硕士课程特别强调的是面向以工程技术为基础的组织的管理者提供有针对性的知识培训，能融合工程领域和管理学类创新性地解决工程活动中的管理问题。罗伯特·豪克（Robert Hauck）对工程管理硕士和工商管理硕士的知识培训目标进行了比较，前者更强调实际工作经验、项目管理、研究与发展管理等领域的知识，后者更强调财务、市场营销等领域的知识的培训。对从事工程管理领域的从业者而言，其强调的知识重点包括项目管理能力、人际交流、技术领域经验、财务、实际工作经历、研究与发展等。基于工程管理从业者的实际知识需求来看，工程管理硕士满足了其强调技术领域经验的需要，工商管理硕士满足了其强调财务经验的需要。

汪应洛院士与学生们在北京合影
从左至右：刘旭、孙林岩、李寿生、汪应洛、吕绚丽

综上所述，工程管理学科的学科定位应为：研究工程技术活动中所涉及的计划、组织、资源配置、指挥与控制等管理问题的学科，

其具有区别于其他管理类学科的特征，具体表现在以下几个方面。

（1）工程管理学科的研究对象是基于工程技术的管理规律。工程管理学科的研究对象是工程技术活动的管理问题，研究过程中需要解决两方面的问题：一是工程技术活动所遵循的工程规律，二是工程技术活动所涉及的管理规律。因为工程涉及各行各业，如水利、交通、机械、化工等，工程技术内容包罗万象，所以对工程管理学科的研究者而言，其研究问题需要考虑研究对象所在的行业特征。例如，中国海洋大学张勤生教授指出，海洋防灾减灾系统工程是工程管理学科一项重要的研究问题；国家自然科学基金委员会在2005年的项目申报指南中，计划由工程与材料科学部和管理科学学部联合资助"煤矿生产重大安全事故的形成机理及其管理方法研究"项目，这也充分说明了工程管理学科的研究对象是基于工程技术的管理规律这一区别于工商管理学科的异质性学科特征。

（2）工程管理学科的研究方法是工程技术与管理理论的集成。由于研究对象的特征性，其所依赖的研究方法同样具有特殊性，是工程技术与管理理论的集成。工程建设不同于一般的商品生产，具有很强的计划性、法制性、程序性，对经济、社会、环境具有较大的影响，且影响具有滞后性，工程施工规律有别于一般生产规律，这些决定了其研究问题时需要综合研究对象所处行业的工程技术及相应的管理理论。这一点也可以从国内外工程管理专业的培养知识体系里得到体现：工程管理专业教育强调技术课程的学习，在我国工程类院校所开办的工程管理专业内，有部分学校其技术课占全部平台课的比例高达1/2，学校还要求学生参加针对技术课的实践，如工程测量实习、房屋建筑学设计、建筑工程预算实践等，以更好地了解工程对象，理解课堂上所学的知识。在管理类课程中除基本平台课程外，主要开设与工程管理密切相关并带有极强专业技术性的交叉科目，如工程项目管理、建筑企业管理、国际工程索赔、建筑技术经济学、建筑施工财务会计、工程估价与成本规划等。

由于外部环境的变化及各学科研究成果的不断发展，工程管理学科需要解决的问题与所依赖的方法要求同步发展，因此与时俱进成为工程管理学科发展的必然要求；由于工程管理具有明显的工程技术背景，其研究领域因应用的背景不同而不断变化，工程管理所具有的共性知识与所在的行业技术特征的结合是当前工程管理发展的重要趋势。在研究问题上，2004年美国工程管理学年会的主题是"危机时代的工程管理"，其主题是基于"9·11"事件这一背景所提出的，研究现实工程技术活动中的管理问题是工程管理学的使命，需要根据环境变化适时调整研究对象，上述所提到的"煤矿生产重大安全事故的形成机理及其管理方法研究"同样具有很强的现实针对性。

（3）工程管理学科是理论研究与应用相结合的学科。工程管理学科从一开始就是为了解决工程技术活动中的管理现实问题而诞生的，工程管理是为了解决工程建设（主要是建筑项目但不仅仅限于建筑类项目）中的时间、成本、质量等问题而产生的专业，其理论与方法可以直接为优化项目的进度、降低建设成本、优化质量提供理论支持与策略指导。从工程管理学科的应用方面来看，工程项目所需的可行性研究报告、工程报价单、招投标文件、施工组织设计等是其重要组成部分，因此工程管理学科强调应用性与针对性。但与此同时，工程管理学科同样强调对工程技术活动所涉及的管理理论问题的研究：工程项目的智能决策支持系统、基于企业形象规划系统（CIS）的工程管理信息系统及工程项目所涉及的委托代理问题。对我国工程和管理学科的研究人员而言，一个重要的任务是研究我国各类工程项目建设与运营中存在的问题、经验及教训，以及基于我国国情的工程管理理论与方法。中国工程院于2001年以咨询项目的形式立项，针对我国大型工程项目管理问题进行了大规模的调研，对我国大型工程项目管理存在的问题进行了深入分析，同时对过去几十年大型工程管理的经验进行了总结。

学科建设的基本任务是出成果和出人才，在优化结构、提高质量上下功夫，统筹兼顾教学与科研，并相互促进。工程管理学科的发展，有必要充分考虑以下几点：在跟踪国际研究前沿的同时，充分考虑中国的管理实际与实践需要；工程管理学科是一门应用性与针对性很强的学科，对于涉及工程管理学科的共性知识与基础性知识，我们有必要长期跟踪国际前沿，把握最新研究进展，吸纳并完善理论研究成果。同时，我们更有必要认识到工程管理学科的应用性与针对性十分明显，具有中国特色的管理问题需要工程管理学科的研究工作者投入相当的关注，解决中国工程中的管理实际问题是工程管理学科研究者的重要使命，要强化知识融合与学科交叉。工程管理学科的诞生及发展与其他知识、学科的理论和方法紧密相连，新的数学分析工具与优化技术、新的信息处理手段与技术、现代心理学等理论与方法，均为工程管理学科的学科研究提供了重要的知识来源。因此，用最新的知识进行工程管理学科的科学研究与应用是十分必要的。

我国工程管理专业的教育取得了巨大的成绩，但现有的工程管理专业教育仍然存在一定的问题：工程管理教育的人才培养必须面向工程实际与社会需求，这是我国未来经济发展的迫切需要，也是包括国外工程管理教育和工业发展的经验。现有工程管理专业教育培养的人才（尤其是本科生）解决实际问题的能力欠缺，毕业生到企业需较长的时间来适应实际工作的需要。基于调研的结果及综合相关研究结果，在全面建设小康社会与和谐社会的进程中，需要进行大规模的工程项目建设，但目前我国工程项目的管理还存在比较突出的问题，如成本过高、质量得不到保证等，提升工程项目的管理效率需要大量工程管理专业人才。现有的工程管理培养体系和我国的经济与社会发展需要仍存在一定距离。汪应洛基于对国内各院校的调研，分析了我国工程管理学科的现状，探讨了工程管理的学科特征，指出其具有区别于其他管理类学科的特征，具体表现在：

工程管理学科的研究对象是基于工程技术的管理规律，工程管理学科的研究方法是工程技术与管理理论的集成，工程管理学科是理论研究与应用的结合。

对此，汪应洛团队提出了相应的措施与政策建议：适应现代化建设发展要求，按照创新型工程管理人才的培养目标，遵循创新型工程管理人才"学校教育—实践锻炼—继续教育—取得成就—培养后人"的成长规律，借鉴国外先进经验，充分发挥教育部门、院校、社会中介组织、企业等多方的优势和积极性，推动创新型工程管理人才培养体制机制创新，加快创新型工程管理人才培养步伐。

（1）建立和完善工程管理资格认证体系。从两方面着手完善工程管理资格认证体系：一是建立工程管理企业资格认证，即对工程施工管理、工程设计管理、特殊设备管道采购管理、工程施工总承包管理、工程设计—采购—施工总承包模式（engineering-procurement-construction，EPC）、工程项目管理承包（project management contracting，PMC）工程管理等企业进行资质认证。二是建立工程管理自然人资格认证，即对 PMC 和 EPC 项目经理、工程监理、特殊设备采购监造、工程质量监督、工程造价等各专业国家注册工程师进行资格认证，并实现其资格国际互认。工程管理资格认证工作由国家主管部门负责实施或由其委托实施，纳入法律范畴统一规范，并保持连续性。

（2）建立和完善工程管理人才激励机制。一是在建议设立的国家工程科技创新基金中设立工程管理创新奖，对在实践工作岗位上取得优异成绩的人员进行奖励。二是加强对中西部地区人才培养和就业的政策支持，促进工程管理人才向中西部地区流动。三是制定优秀工程管理大奖制度，弘扬典型成果，总结典型案例，表彰典型人才，每年度评选一次优秀企业工程管理者。四是由拟设立的中国工程管理协会负责完善工程管理人才评价体系，研究建立高层次工程管理人才能力建设和培养选拔标准。

（3）建立和完善工程管理教育认证体系。建立跨行业、跨部门的中国工程管理协会，协会内设立教育分会和产业企业分会。教育分会承担教育专业资质认证职能，对工程管理高等教育进行职业评价和资质认证；从社会企业和市场需求等方面，对院校工程管理专业的设置条件、教学内容和模式、培养目标、培养质量等进行评估和认证。教育部管理的行政部门成立全国性的工程管理教育教师资格认证组织，针对工程管理教育教师培养的特殊性，颁布相关条例，按照一定程序对工程管理教育教师资格进行认定，强制对教师实行继续教育制度。

（4）创新工程管理教育内容和模式。工程管理教育依据工程管理规律和特点，要与工程管理实践紧密结合。一是鼓励和组织一批以学科带头人为首的队伍，形成一支既借鉴国外大学经验，又具有中国特色的工程管理学术体系、知识结构和培养方案。二是选择一至两所为培养工程管理人才取得成绩的院校，加强引导，给予适当政策支持，推进其尽快成为全国性的工程管理人才教育示范院校。三是总结和推广一些院校多年实践经验，以及直接从大学本科三年工科学生中招收转入管理学科学习的培养模式，以使学生既掌握工程技术知识又掌握工程管理知识；重组和优化工程管理教育实践教学内容，构建工程管理实践教学课程体系，建立"学校学习—工程实践—学校再学习"的培养方式。四是围绕宽口径、厚基础的指导思想，深化工程管理教育本科课程改革，重视基础课程教育和实践环节，加大人文、数学、外语等基础课程和工程技术基础、管理、经济基础理论等平台课程的学习比例。五是工程管理研究生培养推行本硕连读、硕博连读、工程硕士等模式，并在这三个阶段设立学术学位和专业学位系列，推动对工程管理硕士和博士的培养。六是通过建立教师实践教学评估制度和学生实践学分量化制度，引导和鼓励教师及学生参与教学实践。

（5）建立和完善工程管理教师激励机制。一是在拟设的国家工程科技创新基金工程管理创新奖中，对工程管理教学创新成绩优异的教师给予奖励；每年评选一次优秀青年教师。二是利用国家级"教学名师"评选活动，推动工程管理教育"名师工程"建设；对落后区域和艰苦行业的工程管理教师实行以经济补偿为主的相关措施。

（6）充分发挥企业在工程管理人才培养中的重要作用。企业是推动工程管理人才成长的关键，它既对学历和非学历工程管理教学提出数量、质量需求的指导意见，也是工程管理人才实践基地，又是工程管理人才成长的摇篮。一是在一些重点院校成立由国内外的企业家、专家、学者及社会各界知名人士参加的理事会，建立由知名专家、行业界人士参加的专业指导委员会，指导院校制订切实可行的专业教学计划。二是以企业减免税等形式，在业绩好、信誉高、责任心强、有竞争力的行业重点企业建立工程管理教育基地。三是选拔推荐具有较强理论和丰富实践经验的企业工程管理人才到中等职业学校、高等学校兼职任教，同时支持教师以多种形式到企业特别是境内外重点工程建设项目进行管理实践锻炼。四是在企业内部，明确工程管理职业岗位设置标准规范，参照社会注册工程管理师制度，结合企业实际，建立相关职称、职务制度，配套改革收入分配激励机制，健全企业工程管理人员成长通道。

（7）积极开展国际交流合作。以工程管理协会、教育部门、院校、企业等为平台，在院校、教师资质认证、教学内容、教学模式、激励机制和企业主导作用等方面，加强与国外相关机构、院校和企业的交流合作；将有培养前途的企业管理者和教师送到国内外重点大学，参与到重点工程项目中学习、实践深造；吸引国外高素质人才到国内院校和企业以及重点工程项目中发挥作用。

第六节　评估三峡工程经济论证及可行性研究结论

　　长江三峡工程经过十余年的建设基本建成后，国务院委托中国工程院对三峡工程建设进行阶段性评估。汪应洛参与了长江三峡工程经济论证的阶段性评估，因此将他负责执笔的研究内容纳入本章。

　　由于三峡工程规模巨大、技术复杂、涉及面广、影响深远，事关我国经济发展大局和国家安全，所以必须审慎决策，因而从 20 世纪 50 年代开始至 1992 年 4 月 3 日第七届全国人民代表大会第五次会议通过《关于兴建长江三峡工程的决议》，三峡工程经历了 40 余年的漫长论证。三峡工程论证聘请了 412 位高水平专家，组成了 14 个专家组。陆佑楣院士、潘家铮院士作为三峡工程论证的主持人，为党中央和国务院对三峡工程的最后决策提供了科学依据。汪应洛参加了三峡工程的经济论证工作。

　　三峡工程建成后，傅志寰、汪应洛带领由郭励弘、李平、席酉民、郭菊娥、冯耕中、张建贤等专家、教授组成的课题组，进行了"三峡工程论证及可行性研究结论的阶段性评估"，就三峡工程所产生的重大社会意义、经济效果和可持续发展进行了科学评估，使三峡工程的丰功伟绩明朗地摆在世人面前，载入史册。

　　课题组于 2008 年 3 月 5 日正式开始工作，4 月中旬到三峡工程现场考察、调研，傅志寰、汪应洛带领课题组成员走遍了三峡工程

2005年，汪应洛等众院士、专家参加三峡后评估考察论证会

的各个部门、工地，同技术人员、管理人员和工人进行交谈，搜集机器设备的运转情况和发电、航运、水文等各种资料，考察三峡工程可行性论证中相关部分预定目标的完成情况，调研20年来新出现的相关情况和问题，分析三峡工程的投资组成、投入和控制情况，分析三峡工程对国民经济及库区发展的作用，以及对可行性论证中综合经济分析评价成果作出评估，形成了科学翔实的评估报告，为政府和人民准确了解三峡工程的成效提供了资料。

傅志寰、李京文和汪应洛带领的"财务经济"评估课题组成员于2008年3月25日确定了大纲及工作进度安排，此后进行了四轮大范围调研、相关部门反复磋商和一次系统数据核实工作，其间召开了多次课题组会议，最终完成了研究报告。

以下摘呈了研究报告的重要观点。

一、财务经济评估对象及原论证主要结论

1. 财务评估对象

三峡工程投资包括枢纽工程、移民工程和输变电工程投资三部

分。三峡工程从论证到开工，跨度时间长，工程复杂，经济社会环境变动大，对投资进行了多次调整。本次投资评估对象确定为三峡建设委员会（简称三建委）1993年批准的《长江三峡水利枢纽初步设计报告（枢纽工程）》（简称《初设报告》）、2002年对输变电工程和2007年对移民工程的投资调整方案、1989年《长江三峡水利枢纽可行性研究报告》、1993年《长江三峡水利枢纽初步设计报告（枢纽工程）》。选择上述投资评估对象的理由如下。

枢纽工程的初步设计以可行性研究报告为基础，凡可行性研究阶段已经确定的原则和方案，除确有根据进行修正外，原则上均未改动，但作了进一步的论证和优化。初步设计中枢纽工程投资增加的主要因素是物价上涨。因此，初步设计距开工时点更近，工程量更接近实际，价格选取更合理。移民工程和输变电工程投资计划在初步设计批准之后，根据实际情况的变化又进行了调整和补充。

2. 经济评价原论证主要结论

《初设报告》对国民经济评价原论证主要结论有以下两方面。

（1）三峡工程的国民经济效益好。经济内部收益率为14.86%，大于社会折现率12%，经济净现值120.03亿元，说明从国民经济整体角度衡量，兴建三峡工程在经济上是合理的、有利的。

（2）敏感性和风险分析表明，三峡工程各项经济因素向不利方向变化均不会改变工程经济评价的结论，三峡工程建设的经济风险很小。

《初设报告》从对部门经济发展的影响和地区经济发展的影响等方面对三峡工程进行了综合经济分析与评价。对部门经济发展的影响表现为以下五个方面：①对农业有不利和有利两方面，但有利的一面远远大于不利的一面；②对能源工业中的电力平衡和一次能源平衡，以及发电结构和电力建设具有积极的影响；③对交通运输部门来说，改善了川江航运条件，对综合运输网的发展有重要影响；

④对工业部门来说，能促进建材工业、机械工业和建筑业的发展，促进西南地区和三峡地区的资源开发与工业发展；⑤对科学技术的发展具有推动作用。

《初设报告》对三峡工程对地区经济发展的影响分析如下：①对华中地区，减少洪水威胁，增加能源供应，促进农副产品和地方工业发展，改善中游地区长江干流航道条件；②对三峡库区既有不利影响又有有利影响；③宜昌地区是主要受益地区；④对华东地区，三峡电力缓和煤炭、原油短缺和铁路运输紧张状况，为其经济发展提供保障；⑤对重庆市和其他西南地区，改善了川江航道，增强了重庆港的作用，改善了西南地区的对外交通条件，促进了地方工业的发展。

二、财务经济评估结论和建议

三峡工程财务经济评估主要是通过调查、收集、整理和综合分析三峡工程实施以来的实际投资、运营的相关资料，在合理预测项目未来费用与效益的基础上，从投资控制、财务评价、国民经济评价、区域及宏观经济评价四个方面，对三峡工程的《初设报告》及补充论证中的重大问题和结论进行科学分析与客观评估。

1. 财务评估基本结论

（1）三峡工程资金筹措与到位情况良好。资金筹措是三峡工程论证的重要内容。从项目的实际执行情况来看，三峡工程不断进行融资创新，包括开征三峡建设基金作为资本金、利用资本市场开展多元化融资等，保证了三峡工程建设的正常进行。由于建设期间国内宏观经济环境较好，价差和利息支出减少，国务院三峡工程建设委员会和中国长江三峡集团有限公司两个层次的投资控制机制比较有效，三峡工程资金成本控制较好。这些都为重大项目融资和节省资金成本提供了可借鉴的经验。

（2）三峡工程投资控制效果较好。三峡工程的静态、动态投资均控制在国家批准的初设概算及后续调整的投资概算内。从工程量及投资完成匹配情况来看，枢纽工程投资概算控制情况较好。移民工程实际完成投资与调整后的批准概算相比有所减少。如果不出现大的变动，调整后的批准概算可以完成移民的全部任务。输变电工程投资得到了有效的控制，工程具有经济合理性。

2006年，中国工程院部分院士考察三峡工程（左八是汪应洛）

（3）三峡工程建设进度控制较好。从三峡工程总体投资来看，计划完成较好，枢纽工程和库区移民静态投资已基本完成。截至2007年底，枢纽工程进度除升船机项目因缓建有所延期外，其余项目均按计划进度完成，少数项目进度有所提前。三峡电站提前一年完成机组安装，取得了良好的经济效益，对缓解华东、华中和华南地区的用电紧张状况发挥了重要作用。三峡库区移民工程基本完成，预计库区移民工程将于2008年下半年完成，2009年完成扫尾工作。输变电工程建设已经提前一年于2007年底竣工，电网运行安全稳定。

（4）投资管理体系有创新。在投资管理方面，三峡工程首创"静态控制、动态管理"的新模式，对因价格波动影响导致的工程投资变化进行有效管理。通过"静态控制、动态管理"的新管理思想，三峡工程相关单位建立了责任清晰、风险分担、较为科学的投资管理体系，为后续同类工程建设提供了可借鉴的模式。

（5）三峡工程财务效果良好。从项目的实际运行情况来看，三峡工程财务评价的效果较好，项目具有经济合理性，与1992年《初设报告》中的财务评价结论是一致的。将两个时期测算的内部收益率与各自对应的基准收益率相比，本次财务评估结果与1992年《初设报告》中的财务评价结果是一致的。

敏感性分析表明，三峡工程的投资、上网电价、发电量分别向不利方向变化10%之后，三峡工程的效益指标会略低于基准值。

2. 国民经济评估基本结论

经济净现值、内部收益率、经济效益费用比三个阶段性国民经济评价指标测算结果表明：《初设报告》中"三峡工程的国民经济效益好"的结论是正确的。考虑到后续三峡移民工程投资、电站运营、环境保护以及其他未考虑到的不利因素有单独或同时出现的可能，对这些因素的敏感性分析结果说明"三峡工程各项经济因素向不利方向变化均不会改变工程经济评价的结论"的结论是正确的。

3. 区域及宏观经济影响评估基本结论

三峡工程建设提升了长江中下游的防洪能力，有利于减少荆江分洪区及其他相关地区的洪灾损失，有利于改善投资环境，促进新的城镇和经济区的形成与发展，保障人民安居乐业。

三峡发电扩大了我国的国家电网规模和供电能力，缓解了主要受电区的供电紧张局面，带动了这些地区经济的可持续发展，联网、调峰调频效益显著；通过替代火力发电，增强了我国清洁能源的供应能力，减少了二氧化碳、二氧化硫等污染物的排放。三峡工程建设提升了我国机电设备制造业的自主创新能力，促使国产大型水电设备基本达到了国际先进水平。

三峡工程建设大大提高了长江航运重庆—宜昌段的运输能力，降低了船舶单位能耗，提升了运输质量和交通安全状况，改善了西南地区的对外交通条件。

三峡工程建设加快了库区的经济发展和城市化进程，虽然因基础条件较差，库区居民收入水平仍低于全国平均水平，但比1992年已有大幅提高。三峡工程带动了主要受益区宜昌经济的迅速发展，促进了重庆地区的机电设备制造、金属材料、建筑、交通运输等产业的快速发展。

4. 建议进一步关注的问题

（1）移民工程后续问题。三峡库区移民工作虽近尾声，但移民的稳定和库区经济发展的任务仍很繁重。库区多属山区，受地势限制，人多地少的基础性矛盾仍然十分突出，加上工业基础薄弱，缺少支柱产业，经济欠发达，部分移民增收存在困难。要实现"稳得住、能致富"的目标，还有大量工作要做，库区后续建设显得尤为重要。

汪应洛课题组建议在管好、用好国家已出台的一系列专项资金和基金、提高专项资金和基金使用效率的基础上，统筹研究进一步的政策和措施，促进库区经济发展和移民稳定。

（2）生态环境资金问题。生态环境保护对长江流域可持续发展和水资源的保护有着重要意义，建议国家建立稳定的专项资金，用于库区的生态环境保护。

第七节　推动地方经济高质量发展的探索实践与深远影响

作为中国管理科学与管理工程领域的杰出代表，汪应洛院士以其深厚的学术造诣和丰富的实践经验，在陕西省能源发展战略的谋划与实施中发挥了不可替代的作用。他的研究成果不仅为陕西省能源产业的转型升级提供了理论支撑，更在实践中取得了显著成效，对地方经济的可持续发展产生了深远影响。在此通过不同领域体现他为陕西能源发展战略所作出的实质性贡献及其成效。

在当今全球能源格局深刻变革的背景下，能源发展战略对于区域经济的可持续发展具有重要意义。作为中国重要的能源生产基地，陕西省能源发展战略的制定与实施直接关系到地方经济的繁荣与未来。在这一过程中，汪应洛院士以其深厚的学术造诣和丰富的实践经验，为陕西省能源发展战略的谋划与实施贡献了卓越智慧。本节将从汪应洛院士的视角出发，深入探讨其如何推动地方经济的高质量发展。

多年来，汪应洛院士率先运用系统工程的理论和方法参与完成多项国家级重大课题研究，如"山西能源重化工基地发展战略研究""三峡工程综合经济评价及决策支持系统研究"等，为我国系统工程的应用和发展作出了重大贡献。他的研究成果不仅具有深厚的理论价值，更在实践中得到了广泛应用，为区域经济的发展提供了科学依据和有力支持。

一、系统工程理论在能源战略中的应用

汪应洛院士是我国系统工程理论与方法应用的先驱之一，他较早地将系统工程理论引入能源发展战略的研究中，为陕西省能源产业的科学规划提供了有力支持。

他运用系统工程理论和方法，构建了陕西省能源发展战略模型。综合考虑了能源资源禀赋、市场需求、环境约束、技术进步等多个因素，为陕西省能源产业的合理布局和有序发展提供了科学依据，明确了陕西省能源发展的重点方向和优先领域，为政府决策提供了有力支持。在能源项目论证、能源政策制定等方面发挥了重要作用，提高了决策的科学性和有效性。

通过战略模型和决策支持系统的应用，陕西省能源产业实现了科学规划和合理布局，避免了盲目投资和资源浪费。基于数据和模型的分析结果，政府能够制定更加精准有效的能源政策，促进能源产业的健康发展。

汪应洛（前排右三）参加陕西省科学技术大会

二、能源产业链延伸与循环经济发展

汪应洛院士深刻认识到能源产业链延伸和循环经济发展的重要性，进而提出了一系列对策措施，推动陕西省能源产业从单一输出原煤向高附加值产业链延伸转变。

他倡导通过技术创新和产业升级，延伸能源产业链条。他提出以煤炭资源为基础，发展煤化工、电力、新能源等多个领域，形成多元化的能源产业结构。同时注重上下游产业的协同发展，提高能源产业的整体竞争力。

他强调循环经济在能源发展中的重要性。他提出通过资源的循环利用和废弃物的无害化处理，实现能源产业的绿色转型。推动建立循环经济产业园区，促进企业间的物质交换和能量梯次利用，提高资源利用效率和环境效益。

通过产业链延伸和循环经济发展战略的实施，陕西省能源产业实现了从低附加值向高附加值的转变，提高了产业的整体竞争力。循环经济的发展模式促进了能源产业的绿色转型，减少了环境污染和生态破坏，提高了能源产业的可持续发展能力。

三、清洁能源与可再生能源发展

汪应洛院士高度重视清洁能源和可再生能源的发展，他提出了一系列措施推动陕西省清洁能源产业的快速发展。他建议政府出台一系列优惠政策，鼓励企业投资清洁能源和可再生能源项目。包括财政补贴、税收减免、土地优惠等措施，降低企业的投资成本和运营风险。

他强调技术创新在清洁能源发展中的关键作用。推动建立清洁能源技术创新体系，加大研发投入力度，突破关键技术瓶颈。促进产学研用相结合，加快科技成果的转化和应用。在政策支持和技术创新的推动下，陕西省清洁能源产业迅速崛起，成为地方经济新的增长点。清洁能源和可再生能源的快速发展优化了陕西省的能源结构，降低了对传统化石能源的依赖程度，提高了能源安全保障能力。

四、能源节约与环境保护

汪应洛院士始终关注能源节约与环境保护问题，提出了一系列措施推动陕西省能源产业实现绿色可持续发展。他强调要通过技术创新和管理创新实现节能减排目标。推动建立节能减排统计、监测和考核体系，加强能源消费总量控制和强度双控工作。鼓励企业采用先进的节能技术和设备降低能耗水平，提高能源利用效率。

汪应洛院士对于清洁能源与可再生能源的发展有着深远的见解和前瞻性的规划。他深刻认识到，在全球气候变化和能源安全的大背景下，推动清洁能源和可再生能源的发展不仅是陕西省经济转型升级的必然选择，也是实现可持续发展的重要途径。在技术创新方面，汪应洛院士强调应建立多层次、多领域的清洁能源技术创新体系。通过加大研发投入，突破关键技术瓶颈，推动清洁能源技术的持续创新。此外，还应加强产学研用合作，促进科技成果的快速转化和应用，形成科技创新与产业发展的良性循环。

汪应洛院士提出要加强能源开发利用过程中的环境保护工作。推动建立生态补偿机制，加大对生态环境破坏行为的惩处力度。促进能源产业与生态环境的协调发展，实现经济效益与生态效益的双赢。通过一系列节能减排措施的实施，陕西省能源产业实现了能耗水平的大幅下降，节能减排成效显著。随着能源开发利用过程中的环境保护工作不断加强，陕西省生态环境质量得到明显改善，为地方经济的可持续发展提供了有力保障。

五、人才培养与智力支持

汪应洛院士深知人才是发展的第一资源，他高度重视能源领域的人才培养与智力支持工作。他倡导建立多层次、多渠道的能源领域人才培养体系。注重加强与国内外知名高校和研究机构的合作，引进高层次人才和先进技术。同时，注重本土人才的培养和激励，为陕西省能源产业的可持续发展提供坚实的人才保障。他还积极推动建立能源领域专家咨询委员会和智库机构，邀请国内外知名专家为陕西省能源发展战略的制定与实施提供智力支持。通过专家咨询和智库研究，为政府决策提供科学依据和参考意见。

通过一系列人才培养措施的实施，陕西省能源领域涌现出一大批优秀人才，为地方经济的可持续发展提供了有力支撑。随着专家咨询委员会和智库机构的建立，陕西省能源发展战略的制定与实施得到了更加全面深入的智力支持，为地方经济的科学决策提供了有力保障。

汪应洛院士以其深厚的学术造诣和丰富的实践经验，为陕西省能源发展战略的谋划与实施作出了卓越贡献。他的研究成果不仅具

2005 年，汪应洛院士在陕西省决策咨询委员会会议上发言

有深厚的理论价值，更在实践中得到了广泛应用且取得了显著成效。从系统工程理论在能源战略中的应用到能源产业链延伸与循环经济发展，从清洁能源与可再生能源发展到能源节约与环境保护，再到人才培养与智力支持，汪应洛院士的研究领域广泛且深入，为陕西省能源产业的转型升级和可持续发展提供了有力支持。

随着全球能源格局的不断变化和我国生态文明建设的深入推进，相信在汪应洛院士等专家学者的共同努力下，陕西省能源产业将实现更高质量的发展，为地方经济的全面进步和繁荣作出更大贡献。

第八节　著述中国首部 《工程哲学》专著

中国工程院工程管理学部组织的工程师与哲学家的联盟认真总结了我国许多大型工程的经验和教训，深感中国工程师在设计和建造大型工程项目时考虑技术问题较多，对几个经济问题、管理问题、社会问题考虑较少。特别是对相关的生态环境问题缺乏深刻的认识，工程师仍然需要学习和培育哲学思维，工程师与哲学家的联盟倡导研究工程哲学。历时15年的时间，汪应洛持续参加编写《工程哲学》《工程演化论》《工程方法论》《工程知识论》系列著作。自2006年开始，着手编著我国第一部《工程哲学》专著，该书于2007年由高等教育出版社出版，汪应洛是该书主编之一。

中国工程院、教育部、中国科学技术协会和中国自然辩证法研究会于2007年11月5日在中国工程院联合举办工程与工程哲学研讨会。会议主题为贯彻党的十七大精神，探讨工程与工程哲学、工程哲学与科学发展观、工程哲学与工程教育、工程哲学与新型工程师培养等重大理论和实践问题。徐匡迪、周济、邓楠、殷瑞钰、李伯聪、汪应洛等工程界、教育界和哲学界的知名专家学者在会上作了重要报告。

工程概念在西方也有较长的历史，西方学者一般认为，"工程"一词产生于17～18世纪。全面分析和界定"工程"这一概念十分必要，这是工程哲学研究的基础和逻辑出发点。

在当前关于工程的论述中，不同领域的各类学者持有不同的看法，使得工程概念也有了不同的理解和定义。在我国《辞海》中，对"工程"的解释是："将自然科学的原理应用到工农业生产部门中去而形成的各学科的总称。"我国著名科学家钱学森指出：英语"engineering"这个词于18世纪在欧洲出现的时候，本来专指作战兵器的制造和执行服务于军事目的的工作，从后一含义引申出一种更普遍的看法：把服务于特定目的的各项工作的总体称为工程，如水利工程、机械工程、土木工程、电力工程、电子工程、冶金工程、化学工程等；在工程管理领域，工程常常指"具体的基本建设项目"，如南京长江大桥工程、京九铁路工程、三峡工程等。工程的基本内容是：通过利用技术专业知识，通过在运用改造自然的方法方面的个人技能和通过具有正确工作态度的人员，从科学知识整体中创造有用的东西。

工程哲学是 21 世纪以来国际上关注的新热点，我国哲学界、工程界也较早关注和研究这个新方向，并组成了工程师与哲学家的联盟。汪应洛作为管理科学的领军人物，会同殷瑞钰、李伯聪等工程管理和哲学界的院士专家共同研究著述出版了《工程哲学》一书，为进一步落实科学发展观、建设有中国特色的社会主义理论体系进行新的探索。与殷瑞钰、李伯聪、栾恩杰等出版了《工程知识论》，与殷瑞钰、李伯聪等出版了《工程方法论》，与殷瑞钰、李伯聪等出版了《工程演化论》。

汪应洛（前排右二）参加工程哲学推介会

汪应洛带领研究团队从工程系统观入手，阐明了工程系统与系统论，进而剖析了工程的系统性，论述了工程系统的功能、结构与环境。从时代发展和科技进步的新形势出发，提出了工程的新系统观，着重论述了"开放的复杂巨系统"和"从定性到定量的综合集成方法"。工程是一个包括多种要素的动态系统，在认识、分析和观察工程时，不但要认识其组成的各种要素，更要把工程看成一个系统，从系统的观点去认识、分析和把握。

我国著名科学家钱学森以其国内外的卓越科研实践为基础，对系统科学及系统理论和系统工程的发展有独到的贡献。

2013 年，汪应洛（右二）与中国工程院项目——
西安交通大学《工程哲学》编写组成员在一起

1954 年钱学森所著《工程控制论》一书英文版问世，第一次用这一名称称呼在工程设计和实验中能够直接应用的关于受控工程系统的理论、概念和方法。随着该书的迅速传播（俄文版于 1956 年出版，德文版于 1957 年出版，中文版于 1958 年出版），该书中给工程控制论所赋予的含义和研究的范围很快为世界科学技术界所接受。工程控制论虽发源于纯技术领域，但其概念、理论和方法不断从纯技术领域溢出，涌进许多非技术部门，派生出社会控制论、经济控制论、生物控制论、军事控制论、人口控制论等新的专门学科。

　　20 世纪下半叶以来，系统理论对工程科技、管理科学与工程等实践产生了深刻影响，系统工程学的创立，则是发展了系统理论的应用研究。它为组织管理系统的规划、研究、设计、制造、试验和使用提供了一种有效的科学方法。1978 年，钱学森、许国志、王寿云发表了《组织管理的技术——系统工程》，开启了中国研究应用系统工程的新时代。其后，钱学森又进一步提出了一个清晰的系统科学体系结构，改变了这一领域国内外长期存在的一些混乱局面，使系统科学发展进入一个新的阶段。

　　20 世纪 90 年代初，钱学森、于景元、戴汝为发表了论文《一个科学新领域——开放的复杂巨系统及其方法论》，提出了复杂性系统的若干问题，以及从定性到定量的综合集成方法论。复杂科学是系统科学、工程科学等发展的最新阶段。

系统理论起源于对自然现象的探索，系统工程最初是对工程系统进行组织管理的方法。在近一个世纪的演变和发展中，系统理论、系统工程及整个系统科学的开发、应用虽然有了很大拓展（如社会系统），但对于工程系统，特别是现代大规模复杂工程系统（工程与社会等的复合系统）问题的关注和有效解决，一直是其主要面向的实践领域。

2007年1月，汪应洛（左二）在上海宝钢参加《工程哲学》著作统稿会

钱学森等于1990年在《一个科学新领域——开放的复杂巨系统及其方法论》一文中，正式提出了从定性到定量的综合集成方法，明确指出：现在能用的、唯一有效处理开放的复杂巨系统的方法，就是定性和定量相结合的综合集成方法。该方法的实质，是将专家群体及其相关的知识、数据与各种信息、计算机技术等有机结合起来。

针对开放复杂巨系统问题的特点，汪应洛与研究团队对社会系统、地理系统、人体系统、军事系统四类系统进行了研究。

按照科学发展观的要求，工程系统等任何系统的发展都必须考虑到经济社会的持续发展、协调发展和以人为本的发展，并为构建和谐社会作出贡献。工程与自然等环境的和谐友好直接关系到可持续发展，工程与社会的和谐直接关系到全体公民的福祉，工程系统与自然系统、社会系统的协调是现代工程系统化发展的必然要求，也是构建和谐社会的重要基石。为此，需要把传统的工程观转变为全新的工程系统观。

新的工程系统观要求工程活动建立在符合客观规律（包括自然规律和社会规律）的基础上，遵循资源节约、环境友好及社会和谐的要求与准则，保持人与自然、社会协调发展，节约资源能源，保护生态环境，促进社会进步，提高综合效能。

工程决策者和实践者应增强社会责任感，树立工程系统观，树立一切工程活动都应促进人与自然、社会和谐的理念，杜绝各类形象工程、政绩工程乃至"豆腐渣"工程、扰民工程。工程战略、规划和决策要实现系统化、民主化、科学化，工程设计和实施要体现人性化、生态化，工程评价要符合经济效益、社会效益、环境效益和生态效益的系统准则。在工程管理过程中，要认真对待和妥善解决工程活动中存在的多元价值观与复杂利益关系，实现工程系统的全局、集成优化。

适应工程系统与自然系统、社会系统协调发展的新要求，应系统研究、大力倡导、积极推进、有效实施循环经济、清洁生产、绿色制造、绿色物流与绿色供应链等新的模式及方法，并将其运用于现代工程系统的开发、运行、革新及管理中，为建设资源节约、环境友好型社会与和谐社会作出贡献。

汪应洛在《工程哲学》讲师团三峡报告会上作讲座

第九节　探索工程演化新途径，创造工程活动高效率

工程演化论是工程哲学的延续和深化。中国工程院组织的工程师与哲学家的联盟认真总结和研究了我国众多大型工程建设的经验、教训，深入研究并凝练出工程演化的规律，在大量实践的基础上升华到理论认识，撰写了专著《工程演化论》，汪应洛是该书主编之一。

工程演化是一个复杂的问题。如果在一个笛卡儿坐标系上来图解工程演化史，那么横坐标是时间和空间之轴，纵坐标则是工程演化的诸多形态之轴。宽泛地讲工程演化，我们仅仅关注的是工程演化的不同形态，只是工程演化之后形成的结果。实际上，工程演化是一个复杂的系统演化过程，其中既包含工程活动中诸要素次第演化和组合演化的过程，也包括工程活动中所有要素系统演化的过程。前者是相对的，后者是绝对的，只是我们在时间之轴的某个节点上，更多看到的是要素的演化，而在历史长河的宏大背景下，更多看到的是工程系统演化的壮丽画卷。就像生物界的进化史就是一部生存斗争、自然选择、物种进化的协奏曲一样，作为人类改造自然的成果，工程演化的历史也是一部自然界和人类自身"选择与建构"的交响乐。

在《工程演化论》（殷瑞钰、李伯聪、汪应洛等著）一书中，汪应洛系统地分析了工程诸要素演化、工程系统演化以及二者的相互关系，对于提高工程演化过程中"选择与建构"的自觉性和方向性、

增进工程建设水平、把握工程演化的路径、推进自主创新具有重要的理论意义。

汪应洛参加会议

作者在《工程演化论》一书中指出，工程的要素可以按照不同的标准进行不同的分类，技术始终是工程系统中最重要的变量，基本的经济要素（如资源、土地、资本、劳动力等）也在工程系统演化中有着举足轻重的作用。此外，管理、制度、经济、文化、政治等要素也从不同的方面对工程系统的演化发挥着各种作用。

在技术要素演化的过程中，既有量的积累，也有质的突变。贯穿这个演化过程的"选择"是一个非常重要的范畴，没有作为主体的人在自然界和社会发展的背景下对不同技术要素的"选择"，也就没有技术要素的积累和进步，从而就不会形成比较成熟的可用于"建构"工程活动的技术要素形式。

要正确估量"选择"在技术要素演化中的重要性，就必须回顾一下自然选择在达尔文进化论中的重要性。科学史家丹皮尔（Dampier）在谈到19世纪的科学时指出：在19世纪的飞跃进步中，最有效地扩大了人们的心理视野、促成思想方式上的另一次大革命的既不是物理知识的大发展，更不是在这些知识基础上建筑起来的上层工业大厦。实际上，在技术要素演化的过程中，特别是从蒙昧中走出来的人类站在自然的面前创造人化自然的时候，"选择"是人与自然、人与社会、人与人相互协调形成的结果。这些今天看来再简单不过的常识，时光倒流上万年，却是需要无数次的尝试和"选择"才能为我们的祖先所掌握。

工程实体的建构离不开一定的资源，资源的类型和特性在一定程度上决定了工程活动的发展路径。围绕着石油、煤炭、核能等资源，相继产生了石油化工行业、煤炭行业、核能利用等多种行业，这些行业的形成和发展促进了这些资源的开发与利用。资源要素在工程活动中的演化至今在改变世界经济格局中仍发挥着重要作用。

从资源要素的演化中我们注意到，随着人类社会的前进，能够提供可持续能源或者动力源的资源，将是人类面临的一个世纪难题。

当代中国是全球工程规模最大的国家之一，在工程建设的过程中，资源的消耗是我们面临的最严峻的问题之一。一方面，要研究资源要素演化中的规律，寻求集约化、减量化的资源利用方式；另一方面，要加大开发太阳能资源、风能资源、生物能资源、海洋能资源、核能资源等新能源，要研究符合低碳经济要求的资源类型，这是人与自然和谐发展的必然要求。

工程活动必然需要一定的资本支撑，对工程的作用更是毋庸讳言。三峡工程为什么能够最终成为现实，就是因为改革开放以来，经过几十年经济的高速发展，中国的综合国力增强了，国家有充足的财力启动并建设好这个利在千秋的宏大工程。此外，改革开放以来，日新月异的基础设施工程为提高人民生活水平起到了重要作用，这与国家有经济能力投资到交通运输等基础设施建设方面有一定的关系。

当然，工程的资本要素首先涉及工程项目的投资问题。在传统的工程活动中，在工程项目立项的时候，总有对工程可能获取的经济效益的判断，一般要求有确定的效益，无论是政治、经济还是社会其他层面的效益作为投资的前提，当这种确定性最大限度地消除之后，就有相关自然人、公司或者政府充当投资方，提供工程建设所需要的资本支持。这种资本筹集方式在工程建设的历程中延续了相当长的时间。工业革命之后，工程活动中资本要素的筹集方式发生了重大变化，对于工程项目预定效益的不确定性不再是影响工程资本筹集的因素，工程系统中资本要素的演化发生了新的变化。

对当代中国而言，在工业化和信息化的双重进程中，在国家主导众多工程建设项目的情况下，中央政府和地方政府在影响经济与社会生活的重大工程活动中，发挥着举足轻重的作用。如何以人为本，坚持全面协调、可持续的科学工程观，是各级政府在制定工程战略中要不断着力的努力方向。

管理在工程系统中一直占据极为重要的位置。所有的工程都不是一蹴而就的，而是需要一定的时间和诸多的工艺、工序，需要工程共同体中不同方面的参与者互相配合、协调，最优化地完成工程建设任务。古往今来，在工程活动中，人们一直在探索如何最大限度地发掘潜力，提高工程效率。从朴素的时间成本管理一直到今天定量化的项目管理，如甘特图、挣值法等，管理从粗放不断走向精细，这是工程中管理要素演化的一个总趋势。

在工程管理要素的演化过程中，有一个典型的案例能够充分说明管理要素在工程活动中的极端重要性。宋朝沈括在《梦溪笔谈》中记载了一个"一举而三役济"的故事，即"丁谓修复皇宫"的工程案例。据说在北宋真宗年间，由于皇宫发生火灾，一夜之间大片的宫室楼台、殿阁、亭榭变成了废墟。为了修复这些宫殿，宋真宗派当时的丁谓主持修缮工程。当时，要完成这项重大的建筑工程，面临三个大问题：一是修建皇宫需要很多泥土，可是京城中空地很少，取土要到郊外去挖，路很远，得花很多的劳力；二是修建皇宫需要大批建筑材料，都需要从外地运来，而汴河在郊外，距离皇宫很远，从码头运到皇宫还得找很多人搬运；三是清理废墟后，将很多碎砖破瓦等垃圾运出京城同样很费事。无论是运走垃圾还是运来建筑材料和新土，都涉及大量的运输问题。如果安排不当，施工现场便会杂乱无章，正常的交通和生活秩序都会受到严重影响。丁谓研究了工程之后，制订了这样的施工方案：先将工程皇宫前的一条大街挖成一条大沟，将大沟与汴水相通。使用挖出的土就地制砖，令与汴水相连形成的河道承担繁重的运输任务。修复工程完成后，实施大沟排水，并将原废弃物回填，修复成原来的大街。丁谓将取材、生产、运输及废弃物的处理用"一沟三用"巧妙地解决了。直到今天，丁谓的方法依然是运筹管理的经典案例。

此外，最早发端于汽车行业的福特制管理方法，也是工程演化中作业模式的一个里程碑。福特制，也就是现在人们熟知并且应用于现代工业工程不同行业的流水线制度。福特制的管理方法，使得任何一个复杂的技术都可以分解为若干简单易学、易于操作的普通技术，可以在短时间内使得大量的劳动力成长为熟练工人，并且大幅度地提高劳动效率。福特制在机械化工程领域的成功，使美国于第二次世界大战期间在世界范围内的政治、经济领域占据统治地位。第二次世界大战后，西方国家之间的竞争促使福特制在全世界得到推广。福特制作为一种管理方式对大规模生产和大规模消费的促进，为西方维持长达20年的经济增长黄金期发挥了重要作用。

当然，在后工业化时代，精益生产和灵捷制造又使得人们开始思考不同于福特制的管理方法，管理要素的演化与工程活动的发展方向紧密联系在一起。与工程相关的因素也不是一成不变的，它们的演化发展对工程活动同样有着非常重要的作用。

工程的演化是永无止境的，系统的稳定性只是相对的而不是绝对的。这一点就像辩证唯物主义哲学所讲的运动与静止的关系那样，因此作为工程主体，必须时刻注意从工程实践中发现新问题，促进工程要素向有利于工程系统提高效能的方向演化。

我国著名科学家钱学森等曾在1990年发表了论文《一个科学新领域——开放的复杂巨系统及其方法论》，其中提出了从定性到定量的综合集成方法。现代工程的系统化是其本质特征之一。组成工程整体的工程要素越来越多，工程结构及规模复杂庞大，影响工程演化的因素不胜枚举，运用复杂巨系统的理论及其方法论，是梳理工程要素演化与系统演化关系的必然选择。

从工程系统作为开放的复杂巨系统的角度来看，工程要素演化与系统演化之间具有系统科学与复杂性科学所描述的一般关系特征。

第一，具有系统集成性特征。一个工程系统演化情形的发生，可能需要集成多种技术要素和非技术要素，还需要有政治、经济、环境、人文等要素作为边界条件进行综合协调。只有通过系统集成的过程，才可能形成一个新的、在结构和功能上有较大变革的工程事物，实现工程系统演化的总体目标。

第二，具有协同性理论特征。在工程系统演化所涉及的各要素之间，要实现有效的组织与协调，使不同的要素相互调度统筹，就必须遵循协同性原理，按照工程系统的总体目标协同运作。这是保证工程系统顺利推进的重要条件。比如，我国秦昭王时期李冰父子修建的水利工程都江堰，就是由承担岷江分流任务的"鱼嘴"、承担分洪排沙任务的"飞沙堰"、承担自动控制内江进水量任务的"宝瓶口"等若干设施组成的，整体工程能够最大限度地分级排沙、调节水量，是与各个工程要素的协同作用密切相关的。

第三，最优化理论。最优化理论追求通过最先进的认知操作方法，尽可能做到最有效、最小能耗、最大效益、最小风险。通过对不同工程要素和过程的优化配置，以最少的人、财、物和信息投入，获得最大的经济效益和社会效益。在工程演化过程中，工程目标的确立原则、工程运行与工程项目的管理等都涉及最优化问题。

第四，权衡选择理论。工程演化重点关注的是工程活动过程。对整个工程过程进行选择、统筹和权衡，能防止片面和孤立地看待问题，通过选择权衡，对整个工程过程进行全面准确的分析，寻求优化的工程方案、技术结构和工程资源的配置模式，在尽可能大的范围内得到工程与环境、工程成本与收益、工程主体的多重价值和多重目标的协调统一。长期以来，工程活动常常被认为是而且仅仅是给人类带来福祉的活动，对于工程活动本身可能产生的长期的、潜在的、多方面的负面效应和风险估量不足，从而使得工程在社会结构、经济发展、生态环境、民族文化等方面形成了难以消弭的负面影响。根据科学的发展观，工程系统及其诸要素的发展必须是有利于人与自然、人与社会、人与人全面、协调、可持续发展，必须遵循资源节约、环境友好及社会和谐的准则，促进社会进步，提高工程效能。

第五，工程演化系统作为一个开放的、非平衡态的系统，其构建、运行过程遵循的是耗散结构理论所揭示的规律。由于各种要素的综合影响，工程演化的系统必然是处于非平衡状态的。各种要素之间的互动过程是非线性的，工程系统与外界环境之间的各种物质、能量和信息交换都符合耗散结构的特征。

因此，在工程演化中，一方面，要注意到工程中所产生的技术问题服从自然科学和技术科学规律，从而必须强调工程的自然性；另一方面，工程演化是在社会的大舞台上展开的，必须从社会的观点去认识和解读其演化规律。作为工程决策者和实践者，要坚决杜绝各类破坏生态环境、不利于社会和谐的工程活动。在工程理念上，要不断体现民主化、科学化、人性化、生态化、统筹化；在工程评价上，要做到经济效益、社会效益、生态环境效益相得益彰；在工程管理上，要妥善解决工程活动中存在的多元价值观和复杂利益关系，实现工程系统向最优方向演化。尤其要大力倡导、积极推进循环经济、低碳经济、绿色制造等工程模式，并在工程系统的诸要素中大力推行，促进工程界为建设资源节约、环境友好的和谐社会作出更大的贡献。

汪应洛提出"演化与工程演化辨析"。他考察和分析了"演化"和"工程演化"的基本概念，分析了工程演化与工程创新的关系、工程演化的研究视角以及工程演化的现实意义等问题。

汪应洛认为，当从宏观角度梳理工程活动的诸要素演化过程时，工程演化的历史就是一个自然的演化过程；当从微观角度研究工程活动诸要素的演化过程时，则是不同时代的工程活动主体不断探索人工创造演化的伟大足迹。每一次人工创造工程演化的过程，就是一次工程创新的过程。因此，深刻研究工程演化的体制、机制和特点，对工程创新具有重要的现实意义。

工程演化的研究视角可以是整体性的和还原性的，既可以从历史阶段的划分上作宏观的、整体性的把握，也可以从工程类型的多维角度进行微观的、还原性的研究。如果说前者是综合性的，那么后者则是分析性的。

最后，汪应洛指出，应当通过工程理念创新、工程技术创新、工程设计创新、工程规划创新、工程管理创新、工程制度创新、工程运行创新、工程维护创新、工程退出机制创新等系统创新，主导工程演化的路径，为工程活动促进经济、社会和各项事业发展作出应有的贡献。

2006年，汪应洛参加工程管理教育总报告会北京分会

汪应洛参加专题讨论会

第十节 研究智能城市理论，提高现代城市管理水平

中国工程院组织各学部和地方政府及企事业单位合作开展"中国智能城市发展战略研究"，汪应洛参加了该重大咨询项目的研究，并分工负责智能城市经济和管理发展战略的研究。

随着我国经济的飞速发展和城市化进程的迅速推进，城市人口激增，规模不断扩大，资源日益短缺，导致城市产生了许多经济、社会和环境等方面的问题。如何更好地对城市进行治理，提高城市管理效率和水平，促进经济发展和科技创新，引领并发展先进文化，维持城市的可持续发展，成为我国城市发展亟待解决的重大问题。汪应洛研究团队进行的智能城市课题研究，为城市治理提供了新的理念与途径，已经被越来越多的城市所接受，建设智能城市的战略进程也得到逐步推进。这为我国城市经济、科技、文化和管理的发展提供了重要的科学理论支撑。

智能城市的研究有利于推动经济可持续增长，促进科技发展和创新，引领和发展城市文化，有利于保护环境，合理利用自然资源，提升城市日常管理效率和应急管理能力，全面提高政府的公共服务能力，促进城市发展模式的转变和治理模式变革，提高居民生活质量。

从中文的语境理解，"智能"一词最早出现于《管子·君臣上》："是故有道之君，正其德以莅民，而不言智能聪明。智能聪明者，下之职也；所以用智能聪明者，上之道也。"其中"智能"即指一国臣民所具有的智慧与能力。"智能"在《辞海》（第七版）中的解释为智慧和才能；智力。由此可见，智能是人或群体的智慧与行为能力从感知到决策的思维过程，是智慧与能力的结合，将智慧与能力融为一体。

智能城市是在已有数字城市建设丰富实践的基础上，通过全面覆盖的物联网建设，在城市的各个区域设置感知源，推进先进信息技术应用与全新城市运营理念的融合，将海量信息汇集，通过物联网等城市网络传输集合，形成城市信息数据库，再通过多维分析、

2013年9月，汪应洛（前排左一）参加在宁波举行的智能城市建设会议

数据挖掘等技术对城市信息数据库进行智能分析，形成城市预警与决策规则，提升城市智能程度的综合系统。

汪应洛带领团队从以下几方面入手进行了深入的研究。

1. 经济发展战略研究

（1）智能城市经济发展战略的分析框架和分析模型。

（2）智能城市经济发展战略引发的产业变化。

（3）智能城市经济发展的特点分析。

2. 管理战略研究

（1）智能城市中政府的角色和作用。

（2）智能城市中管理的宏观架构。

其中，扮演智能城市建设的战略制定者，关键技术的提供者、参与者、推动者和监督者的政府，其作用是非常关键的。政府不但要营造智能化的氛围，制定相关政策与法律法规，制定人才保障机制作为智能城市扎实发展的基础，还要大力支持物联网基础设施的建设和公共服务设施的建设，以及通过物联网构建的智能化管理平台进行城市管理和决策制定。

（3）物联网的促进作用及潜在风险。

（4）智能城市管理运作内部机理。

3. 智能城市评价指标与评价方法

（1）智能城市评价指标。

（2）智能城市评价方法及实施。

汪应洛团队认为，城市管理的职能架构主要由保障机制、支撑体系、目标体系三大体系组成。

值得注意的是，不同城市由于自然禀赋、城市发展战略、城市定位及其自身人口、资源和环境特点等多方面的差异，又可以细分为智能旅游城市、智能创新城市、智能制造城市、智能商务城市、智能金融城市等，这就要求首先应该构建全面的、适合评价大城市、涵盖各个方面的综合性评价指标，综合性的智能城市的指标应力求全面、详尽，以真实刻画城市智能程度。依据综合性指标体系，抽取、裁减具体评价指标，以构建适合于评价不同特色城市的板块性指标体系，以刻画不同类别城市的智能程度。

第十一节　提升中国制造企业自主设计能力创新的新思维

中国工程院针对我国制造业的薄弱环节——企业自主设计能力薄弱，设立了重点咨询项目"中国制造企业自主设计能力提升的创新研究"。

汪应洛研究团队承担了子课题研究，分工负责中国制造企业提升自主设计能力的管理创新研究。通过深入企业调查研究的数据分析，总结国内外企业提高自主设计能力的经验和教训，提出通过管理创新提高企业自主设计能力的理论方法和有效途径。

2010 年 3 月 15 日，中国工程院正式启动"提高我国产品自主设计能力的发展战略研究"重大专项研究咨询项目。该专项含 11 个子项，通过研究为国家提供提高我国产品自主设计能力的咨询建议。

汪应洛主持了其中一个子项目，主要是调查和分析我国工业企业产品设计资源现状，对我国企业自主设计能力和设计竞争力与设计资源的关联作出评估，在此基础上提出提高我国产品自主设计能力的设计资源建设、发展和高效使用的建议。

一个企业乃至一个国家的自主设计能力，取决于其竞争意识、物质基础和社会环境，或称自主设计三要素。支持设计竞争的资源是自主设计能力的物质基础。分析、评价我国设计资源在支持企业自主设计竞争方面的实际状况，从而正确认识存在的问题和解决问题的方向并提出可行的建议，是提高我国产品自主设计能力不可或缺的组成部分。资源子项就是要从物质基础方面研究影响自主设计能力的各方面因素，并讨论相关的发展战略。

设计资源子项以内燃机行业为典型对象展开研究，选择该行业具有代表性的企业进行设计现状的个人问卷调查与企业资源的现状调研。通过调研问卷分析与座谈研讨，为提高我国产品自主设计能力需要而进行的设计资源建设策略、方案、方法与具体实现路径的建议。

中国已经成为具有相当影响力的国际制造大国，个别制造学科和制造领域已经跻身于世界先进行列，我国已经形成了以四大制造业基地为支撑的"中国制造"的格局。制造业是我国国民经济的支柱性产业，是建设创新型国家的产业基础，是直接创造社会财富的基础，但是制造大国并不是制造强国。我国制造业的技术创新能力和自主设计能力较低，导致我国制造业在国际竞争中缺乏核心竞争力。

2012 年 12 月，汪应洛（前排左四）在澳门参加相关峰会

随着世界科技的不断发展，企业之间的竞争、产业之间的竞争在很大程度上已经演变为新产品、新技术、新商业模式之间的竞争，

这些竞争的核心是企业的自主设计和自主创新的能力。传统的"引进—消化—吸收"模式，导致自主设计的平均水准还很低，创新过程主要定位于渐进性、维持性，缺少突破性创新。这种模式虽然能够在短期内改善我国制造业的市场表现，但很难构建起具备长远的、可持续发展的中国制造业的自主创新和自主设计体系。

提升我国制造业的自主设计能力，是促进中国制造业优化升级、促进经济发展方式转变的重要途径。实现我国制造业自主设计能力的提升，有利于增加制造业的科技含量，促进产品的技术创新；有利于促进科技资源管理体系的变革，带动科技资源的聚集，发挥合力，促进行业整体竞争力和国家创新力的增强；有利于促进科技服务业的发展和国家经济发展方式的创新；有利于塑造人人尊重自主创新、强化知识产权保护的文化氛围和制度体系，支持创新型国家建设。大力提高我国制造业的自主创新和自主设计能力，还有助于推动科技资源的统筹，促进资源整合；制造业大力倡导和发展自主设计能力，也有助于极大地促进我国科技服务业的发展，推动制造业和服务业的融合；同时，提高我国制造业的自主设计能力，有助于促进人口素质的进一步提高，推动全民教育水平和质量的进一步提升。

对我国制造业的调查表明，自主升级的制度环境、制造业和科技服务业之间的互动程度，以及制造企业的研发管理模式，是我国制造业自主设计能力提升的关键因素。我国制造业自主设计能力的提升，更多地需要从管理创新的角度，采用系统思维方式，从制造业全价值链视角出发，实现促进制造业自主设计的外部制度环境的改善；大力发展科技服务业，促进制造业和科技服务业的互动与融合；促进制造企业创新发展模式，创新企业研发体系的管理模式，大力实施知识管理，促进协同开发。

在国家层面，应进一步改善促进制造企业自主设计的外部制度环境。强化知识产权保护，构建知识产权保护的法律法规体系，强化知识产权法律法规的执行；构建公平的市场交易体系，为不同类型的企业主体创造公平、公正、公开交易的法律法规和市场环境；加大对我国制造企业自主设计的财政和税收支持力度；改善对自主设计的金融支持力度；加强对国产设备采购方面的支持。

在行业层面，应进一步统筹科技资源，大力发展科技服务业，促进科技服务业和制造业的互动与融合，促进制造业自主设计能力的提升。通过统筹科技资源，推动企业成为技术创新的主体，实现创新驱动、内生发展。要着力提升企业技术创新能力，强化企业负责人的科技创新意识，支持企业建设研发机构，支持企业应用科技创新成果，激励企业加大研发投入。通过推进宏观科技管理体制改革，提高科技管理效率，完善科技投入及其管理机制，加强科技人才培育及管理体制创新，构建科技发展的良好政策制度环境等措施，切实提高科技服务业的发展程度，促进科技服务业和制造业的互动和融合，促进自主设计能力的提升。

2009年10月，汪应洛（右二）带领研究团参观香港科技园未来研究中心

在企业层面，要创新制造业的发展模式，创新和改善企业的研发管理体系，大力实施知识管理，构建开放式的研发协作平台，实施协同开发，促进自主设计能力的提升。要大力发展服务型制造模

式，创新产品模式，细化和深化制造业的分工与合作，构建服务型制造网络，促进制造业自主设计能力的提升；要进一步优化和改进企业的研发管理模式，构建面向市场的研发协同开发体系和激励制度；要建立开放性的研发资源体系，主动与科技服务业开展深度合作；要构建基于项目管理的研发组织体系，促进跨组织、跨流程的研发协作；要大力推广知识管理，构建企业知识管理体系，促进自主设计知识的挖掘、发现、存储、转化和应用；要建立学习型组织，促进组织和员工自主设计能力的提升；构建基于 Web 2.0 的开放式研发协作平台，大力倡导研发外包、研发群包等新兴研发模式。

我国制造业自主设计能力的提升，根本的是依靠制度的创新，通过制度的创新，提升企业自主研发的动力，改善企业自主研发的管理，提升企业自主研发的绩效。

改革开放初期，我国基本上不具备具有竞争力的设计能力。随着经济体制改革，20 世纪 50 年代从苏联引进的产品技术已经明显跟不上经济的发展。企业开始从日本、美国和欧洲等国家与地区引进产品技术，这时引进的产品技术大部分是落后或面临换代的。在此期间，企业基本上没有多少研发投入，没有专门为设计与研发而设置的实验设备，不具备仿真分析能力，更没有成形的设计开发流程。开发技术规范与加工工艺水平基本上仍停留在 20 世纪引进技术的水平上。

由于引进的产品大多是国外过时的产品，所以这些产品很快便失去了市场竞争力。因为没有形成产品设计能力，从 20 世纪 90 年代开始，我国许多企业开始花费巨资"走出去""请进来"，与国外咨询机构或合作伙伴进行合作设计与开发。在此期间，设计人员的知识结构发生了改变，通过咨询与合作，开阔了设计开发人员的眼界。设计人员开始明白产品设计是基于知识的设计。许多企业开始引进计算机辅助设计（computer-aided design，CAD）、计算机辅助工程（computer aided engineering，CAE）等软件来提升设计能力，同时引进了一些研发设备。有些企业开始进行设计开发流程梳理，引进并总结设计开发规范。在此期间，一些企业基本形成了自主研发体系的雏形。但就整体而言，一个突出的问题是缺乏创新意识，对于设计是一种竞争缺乏思想准备，对于设计是以新知识获取为中心缺乏认识，从而对于设计资源的内涵以及建设、发展和使用的方向认识不一和迷茫。

进入 21 世纪，我国提出建设创新型国家，开始从各个层面推动与扶持企业进行技术创新，积极推动产、学、研合作，开始形成一定数量拥有一定设计能力的企业，自主品牌产品开始发展。企业开始探索自主设计模式，谋求自主设计能力的提高。比如，探索以我为主、自主发展、合作开发的模式；又如，高薪引进高端研发人才，在海外设立研究机构或者收购海外设计研发公司等。同时，许多企业开始着力进行设计手段的提升，比如，提高研发投入、应用新的设计方法、进行数据库建设、引进高档实验设备等。

通过长期研究，汪应洛等发现，自主设计能力应该从企业自主设计能力与国家自主设计能力两个层面进行考虑。

企业的自主设计能力具有如下主要特征：①具有产品创新（对整机产品）或技术创新（对单元技术）的能力；②具有主导并组织进行产品市场需求分析（发现、分析、筛选、抉择）、概念设计、详细设计、制造与价值实现的能力；③具有掌控自己产品的核心特征的能力，以及善于使用企业外服务和资源的能力；④具有核心设计能力与制造能力。

从国家层面来看，国家需要自主设计能力，是从国家独立和安全出发，也是从拉动内需出发。自主设计应当比委托国外设计更能适应国内需求和利用国内资源，同时通过提高国内相关从业人员收入而创造提高内需的条件。国家层面的自主设计能力不足，是经济增长方式转变困难的重要原因。同时，自主设计是如中国这样一个大国独立存在的必要条件。否则一旦有事，就会因为若干或者甚至一个关键技术不能在中国的范围内解决，导致一个发展得轰轰烈烈的领域停摆。

从汽车行业来看，我国汽车业自主设计经过 30 年的发展，已经取得了长足的发展。比如，一汽瞄准当代欧洲同类产品而开发的一款高端的 J6 产品，采用面向性能进行控制设计的正向开发方式，诸多性能水平达到欧洲同类产品水平，在国内居于领先地位。我国自主品牌商用车成功的例子，还包括东风公司的天龙、豪沃等。从轿车的自主设计开发来看，2010 年自主品牌的表现值得肯定，同比增长高于行业同比平均增长，市场份额有所提升。2010 年，乘用车自主品牌销售 627.30 万辆，同比增长 37.05%，占乘用车销售总量的 45.60%，比上年提高 1.30 个百分点；自主品牌轿车销售 293.30 万辆，同比增长 32.28%，占轿车销售总量的 30.89%，比上年提高 1.22 个百分点。可以说，中国汽车在世界汽车产量上占有重要地位。但是，我们必须看到自主品牌轿车只占 29.7%，高级轿车自主品牌所占比例只有 1.4%。尤其是在引领汽车创新方向的新概念车与原创型产品设计开发方面，依然是外国汽车公司独领风骚。可以说，我国汽车行业的自主设计能力依然很弱，基本上停留在模仿与跟踪阶段，尚不具备较强的国际竞争力，距离成为该领域的强国还很远。

从支持产品自主设计出发，汪应洛等研究认为，设计资源应包括如下几个方面的内容：①设计人员；②软件；③硬件；④设计流程、规范与管理制度；⑤企业内部已有设计知识资源；⑥为企业高效率使用外部设计知识资源的环境（信息、支付、纠纷处理平台，供求双方的权益保护法规等）；⑦供应商（高水平和高质量提供设计服务，已有设计知识、设计知识获取服务及有关的中介服务）。

从支持国家层面的自主设计能力需要的设计资源角度看，国家自主设计能力是指一个国家范围内拥有支持企业进行产品自主设计的核心与关键的设计资源。①人才方面。近年来，我国大学教育培养了大批大学生，为各行业源源不断地输送了年轻研发人员，我国在人力资源方面拥有较大的优势。②知识资源方面。我国众多的高校与研究机构在国家不断加大研究经费投入的情况下，在理论与应用技术方面产生了许多研究成果。

近10年来，国内企业不断加强产学研合作及与国外咨询公司的合作，积累了大量的知识。随着我国经济的持续增长，国家与企业在资金方面有了较丰厚的积累，在产品设计资源建设方面有了越来越多的资金投入。国家大力推动创新型国家建设，具有设计资源建设的政策优势。

在人才方面，企业中研发人员的占比较低。发达国家研发人员的占比高（如汽车行业在8%左右），但国内水平较低（如汽车行业只有不到4%）。研发人员投入不足，特别是缺乏高素质的高端领军人才，是影响我国产品自主设计水平的因素之一。高素质的高端领军人才不仅在知识上要有宽广的视野，在技术上要有前瞻的储备，更要在精神上有强烈的竞争意识。目前，我国的工程教育和工程人才的生存条件与使用方式，都不利于这类人才的生成和发展。这就是提高自主设计能力问题中的社会因素。

自主设计能力可以更具体地阐述为产品设计与技术创新能力。企业在激烈的市场竞争中赖以获胜的基础，就是强大的产品设计与技术创新能力。创新是产品设计的灵魂。企业的产品设计与技术创新能力是企业的核心竞争力，是企业长存的根本、竞争取胜的关键与占据利润分配高端的保证。品牌、市场、管理等的创新都以产品设计与技术创新能力为基础。研究表明，只占产品总成本约5%的产品设计过程所作的决策，几乎决定了产品全生命周期成本的95%。因此，制造业的竞争本质上是产品设计的竞争，产品设计的竞争在很大程度上依靠技术创新。

如何迎接设计资源环境建设的挑战？研究过程中，汪应洛带领大家不断讨论，最后答案是应该探索一条与工业发达国家不同的道路。因为时代不同，国内外的情况不同，发展起点不同，服务业发展已经积累了丰富的经验，信息技术的水平也已经完全不同。中国应该充分利用高速发展的信息技术，通过推动一种以服务为中心、以网络为媒介的分布式的设计资源环境的发展，利用分布式的资源来形成我国在全球范围内具有竞争力的设计资源。这是寻求后发优势，快速建设设计资源，摆脱我国设计资源在量上不足、在质上严重不足的困境的一条路径。汪应洛等把这条路径称为"建设基于互联网的分布式现代设计资源环境"。

2013 年 10 月，汪应洛等在宜兴企业考察

现代设计与产品研究开发网络和教育部现代设计与制造网上合作研究中心多年来一直在进行建设一种分布式资源环境的努力，以知识服务和知识获取服务代替建立在项目基础上的产学研结合；以知联网作为联系服务请求方和服务提供方的工具，以代替烦琐的立项过程，最大限度地降低建立合作的成本；以多对一的形式为企业提供最好的专业知识服务和知识获取服务（高水平和高质量）的机会，通过对服务提供方施加压力使得在服务上不断精益求精；以一对多的形式为企业降低请求服务的成本，为服务提供方创造更高回报，支持提供方坚定地在自己的专长上精益求精，不断创新技术，为产品设计储备越来越多的有竞争力的高新技术；以多对一的竞争刺激服务提供方在自己的专长上提高服务质量，以一对多的形式推

动企业提高选择最适用的知识和新知识获取的能力，集成最适用的知识和新知识获取能力，采用最适用的知识和新知识获取能力，这些统称为集成知识能力，是企业应该具有的核心知识，或者是核心竞争力。

这是一把双刃剑，既能促进服务提供方集中精力提高自己专业知识的服务，包括知识水平和服务质量，又能推动企业集中精力提高自己，集成此前未曾采用过的知识和获取新知识，以满足现在未能满足的需求，成为真正创新的主体。更重要的是，要降低设计竞争的成本，缩短设计竞争的周期。试想，如果一个新的设想中的大量关键技术都要经过3～5年的预研，这个设想还能够有多大的竞争力？

基于互联网的分布式设计资源环境，是指设计所依赖的知识资源和新知识获取资源不是大多集中在一些企业的内部，而是分布在不同的地域或为不同的所有者所拥有，由这些拥有者向企业的自主设计提供服务。这个趋势，在工业发达国家也已经清晰可见。分布式设计资源环境中的设计具有如下特点：①设计基于分布式知识资源环境进行；②设计者从分布的资源环境中选择性地使用有竞争力的知识资源；③以最小成本在最短周期内实现新知识的获取和应用；④快速更新产品，以响应市场变化和满足客户的定制式需求。

在分布式设计资源环境中，设计环境由设计主体、分布式设计资源单元与设计知识资源中介组成。在分布式设计资源环境中，设计主体是整个设计活动的组织者和竞争风险的承担者。在设计活动中，需要设计资源单元提供知识或者知识获取服务时，则寻找合适的资源单元来完成。设计主体与设计资源单元间通过知识服务的模式进行。

设计资源单元是资源实体和知识服务 / 知识获取服务的集合体。资源实体是指能够提供知识服务的实体（个人或者组织机构），它们拥有知识的所有权和运行权，拥有知识的知识产权，并且负责知识资源的运行、维护和不断更新。资源实体拥有的资源不仅包括知识资源，还包括人力（智力）资源及必要的实体运行的财力资源。知识服务/知识获取服务是资源实体所提供的设计服务，是对资源实体为解决设计过程中的具体问题而能够提供的服务的抽象描述。资源单元要对自己的服务水平和服务质量负责与承担服务竞争的风险。

可以想象，在分布式设计资源环境中，必然存在这样的问题：设计主体针对某一新知识的需要，如何在可能存在许多设计资源中找到合适的资源单元？提供某项知识服务的资源单元又如何能够让可能有需求的一方找到自己？这就需要设计资源中介。设计资源中介是为满足设计主体可以快速寻找到合适的设计资源，以及设计资源单元可以将它能够提供的知识服务同时向众多的设计主体发布而产生的。

根据前期的调研结果，初步明确了影响产品设计能力提升的管理因素，主要包括三类：供应商早期参与、顾客主动参与、企业内部管理模式变革。为此，汪应洛团队在此基础上进一步提出促进制造企业产品设计能力提升的管理策略：①供应商前期参与提升产品设计能力的机制和对策研究；②顾客主动参与产品设计，提升产品设计能力的机制和对策研究；③企业内部研发模式创新对产品研发能力提升的作用机制和实施对策研究；④基于管理创新，提升产品设计能力的宏观对策研究。

基于以上研究，汪应洛带领团队从宏观政策、组织管理、产业发展、知识管理及公共服务等角度，提出了促进中国制造企业研发能力提升的对策。

面对我国建设创新型国家的挑战，作为创新发掘、创新投入、创新实现、创新受益与创新风险承担的主体，决定了企业在我国创新体系中居于主体地位。创新型国家的战略实现根本在于大批具有产品创新能力的企业的出现、成长与壮大。提高企业的产品自主设计能力是实现企业产品创新能力的保证，没有正确的设计，就没有成功的创新，设计资源则是自主设计能力的物质基础。因此，如何从设计资源合理建设、快速发展和高效使用方面来研究提高我国企业产品的自主设计能力，便成为当今需要研究的关键问题。

第十二节　筹建中国改革试点探索与评估协同创新中心

汪应洛深谋远虑、高瞻远瞩，按照教育部、财政部有关文件的精神，积极实施"高等学校创新能力提升计划"（也称"2011计划"），提出了全面推进高等学校创新能力提升的重要举措。2014年，西安交通大学与国家发展和改革委员会联合成立了国家层面的智库——中国改革试点探索与评估协同创新中心。2019年更名为改革试点探索与评估协同创新中心。

全面完成党的十八届三中全会部署的改革任务，需要加强重大改革试点后的评估工作。要求有关部门逐步尝试，将更多社会化专业力量引入第三方评估，进一步加强对政策落实的监督、推动，不断提高政府的公信力。

为此，在校领导的高度重视和大力支持下，西安交通大学积极整合校内外各类优质资源，筹建改革试点探索与评估协同创新中心，针对中国改革试点探索与评估问题展开深入且系统的持续研究。

改革试点探索与评估协同创新中心建设得到了国家发展和改革委员会的高度肯定及大力支持。国家发展和改革委员会认为，西安交通大学作为我国具有强大科研能力的知名高校，肩负着解决经济社会发展综合性难题的重任，具有领衔联合一流高等学校和科研院所解决重大问题的能力，明确同意批复由西安交通大学牵头组建以改革试点探索与评估为主题的协同创新中心，并表示将在以下方面积极支持中心建设：①积极支持和参与中心的科研工作；②开展重大改革，特别是改革试点的评估工作；③积极支持和参与中心的人才培养交流工作。此外，国家发展和改革委员会还将在有关数据库开发与共享、工作调研、部委协调、政策指导等方面给予中心必要的支持和协助。

改革试点探索与评估协同创新中心的建成，更有利于发挥高校人才汇聚、学科综合和科研深入的优势，有利于整合科研、教育、政府和实践层面的改革创新资源，实现改革理论研究、决策咨询、政策设计、实践探索、效果评估的有机结合，解决国家经济转型时期改革试点探索与评估的重点、热点问题，产出高水平研究成果，为国家和区域相关重大问题的决策提供理论支持，更好地服务于国家的经济社会发展与改革需求。

改革试点探索与评估协同创新中心自 2014 年成立以来，已经在机构建设、研究成果、人才培养与交流以及社会服务与影响等方面取得了显著成果，为国家和地方的经济社会发展作出了重要贡献。

西安交通大学中国改革试点探索与评估协同创新中心入选中国智库索引来源智库

机构建设与发展：中心由国家发展和改革委员会和西安交通大学于 2014 年 10 月共同建设，旨在通过整合政、产、学、研的优质资源，打造世界一流的研究平台，破解国家急需的重大课题。2015 年 4 月 11 日，中心正式挂牌成立。中心以"世界视野、中国核心、创新特色"为主旨，致力于成为"国内具有重要影响力的 100 所国家智库"之一，为国家战略和区域经济发展提供高质量的学术、人才和专业支持。

西安交通大学改革试点探索与评估协同创新中心揭牌

研究方向与成果：中心主要研究方向包括体制改革、经济运行、信用建设、社会问题等，紧密结合国家经济转型与升级重大任务和"双一流"大学建设要求，开展深入研究。

专项课题研究：中心向国家发展和改革委员会、陕西省发展和改革委员会、陕西省决策咨询委员会、大型国企等机构提供了 10 年的专项课题研究和咨询，并提供了重要的政策建议和决策支持。这些研究涉及国家深化改革、第三方评估等多个领域，为政府和企业决策提供了科学依据。

中心产出了一系列的重要成果：2015 年 5 月，陕西省发展和改革委员会联合西安交通大学发起《"一带一路"国家国情手册》的编写工作，该书对参与共建"一带一路"的 64 个国家的国情进行了权威介绍，为相关人员提供了重要参考。

人才培养与交流：中心汇聚了一批高水平的研究人员，包括教授、副研究员、助理教授等，他们在各自的研究领域取得了显著成果，为中心的发展提供了坚实的人才保障。

学术交流与合作：中心积极举办和参与国内外学术交流活动，如高端国际论坛、圆桌会议等，促进了学术交流与合作，提升了中心的学术影响力和国际知名度。

社会服务与影响：中心通过深入研究和咨询服务，为国家战略和区域经济发展提供了有力支持，推动了相关政策的制定和实施。

促进产学研合作：中心积极与产业界合作，推动科技成果转化和应用，促进了产业升级和创新发展。

提升社会影响力：中心的研究成果和政策建议得到了广泛关注和认可，提升了其在社会上的影响力和公信力。

第十三节　主编《工程管理概论》

对我国而言，工程与工程管理具有十分重要的战略意义。工程投资在我国经济活动中占有十分重要的战略地位，为我国国民经济的发展提供了重要的驱动力，提升了我国整体的国际竞争力，也产生了很多标志性的、具有世界影响的工程，如"神舟"系列的航天工程、三峡水利工程等。在取得标志性工程成果的同时，我国在工程管理领域也取得了巨大的成绩：钱学森率先将系统工程思想与航天工程实践结合，是典型的工程管理成果；与此同时，我国每年大量的工程投资需要大量的工程管理人才，而我国彼时还缺乏系统培养工程管理专业人才的体系。基于这一现实，中国工程院工程管理学部组织专家讨论并向国务院学位委员会办公室建议设立工程管理专业硕士学位，这一建议被国务院学位委员会办公室采纳，在全国 70 余所高校开展了工程管理专业硕士的专业教育与人才培养工作。

汪应洛敏锐地觉察到，自设立工程管理专业硕士专业学位以来，我国高等院校中的工程管理专业硕士学位研究生教育迈上了一个新台阶。在培养主体上，由原来的商学院／管理学院或者土木工程学院等单独培养工程管理专业的学生，逐渐转变为由商学院／管理学院和工学院联合为主体来培养工程管理专业的学生。上述学生培养主体的变化对工程管理教育的影响，表现为在工程管理专业的课程体系中融入了相当数量的工程方面的内容。

实际上，不论是工程管理实践还是工程管理理论，均强调工程管理与工程相符合，强调其管理的行为必须与一定的工程、工程环境、工程技术与方法相融合，强调在工程多目标的实现过程中各种资源的系统化运用，等等。显然，工程管理的要求与变化对工程管理教育提出了新的要求：必须将管理教育的视野打开，站在工程与管理集成的角度来考虑管理的问题。

为了适应我国工程管理所面临的新形势与新发展，满足我国工程管理人才培养的需要，在汪应洛的组织下，西安交通大学管理学院集聚了一批专家，决定推出工程管理专业硕士学位研究生系列教材。该系列教材包括《工程管理概论》《工程管理方法论》《工程决策与分析》《工程经济学》《工程项目管理》《工程质量管理》《工程成本管理》《工程进度管理》《工程环境管理》《工程风险管理》《工程管理案例集》等。汪应洛认为，该系列教材的出版，一定会对我国的工程管理专业硕士研究生培养与教育产生积极的推动作用。

该系列教材的主要特点如下。第一，作者阵容强大，作者教学经验丰富。主编及参编人员大多来自西安交通大学管理学院，他们长期从事本专业的教学工作，本套系列教材是这些教师长期积累的教学和科研成果的总结。第二，内容视野开阔，符合培养目标。每位作者都努力站在工程与管理集成的角度来考虑和阐述问题，以期达到满足工程管理专业硕士研究生培养的需要、开阔学生视野的目的。第三，教材体例统一规范，实用性强。为便于使用，图书的每章均安排了案例，有利于学生将理论知识与管理实践相结合。每章的最后还附有思考题，以便学生明确各章的学习重点并对学习内容产生兴趣。

《工程管理概论》主要围绕工程管理的知识体系来组织编写，主要从三个层次组织相关内容，第 1 章到第 3 章主要讲工程与工程管理所涉及的基础理论与方法；第 4 章到第 8 章主要围绕工程与工程管理战略与决策的内容展开；第 9 章到第 19 章主要涉及工程具体实施与管理方法方面的内容。汪应洛是该书的主编，另外参加本书编写的还有苏秦教授、郭菊娥教授、冯耕中教授、刘树林教授、谢海燕教授、孙卫教授、田高良教授、谢恩教授、何正文副教授、王能民副教授、李刚副教授、吕绚丽博士、尚玉钒副教授等。

2008 年，汪应洛在中国工程管理论坛上作报告

该书主要是高等学校工程管理专业硕士研究生教学用书，也可供相关学科本科生、研究生教学等选择使用，并可作为各级各类工程管理人员、专业技术人员的学习参考资料。汪应洛力图在该书中探索形成工程管理较为完整的内容结构，并期望后续与教育界的专家们共同推进工程管理的教育和人才培养工作。

第十四节　开拓创新，参与编著《工程方法论》

十多年以前，汪应洛与中国工程院殷瑞钰院士等一批先行者敏锐地意识到，中国大规模的工程建设，既积累了丰富的宝贵经验，也有着若干必须引以为戒的沉痛教训，为此而提出了"工程界思考哲学、哲学界面向工程"的口号，力图避免工程技术人员囿于本专业技术，孤立、片面、形而上学地看问题。这一倡议引起了工程界热烈的反响和哲学社科界的瞩目。正是在这种背景下，工程界和哲学界相互合作，工程哲学在中国应运而生，引起了国内外的广泛关注，从而逐步深入、拓展到工程方法论。汪应洛带领研究团队，继开展研究出版《工程哲学》《工程演化论》之后，又开始新的探索——"工程方法论"的研究，并出版了《工程方法论》一书。全书以"工程方法论"为基本主题和内容，分别论述了"工程方法论"的总论、主要理论和工程案例，体现了本领域研究开拓者的勇气和探索精神。

汪应洛带领研究团队着重从基于工程全生命周期的工程方法论、实现工程目的的过程、建造过程包括的一系列组织管理与协调方法等方面进行了深入研究，逐渐认识到工程活动的产品既不是自古就有的，也不是永远存在的。如果单从过程论观点看问题，工程活动的产品就会呈现为一个"从生到死"的过程，而工程活动也表现为一个全生命周期的过程。如果从过程论观点看问题，工程活动具有过程性、有序性、动态性、反馈性，是全生命周期的集成与构建。作为一个全生命过程的集成体，工程活动的研究不能离开过程论的视角。

汪应洛与"工程方法论"课题组部分成员合影

　　基于全生命周期过程和模型讨论工程方法论，既从全生命周期的视野讨论工程活动的阶段及其规律，也从工程生命周期所经历的不同阶段性讨论各阶段的工程方法及其内在关联，最后集中地研究并讨论工程全生命周期方法的性质、意义和统一性问题。

　　从过程论的角度看，复杂的工程系统要经历一个选择、集成、建构、运行的动态持续过程，因此工程活动必定有其共性程序。我们必须赋予工程——基于工程全生命周期过程与模型。一般来说，其程序包括规划与决策、工程设计、工程实施与建造、工程运营与维护、工程退役等。这一程序化过程和方法，所有"正常的"工程活动、工程项目都会经历。大体而言，它普遍适用于一切工程活动，是贯穿于各种类型的工程活动之中的一般性方法。在此意义上，我们可以说，全生命周期方法和程序化方法是一种具有共性意义的工程方法。从程序化这一工程普遍方法的研究维度看，工程方法论就是研究工程实践活动共同遵守的基本程序或秩序的理论，要研究先后次序、步骤环节、演进过程，以及各环节之间的因果联系与逻辑关联等。

工程活动是有目的、有计划地建构人工实在、人工系统的具体历史性实践过程，而人工实在并不是既成的、先在的、天然的存在，它不像自然物那样是脱离人的活动自然而然生长出来的，而是在人的某种观念、意识（理念）的主导下人为建构出来的，是思维引导存在、理念支配行动的自觉实践结果，打上了人的思维和实践创造的深刻印记。工程活动是一个理念在先、观念先行，在某种理念引领下主动变革世界、建构人工实在（人工系统）的动态现实过程。人工系统、人工实在是倾注并嵌入了人的意向性的客观实在，是承载着人的理想、信仰与审美追求的有机体，是人、工具、物、信息、管理、技术等多元异质要素综合作用的系统。所以，现实的工程活动可以看作是有关理念的具象化、现实化与物化（客体化）的现实过程，是通过一定的意向性而产生的。任何一项工程活动，都须经历一个从潜在到现实，从理念孕育到变为实存，从施工建造到运行维护再到工程改造、更新，直到工程退役或自然终结的完整生命过程（生命周期）。一项工程，就像一个具有自然生长机理、血脉和灵魂的有机生命体一样，有其生长的客观规律。尽管不同类型工程的规模大小、生命周期长短不尽相同，甚至差异很大，但是普遍性的规律，值得我们高度关注。对工程而言，这种生命周期性的存在无疑是客观的、共同的，具有普遍性的规律，值得我们高度关注。

从工程活动生命周期的过程维度来看，其必须遵循一定的程序和步骤，不是杂乱无章的堆砌，而是有规律可循的展开、建构、运行，是一个自组织与他组织相统一的过程，有其内在规律。这个规律就是：任何工程都具有程序化的逻辑次序，不可混淆，可有且需要有合理的反馈，但这并不意味着逻辑次序可以随意颠倒。具体地说，这一程序化逻辑过程就是：工程可行性研究与决策—工程规划—工程设计—工程实施与建造—工程运营与维护—工程退役。从现实工程技术实践的角度看，任何一项工程，都要依次经过这些具体环节（阶段），无一例外，各个阶段环环相扣、紧密衔接、相互补充、相互配合、协同作用，构成一个有机体系，由此形成工程活动的全生命周期。如果违背这一规律，工程将会遇到困难，甚至导致成败。

工程活动全生命过程的模型，正像一个生命体要经历胚胎、诞生、发育、成长、衰老、死亡的过程一样，工程活动和工程活动的产物也要经历类似的过程。从理论上分析和概括整个过程，可以提出一个关于工程活动全生命过程的概念模型，把工程活动划分为五个阶段。

（1）工程规划与决策阶段。即根据工程总目标和现实的约束条件，确定工程任务、工程进程、工程实施程序、步骤及效果，提出工程蓝图与总体方案，并作出工程是否可行的决策阶段。规划与决策阶段完成并通过后，工程活动便转化、跃升到下一个阶段。

（2）工程设计阶段。在这个阶段，工程设计者要在对工程所涉及的资源、要素、工艺、技术、设备、程序和系统等进行集成和整合的基础上，在头脑中将整个工程分解为若干子系统，对各种指标进行具体的、优化的、定量化的、操作化的，并通过有序、有效、可操作实施的设计方案，来解决构建人工系统问题的行动结构（实际行动方法）。工程设计不仅是目标蓝图的模式设计，而且是过程、实践手段与方法的操作设计，即它是如何构建一个人工系统的过程与方法的完整设计，工程设计决定着工程活动的品质与价值。在设计阶段，设计者、施工者、用户、有关利益相关者往往需要进行多种形式的交流和磋商。

（3）工程建造阶段。这是一个从抽象到具体的感性实践（物化）过程，指工程主体按照工程设计方案（设计图等），使用物质工具、手段、技术、设备等，对原材料进行一系列的实际操作和加工，从而制造、构建出合格的人工系统、人工实在（例如建成一座桥），并实现工程目的的过程。建造过程还包括一系列组织管理与协调的方法。

（4）工程运行（运营）和维护阶段。造物的目的是用物，建造的目的是运行或运营，所以，绝不能忽视工程活动中的运行（运营）和维护阶段。一个人工物、人工系统构建并创造出来后，在其生命周期的成长过程中，为保持其功能的正常发挥，保证其高效、有序、协同并可持续地运行（生产），还需要必要的日常维护与管理。例如，一部电梯工程制造完工，交付用户（消费者）使用后，还需要定期进行工程维护、保养与管理。如果缺乏必要的合理的维护与保养，轻则可能使其功能受损、寿命缩短，重则可能造成重大工程安全事故。所以，成功的工程活动的开展，离不开科学合理的工程运营、维护与相应的管理方法。

（5）工程退役阶段。指当工程活动完成了预定服役期目标，或虽未完成服役期目标但其功能失效，寿命终结，或危害生态环境，或不能适应客观要求的变化，或者因不可抗力造成工程运行中止时，对工程项目进行妥善清退与科学处置，并使其退出工程运营过程的阶段。工程退役是工程全生命周期的最后一环，也是非常重要的一环。以往许多人忽视了这个阶段的重要性，只有在目睹了在这个阶段出现了越来越多的严重后果后，人们才越来越深刻地认识到这个阶段也是工程全生命周期中一个绝不能忽视的阶段，必须认真分析和研究这个阶段可能出现的各种问题，必须努力合理、适当地解决这个阶段出现的各种问题，必须科学合理地终结工程生命周期，使工程合理消亡并无害化地融入生态循环之中。应该注意，不同类型的工程，其退役方式是不同的，甚至千差万别。但是，工程退役绝不仅仅是对作为工程客体、人工物、人工系统等的消极关闭、简单处理与报废，在当前环境问题日益重要，倡导绿色发展、建设美丽中国、促进人－工程－自然和谐发展的现实语境中，工程退役问题必须被提升到有助于形成工业生态链、产业生态链与循环经济的战略高度来统筹考虑。总而言之，工程退役阶段至关重要，它是关乎工程能否善终的大问题。

汪应洛指出，在工程的全生命周期中，以上几个阶段是不断递进、彼此联结的，不断地发生形态转变与内容更新，这就使工程活动成了一个生命成长的动态演变过程，体现了工程活动的动态性与过程性。上述几个阶段是工程生命周期中相对独立的阶段，具有明显的阶段性特征。此外，在工程全生命周期中，还存在一些并非完全独立而是存在于各个阶段甚至贯穿于全过程的工程活动要素，如工程评估、工程管理等。工程评估就是根据一定的评估标准（具体体现为反映评估标准的指标体系），对工程的技术、质量、环境影响、投入产出效益、社会影响、人文、审美等进行的综合评价。工程评估包括事前评估、事中评估和事后评估。工程的整个生命周期中都存在和贯穿着管理问题，这些也恰恰是研究工程退役阶段在工程全生命周期中的位置及其背景的重要依据。另外，研究团队从顺应工程全生命周期进程的方法论以及工程全生命周期方法的性质意义与统一性进行了集中分析和讨论，认识到工程方法论是一个从工程的"无"到"有"转变的"生成"方法论、"构建"方法论。工程方法存在于现实的造物过程与建构实践之中，工程方法论是面向应然世界、指向未来、处于动态开放的生成过程的方法论。

自 2014 年开始预研究，2015～2016 年中国工程院正式立项，2017 年正式出版《工程方法论》（殷瑞钰、李伯聪、汪应洛等著）一书，全书以"工程方法论"为基本主题和内容，分别论述了"工程方法论"的总论、主要理论和工程案例。该书的出版引起了我国工程科技人员的关注，工程方法论研究、讨论的队伍逐渐发展壮大，为中国工程科学研究的发展壮大不断贡献着力量。

汪应洛（右三）与课题组成员讨论问题

第十五节　智能制造——首部智能制造管理白皮书发布

　　汪应洛在管理学和系统工程领域有着深厚的造诣，他的研究广泛涉及企业战略、知识管理、服务型制造等多个方面。其中，他提出的服务型制造理论和方法体现了智能制造中服务化、智能化等核心要素；他倡导开展的智能制造管理研究与实践，也是推动制造企业智能化、数字化转型升级的重要途径。这些研究与智能制造和现代智能制造的理念紧密联系。服务型制造强调制造与服务的融合，推动制造业向价值化、专业化、协同化、智能化、高端化方向发展，这本身就是智能制造的一个重要方向。智能制造是国家制造强国战略的重要举措之一。发展智能制造的目的是通过提供高品质、低成本、个性化产品及全寿命期高附加值服务增强企业竞争力，而实现这一目的的重要手段需要落地在智能制造管理。目前，国内很多领域的企业大力推进自动化、数字化、网络化等智能制造工作。其中一些是局部试点，也有的在全面推展。然而，智能制造不仅仅是大量投资完成硬件设施和系统，更重要的是利用智能制造装备与系统提供的信息与数据，进行与传统制造模式完全不同的科学决策，无论是思想还是方法，实现企业的价值才是企业追求智能制造的终极目标。正是基于上述观点，依托挂靠在西安交通大学管理学院的过程控制与效率工程教育部重点实验室，西安交通大学－英飞凌智能制造管理联合实验室根据德国英飞凌科技集团在半导体行业多年全球领先的制造管理方法与参与德国工业 4.0 规划的经验，总结完成了《智能制造管理白皮书》（2017 版），期望能对国内半导体行业乃至其他制造行业推动智能制造工作起到积极的作用。期待借助德国英飞凌科技集团国际化制造模式以及其德国工业 4.0 创始单位的背景，能够通过智能制造的国际化，在国家"一带一路"倡议中发挥作用。该白皮书是过程控制与效率工程教育部重点实验室首次发布的《智能制造管理白皮书》，根据智能制造管理实践的深入与发展及研究工作的进展，以后将陆续推出新的版本，以反映智能制造管理的最新成就与更具中国特色的智能制造战略。

　　智能制造作为实施制造强国战略重要手段被国家层面高度重视，国家部委、产业界及学术界都积极参与其中，国家投入了大量资金推动智能制造发展。在构建智能制造系统向工业 4.0 迈进的过程中，特别需要重视智能制造管理问题，尤其是要做好产学结合的智能制造管理工作。西安交通大学管理学院与德国英飞凌科技集团于 2016 年 7 月在过程控制与效率工程教育部重点实验室下共同建立了西安交通大学－英飞凌智能制造管理联合实验室，旨在利用双方在管理研究和智能制造方面各自的优势，共同推动中国智能制造发展。英飞凌是德国工业 4.0 初创单位之一，在半导体制造领域全球领先。《智能制造管理白皮书》（2017）是联合实验室在总结英飞凌智能制造管理基础上形成的旨在指导中国企业更好地开展智能制造管理工作的初步成果。它包含中国制造业面临的机遇与挑战、德国工业 4.0 发展状况及参考架构、智能制造管理、智能制造水平发展评估方法、智能制造管理实施路径与对策、智能工厂设计与规划以及智能工厂员工能力需求等方面内容。相信该白皮书能够对推动产业界智能制造管理工作并最终为提高中国企业竞争力作出贡献。在"一带一路"倡议背景下，也希望借助英飞凌科技在国际化方面的经验和影响力，推动中国制造走向世界。希望西安交通大学 - 英飞凌智能制造管理联合实验室能够按照习近平总书记的指示要求，面向国际科技前沿、面向经济主战场以及面向国家重大需求，以服务国家战略为宗旨，综合考虑政、产、学、研、用多方面需求及特点，在智能制造管理领域多出成果，出好成果，为实现中华民族伟大复兴的中国梦贡献力量。

《智能制造管理白皮书》（2017 版）（2021 版）

汪应洛（中）与英飞凌大中华区企业集成高级经理张永政博士（左）、
西安交通大学管理学院吴锋教授（右）

第十六节　工程哲学之升华——《工程知识论》

2020年,《工程知识论》正式出版,在"工程知识论"课题研究和《工程知识论》一书撰写过程中,汪应洛院士作为顾问,始终参与并指导了该书的构思和撰写工作。

在哲学领域,科学哲学和技术哲学都是欧美学者开创的,21世纪初,在开创工程哲学时,中国工程师和中国哲学工作者与欧美同行一起走在了开创工程哲学的最前列。工程活动是最常见、最基础、影响最深远的社会活动,是社会存在和发展的基础。离开了工程活动,人类就无法生存,社会就要崩溃。

正如马克思所说的"整个所谓世界历史不外是人通过人的劳动而诞生的过程""必须把'人类的历史'同工业和交换的历史联系起来研究和探讨"。回顾工程哲学的开创和发展进程，人们会看到一个耐人寻味的现象：中国的工程哲学发展进程和欧美的工程哲学发展进程都表现出"人同此心、心同此理"的"不约而同"和"基本同步前进"的特点。这绝不是偶然出现的现象，而是深刻反映了工程哲学的兴起适应了时代形势的要求，反映了一个新学科开创进程的共同规律与内在要求。

中国工程院自 2004 年起连续立项研究工程哲学，出版了《工程哲学》《工程演化论》《工程方法论》《工程知识论》多部著作。据初步统计，直接参加《工程哲学》《工程方法论》《工程演化论》《工程知识论》写作的院士有 20 多位，哲学界和教育界专家有 30 余人，工程界和企业界专家有 30 余人，至于参与研讨的专家就更多了。从作者队伍看，这几本著作确实是中国工程界、哲学界、企业界、工程教育界、工程管理界合作研究和集体智慧的结晶。除上述著作外，在十余年的工程哲学研究进程中，中国工程师和哲学学者还出版了《油田开发工程哲学初论》《工程十论——关于工程的哲学探讨》《历史与实践——工程生存论引论》《道路工程哲学》《工程美学导论》《工程文化》《工程哲学与工程教育》等多部著作。欧美在工程哲学领域也出版了多部著作。这充分反映了工程哲学确实是一个正在兴起的学科，而且东西方各有自己的特色。

汪应洛和诸多科技哲学界的专家参加了由中国工程院工程管理学部召开的一次工程哲学高层研讨会。会上，时任中国工程院院长徐匡迪发表了长达一个小时的重要讲话，他说："工程哲学很重要，工程里充满了辩证法，值得我们思考和挖掘。我们应该把对工程的认识提高到哲学的高度，要提高工程师的哲学思维水平。"他强调指出，工程创新和工程建设需要有哲学思维，他还对工程中的一些辩证法问题进行了精辟的分析。

2004 年，中国工程院工程科技论坛暨第一次全国工程哲学会议召开，后正式成立中国自然辩证法研究会工程哲学专业委员会，汪应洛等多位院士及专家任副理事长。值得关注的是，2004 年，中国开始出版《工程研究——跨学科视野中的工程》（最初作为年刊出版，2009 年，经原国家新闻出版总署批准作为季刊出版，目前为双月刊）。2009 年，*Engineering Studies*（《工程研究》季刊）在美国出版，其宗旨与中国同名刊物基本相同，该刊最初每年出版 3 期，2012 年后改为季刊。通过《工程哲学》《工程演化论》《工程方法论》《工程知识论》的出版，中国学者们提出和阐释了一个包括"五论"——工程 - 技术 - 科学三元论、工程本体论、工程方法论、工程知识论、工程演化论且以工程本体论为核心的工程哲学理论体系。

汪应洛参与的工程哲学研究队伍中形成了中国工程师和哲学家密切合作、相互学习、共同探索工程哲学新方向的学术团体。工程知识论从知识理论角度揭示、归纳了工程知识的特征、内涵和规律，充实、丰富了工程哲学的内涵和基础。中国工程院持续举办了一系列学术活动，以及到大庆油田、三峡总公司、上海宝山钢铁公司等大型工矿企业进行宣讲活动，到西安交通大学、中国科学院大学、东北大学、清华大学、北京大学、同济大学、华南理工大学、北京科技大学、华北理工大学、国防科技大学等高校进行学术讲演，传播学术思想。这种有理论、有组织、有系列的学术活动、有学术论坛的鲜明特色正是形成学派的标志。

中国的工程哲学坚持马克思主义哲学的基本方向，坚持扎根中国和世界工程实践，坚持理论联系实际的基本原则。无论是在中国还是在欧美，都存在工程师不关心哲学和哲学家不关心工程的状况。美国麻省理工学院教授布西亚瑞利（Bucciarelli）在其所著的《工程哲学》一书中，一开始就表达了对这种状况的不满和感慨。他尖锐地指出，许多工程师和哲学家都认为"哲学和工程似乎是两个相距甚远的世界"，工程师和哲学家之间一向缺乏交流和互动。

汪应洛所在的中国工程院工程管理学部组织的系列课题研究中，跨界的专家们从 15 年的研究历程中，始终以马克思主义哲学原理为指导，以"系列课题研究"的方式组织、吸纳一批高水平工程师和哲学家合作研究工程哲学。在这个过程中，工程师和哲学家相互交流，有了更密切的合作。在合作中，他们相互学习，相互切磋，共同探索，共同提高，既深化了对工程的认识，又深化了对哲学的认识。很显然，工程师和哲学家等形成组织化的跨界合作，既是中国工程哲学研究取得理论进展的重要因素之一，又是中国工程哲学现状和发展的特征之一。这也正是汪应洛坚持不懈带领研究团队用 15 年之久持续参与研究的意义所在。

第十七节 《系统工程》（第 6 版）

汪应洛主编的《系统工程》（第 6 版），由机械工业出版社于 2024 年出版。该书系 1986 年出版的高等学校试用教材《系统工程》的最新版，起点是 1982 年 1 月主编出版的《系统工程导论》。该教材是普通高等教育"十一五"国家级规划教材、首批国家级精品课程"系统工程"的主教材，被教育部评选为普通高等教育精品教材，曾获得 1992 年第二届全国高等学校机电类专业优秀教材一等奖。一直是国内高校使用较多的经典和权威教材，也是汪应洛的代表性成果之一。

系统工程作为 20 世纪中期开始兴起的一门交叉学科，是从总体出发，合理开发、运行和革新一个大规模复杂系统（特别是管理系统）所需思想、程序、方法的体系，属于一门综合性的技术方法和重要方法论。党的二十大把"必须坚持系统观念"要求提到了一个前所未有的高度。在此背景下，需要及时反映学科及其环境的新发展、新变化，体现课程思政和因材施教的新要求，阐释和展示系统工程思想、方法论和模型方法在社会、经济发展中的新应用。该书就是为适应这些新的变化和要求，在《系统工程》第 3 版、第 4 版和第 5 版的基础上，结合近些年教学与研究的实践修订而成的。

《系统工程》（第 6 版）基本保持了第 5 版的结构框架，对各章的内容都进行了更新。全书共包括 8 章。第一章全面介绍了系统工程的产生、发展及应用，系统和系统工程的概念与特点及学科性质等，并结合中国的发展实际介绍了一些新的应用。第二章阐述了系统工程方法论，建立起了系统分析及本课程内容的逻辑框架，并介绍了初步系统分析的有关方法和创新分析方法，增加了对部分相关新内容的介绍。第三章围绕系统模型化及分析方法，重点介绍了结构模型化技术、主成分分析与聚类分析方法、状态空间模型等，并补充了部分应用实例。作为系统工程模型化新进展，特别介绍了基于模型的系统工程（MBSE）。第四章作为第三章的延续，在对系统仿真及其发展做简要介绍的基础上，重点介绍了系统动力学模型化原理及其仿真分析方法，更新了专用软件及其应用的内容。第五章介绍了系统评价原理及关联矩阵法、层次分析法、网络分析法、模糊综合评判法及数据包络分析法等方法。第六章针对决策分析，重点介绍了风险型决策分析、管理博弈及冲突分析方法。第七章作为对管理系统问题综合分析的延展、提升和应用，分不同层次介绍了战略研究与管理的相关内容。第八章通过 8 个具有一定广泛性和代表性的实例，介绍了系统工程在各领域的应用，并结合教学要求，在每个实例后都增加了思考题。

《系统工程》第 1 版和第 2 版由西安交通大学汪应洛主编，哈尔滨工业大学姚德民教授、原上海机械学院赵永昌教授、西安交通大学陶谦坎教授参加编写。第 3 版由汪应洛院士主编，西安交通大学袁治平教授、孙林岩教授、李垣教授等参加编写。第 4 版由汪应洛主编，袁治平教授协编，孙林岩教授、李垣教授、吴锋教授等参加编写。第 5 版由汪应洛主编，袁治平教授、吴锋教授、刘树林教授、李刚教授等参加编写。第 6 版仍然由汪应洛院士主编，袁治平教授协编，参加编写工作的有西安交通大学的吴锋教授、刘树林教授、李刚教授、孙静春教授、郭雪松教授、杨臻副教授、吕绚丽博士，西北大学的许振宇副教授，西安理工大学的侯琳娜博士，天津大学的齐二石教授担任该书主审。另外，编写过程中参考或引用了部分专家的研究成果。

《系统工程》适用于管理类各专业的本科生、研究生，也可供其他相关学科、专业教学使用，还可作为各级干部、有关人员的培训教材和自学参考书。

另外，汪应洛教授主编了《系统工程理论、方法与应用》（第一版）（第二版），及由此派生出的《系统工程学》（第三版）、《系统工程简明教程》（第三版）（第四版）、《企业管理系统工程》等。

2023 年 4 月 26 日，袁治平教授在第五届汪应洛管理与创新大讲堂暨第四届李怀祖网络经济与管理讲坛上介绍《系统工程》（第 6 版）修订相关情况

第十三章

九十华诞
不老松

2020年5月，汪应洛迎来了九十华诞。5月21日上午，西安交通大学举行了汪应洛院士执教70周年暨九十华诞座谈会。西安交通大学校党委书记张迈曾代表学校向汪应洛院士表示诚挚的祝贺，他高度赞扬了汪应洛院士响应国家号召，毅然举家西迁，献身大西北建设，以爱国奋斗的行动和作为，铸就了"西迁精神"。

陕西省科协主席、中国工程院院士蒋庄德，中国科学院院士管晓宏，"西迁"老教授李怀祖、史维祥，中国工程院院士卢秉恒，中国科学院院士徐宗本等先后在会上发言，热情赞扬汪应洛院士忠诚执教70年，为中国和世界管理科学作出了卓越贡献。

西安交通大学管理学院教授、西交利物浦大学执行校长席酉民用"敏锐、平台、领跑、智慧、包容、激情、投入"这几个词，生动地描绘了汪应洛院士一生对事业执着的追求与投入，以及对国家、对学校的无限热爱。

西安交通大学管理学院院长冯耕中代表学院发言，向管理学院首任院长汪应洛院士表达敬意。袁治平、吴锋、刘人境、李刚、刘跃文等也表达了对汪应洛院士多年来的教诲和关爱的感激之情，并表示要弘扬老一辈的"西迁精神"，努力做好系统管理学科更好地服务于新时代高质量发展和治国理政实践的各项工作。

大家为汪应洛院士祝寿

中国工程院工程管理学部主任胡文瑞院士发言称"汪先生是被公认的为中国工程哲学理论体系作出突出贡献的代表性人物，他的成果被世界誉为世界工程哲学中国学派，即世界工程哲学东方学派，为此工程管理学部对汪先生作出的突出贡献表示衷心的感谢"。中国工程院院士何继善特意为汪应洛院士执教 70 周年写了一幅字"应为芬芳比君子，洛阳纸贵老更红"，祝福汪先生健康长寿。

汪应洛院士的长子汪时奇作诗一首为父亲庆生。

忆父亲往昔

运筹管理变中华，栽培桃李满天下。

献身西部交大运，奏响九旬生日颂。

会上，汪应洛院士捐赠 20 万元设立了管理学院"贫困学生帮扶基金"，以鼓励管理学科有创新精神、品学兼优的贫困学子更好地完成自己的学业。

汪应洛院士执教 70 周年暨九十华诞座谈会后大家合影留念

远在浙江杭州的郑叔良教授，为祝贺汪应洛院士九十华诞专门撰文《二十八年往昔情》，回顾自己当年同汪应洛院士并肩奋斗的桩桩往事。

1963 年秋，我从中国人民大学工业经济专业研究生毕业，即有幸被分配到西安交通大学汪应洛老师所领导的自动化经济效果研究组工作。在汪老师的悉心指导和鼓励下共事工作了28个春秋，往事历历在目。

放手使用，在实战中培养新人

1962年，国家对国民经济实行"调整、巩固、充实、提高"的方针，在这种背景下，西安交通大学成立了研究组，汪老师安排组织李怀祖等人先后到大连电机厂、组合机床厂和西安电机厂调研，写出了技术经济分析报告，并拟定了《自动化生产经济效果衡量标准》建议稿，提交机械工业部。在此基础上，汪老师与李怀祖发表了论文《新技术经济效果及其衡量指标问题》，提出按资本回收期、成本等经济指标来评价新技术。

1964年春，汪老师派我到上海参加《机械工业技术经济分析标准条例》的编写工作。当时我刚参加工作不久，接此重任，颇感不安。汪老师鼓励我说："我相信你一定能很好地完成这个任务，虽然你刚参加工作，但有很多有利条件，你要有充分的自信去迎接这个挑战。"在汪老师的热情鼓励下，我冷静思考后，感到自己虽刚工作，但完成这个任务还是有不少有利条件：我大学本科学的是机械工业经济；研究生毕业论文是《铸造工业生产专业化的经济效果》，撰写论文期间，我曾到机械工业部、天津市经济委员会和天津市机械工业局进行过深入的调研，对机械工业的现状有一定的了解。我的毕业论文中关于经济效果衡量标准采用的也是资本回收期、成本等经济指标，综合以上因素，我感觉自己应能胜任《机械工业技术经济分析标准条例》的编写工作。于是，我就满怀信心来到了上海。

参加标准条例编写组的人员，由上海第二设计院总工程师室牵头，由北京第一设计院的张工、上海第二设计院的程工、西安第八设计院的葛工、上海社会科学研究院经济研究所的金行仁、宫水和许老师以及我等人组成。编写标准条例期间，我们定期参加上海第二设计院总工程师的例会，聆听总师们对工程项目的评价意见，同时深入上海电机厂、上海机床厂进行调研，系统分析以往机械工业部所做的重大工程项目技术经济分析标准案例，在认真总结案例的基础上，经过半年多的努力，终于顺利完成了标准条例的初稿。1964年国庆后，上海社会科学研究院经济研究所的三位老师和我向机械工业部有关领导详细汇报，听取意见，并根据意见进行了认真修改。我因要立即回校参加运动，所以修改稿就由上海社会科学研究院经济研究所的三位老师带回上海，由他们将《机械工业技术经济分析标准条例》最后完成。

组织多科性的科研团队，结合生产实践探索寻求经济效益最优化的途径和方法

在我国化工、石油炼制与冶金等生产部门中，自动化技术日益被广泛采用，寻求静态最优的途径和方法是一个具有重要实际意义的课题。汪老师运用现代科学技术，组建科研团队，使用电子计算机求解和控制，为寻求最优经济效益进行了有开创意义的努力和探索。

从1964年开始，汪老师主持在兰州化肥厂和兰州炼油厂（两者均是我国"一五"期间的156项重点工程）实施两项国家重点科研课题，应用现代科学技术，探索实现经济效益最优化的途径和方法。

一是"兰州化肥厂自动化试点项目"。该项目由中国科学院自动化研究所、化工部化工研究院和西安交通大学组成研究队伍实施。经过一年多的努力，1965年在《西安交通大学学报》上发表了有关兰化五号变换炉生产优化的论文《用"多参数组合试验"寻求连续生产过程静态最优问题》，论文中讨论了静态

最优问题对自动化技术经济效果的影响，概述了寻求静态最优的方法，并着重介绍了用"多参数组合试验"搜索最优的方法。

二是"兰州炼油厂常减压装置计算机优化控制"。该项目由石油部石油科学研究院、北京石油学院、浙江大学和西安交通大学等单位组成科研队伍，我从 1965 年春天开始就参与此项工作。常减压装置是对原油进行分馏，在不同分馏温度下生产出汽油、航空煤油、柴油、渣油等不同产品。该科研课题主要是利用数理统计、线性规划等数学工具，对大量的生产实践数据进行分析与处理，建立数学模型，使用电子计算机求解，对常减压装置的生产进行优化控制，实现某一个产品（如航空煤油）产量最大或总产值最高等目标，以取得最优的经济效益。

为精确掌握生产数据，汪老师常和我们一起登上几十米高的常减压塔采集数据，通宵达旦地用手动计算器、电动计算器处理数据，建立数学模型。为提高数学模型建模和求解速度，汪老师还联系使用中国科学院兰州分院的 104 型电子管电子计算机，当时使用的是汇编语言和穿孔纸带。

经过一年多的辛勤努力，这两项课题在生产实践中均取得了较好的经济效益。

在兰州开展科研工作期间，多学科人才聚集在一起，工作虽紧张，心情却十分愉快。我们中有两位幽默高手：西安交通大学的万百五老师（中国动画片创始人万氏三兄弟老二万古蟾之子）和北京石油学院的胡上序老师（著名"红顶商人"胡雪岩之孙），他们常会讲一些小笑话，引起大家开怀大笑。例如，万百五老师就讲过他在上海交通大学学习时，班上有位同学名叫"包一"，有次班上在黑板上写通知，凑巧把他俩的名字写在了一起：万百五包一，同学们看到后哄堂大笑，从此他就有了个新绰号"一包五百万"！

汪老师主持的这两项科研课题，之所以能在短期内取得较好进展，主要是充分贯彻了汪老师"学科交叉、知识融合、人员交流"的新思路。兰州项目的科研团队由多学科的人员组成，既有化工、石油炼制方面的专家，又有数学、自动控制、计算机技术、管理科学等方面的专业人才，大家通力合作攻关，有利于出成果。汪老师要求管理研究人员既要精通管理专业，又要懂计算机技术，熟悉数学、运筹学等学科，要融合多种知识，成为复合型人才。正是在兰州开展的一年多的科研实践，让我深刻认识到电子计算机在加强管理、提高经济效益方面的巨大潜力。于是，我就充分利用西安交通大学的有利条件，自学和旁听了计算机科学与工程的有关课程，学会 COBOL 语言和 FORTRAN 语言编程，顺利完成了从文科型管理人才到理工科复合型管理人才的成功转型，致力于从事计算中心管理和管理信息系统的开发与研究工作。

唯贤是举，大胆重用李怀祖，
为管理科学培养了一个难得的人才

"文化大革命"期间，作为机械系副系主任，汪老师因所谓的重用"坏人"和家庭出身问题而被关进了牛棚，其中一条"罪行"就是他包庇重用"坏人"李怀祖。

李怀祖，1955 年毕业留校在机械系生产组织教研室任教。1957 年在清华大学举办的全国大学教师自动化进修班学习时，因发表有关交通大学西迁的言论而被错划成右派。

在兰州我与李怀祖共事科研一年多，深感他工作认真，才思敏捷，勤于思考，善于总结，是一位勤奋努力的好同志。我认为李怀祖同志没什么问题，汪老师重用他是对的，更谈不上是什么"罪行"。

"文化大革命"结束后，李怀祖为我国管理科学的发展作出了一系列的贡献：1986 年评为教授，1984～1993 年担任西安交

通大学管理学院副院长，1991 年任博士生导师，先后担任西安交通大学学位委员会委员、中国系统工程学会理事、中国古代管理思想研究会理事、西安交通大学现代管理研究所所长。主编《决策理论导引》《管理研究方法论》。在 1983 年教育部与加拿大国际开发署大规模管理教育合作项目中，负责西安交通大学与阿尔伯塔大学合作，积极引进、吸收国外先进的管理教育理念和教学内容，进而推动了 MBA 与 EMBA 专业学位教育在中国的实施。他负责多项社会经济发展规划和政策分析课题，其科研和教学成果获得国家教委的多项奖励。他共指导 60 余位博士生和 30 多位硕士生，发表 100 多篇学术论文。

汪老师慧眼识珠，大胆重用李怀祖，为管理科学的发展培养了一个难得的人才。

高瞻远瞩，全心全意致力于我国系统工程的发展

1978 年 3 月 18 日，全国科学大会在北京召开，科学的春天到来。

"文化大革命"期间，国外系统工程和管理科学飞速发展。"文化大革命"结束后，企业逐步恢复生产，急需先进的科学管理方法，汪老师奋起直追，不遗余力地把自己的毕生热情和智慧完全地倾注于将国外先进的系统工程和管理科学引入国家经济和社会发展中，以敏锐的洞察力和创新的思维、不断开拓的精神和勇气，率先将系统工程和管理工程的理论与方法综合应用于解决管理与工程实践和社会经济问题，完成了多项国家科研项目，为国家、经济发展作出了卓越贡献。

1979 年，当时我正借调在高教部设备局工作，目睹了当年汪老师为推动我国系统工程和管理科学发展所付出的辛勤努力。

汪老师在全国机械工程学会恢复活动后的第一次会员大会上作了题为《系统工程在机械工业中的应用》的报告，受到

与会人员的欢迎和重视，系统工程在机械工业部系统很快得到普及。

汪老师又不辞辛苦地给机械工业部司局级领导作系统工程讲座，有时为了赶时间，顾不上吃饭就忙着去作讲座，我在一旁默默做记录，看着汪老师全神贯注讲课时的身影深受感动。汪老师的系统工程讲座受到机械工业部领导的高度评价和大力支持，系统工程在机械工业部系统得到迅速的推广。

为迅速在全国推广系统工程，汪老师在北京举办了全国首届系统工程研讨会，吸引了全国不少人士积极参加。当时我正在北京协助做会务工作，我在中国人民大学工业经济系学习时认识的许庆瑞老师（交通大学工业管理工程毕业，中国人民大学工业企业组织与计划研究生毕业，后在浙江大学任教），专程从杭州到北京找到我表示想参加研讨会。我向汪老师作了汇报，热烈欢迎他参会。许庆瑞老师曾先后提出了"二次创新""组合创新""全面创新"理论，形成了具有中国特色的技术创新管理理论体系。

汪老师后又在华南工学院举办了全国首届系统工程研讨班，学员有50多人，我协助做班务工作。研讨班特邀美国的系统工程专家来华授课，为系统工程在全国的推广培养了一批骨干人才。

1982年，汪老师主编出版《系统工程》专著，在全国范围内普及推广系统工程。

汪老师作为我国管理学科的第一位研究生和领军人物，牵头联合当时在全国率先搞系统工程研究的五所大学（清华大学、西安交通大学、上海交通大学、华中工学院、大连理工大学），建议国务院学位委员会从自动化学科组中分出一个系统工程学科组。汪老师论证缜密，论据充分，富有远见卓识的建议得到了国务院学位委员会的认可，后在学位委员会中单独设立了系统工程学科组，从组织领导体制上有力地保证了系统工程学科的推广和应用。

20世纪80年代初期，汪老师受国家教委委托，在国内倡导应用系统工程的定性与定量相结合的方法研究，并建立了教育规划模型，编制了全国和省（区）级教育规划模型的软件，并协助国家教委制定了全国教育规划，还为国务院发展研究中心研究"2000年的中国"中的"2000年的教育"提供了定量分析的科学方法。为此，汪老师研究并提出了人才规划的系统分析方法，并受命协助国家教委组织研究制定了全国人才规划，成立了以汪老师为主任委员的中国系统工程学会教育系统工程专业委员会。后来，相继发表了汪应洛、李怀祖、郑叔良等的署名论文《高等院校教师队伍结构的预测与初析》《教育规划模型体系及其应用》。

1984年，负责撰写《中国大百科全书·自动控制与系统工程》中的"人才拥有量分析""人才需求量预测""人才规划"等条目，普及与推广系统工程人才规划。

紧密结合社会实践，发展管理工程学科，建立管理信息系统，提升管理效率效益

汪老师致力研究的管理科学，是一门以管理创效益、为实践服务、提升实践效能的科学，是一门为国家政务建设和经济文化建设服务的科学。科研工作最重要的一环，就是紧密结合社会实践。

20世纪80年代初期，在汪应洛等一批管理专业搞系统工程专家的积极推动下，国务院学位委员会下设了管理工程学科组，把汪应洛从系统工程学科组调去筹建管理工程学科组。考虑到管理和实践之间的密切关系，必须取得企业的配合和支持，便请时任国家经委主任的朱镕基任管理工程学科组组长，汪应

洛任副组长。

汪应洛老师在各种场合大力宣传管理学的重要性和对工矿企业提高生产效率与经济效益的巨大作用，争取社会各界的支持和重视，同时努力扩大管理工程学科的科研队伍，丰富管理工程学科的研究内容，构建管理工程学科的理论体系。努力在管理领域尽快应用电子计算机，以便迅速提高管理效率、增强经济效益。

为此，汪老师于 1984 年西安交通大学管理学院成立之初，就在管理工程系设立了管理信息系统专业，招收全国首批管理信息系统专业本科生，并当即组织西安交通大学的科研力量，跨出校门，走向全国。

研制完成全国首批"政务部门管理信息系统""旅游宾馆微机管理信息系统"

1986 年，汪老师带领西安交通大学计算机专业的鲍家元、计算中心的王以和等人帮助广州市政府开发研制完成"广州市政务管理信息系统"，大大提高了市政府的工作效率、施政效能和管理水平，为全国政府机关现代化管理树立了样板。广州市政府对西安安通大学的这一科研项目给予了高度的评价。

同年，汪老师带领以西安交通大学计算中心副主任王以和为首的科研力量，历时一年，为广州市部分宾馆研制开发完成"旅游宾馆微机管理信息系统"。在研制系统时，汪老师和我们一起调研，设计方案，指导部署，工程顺利按时完成。在此期间，我还具体负责开发了"旅游宾馆经济分析与预测系统"，并协助汪老师指导研究生完成毕业论文撰写工作。"旅游宾馆微机管理信息系统"极大地提高了宾馆的管理水平、经济效益和服务质量。此后，我还组织了"旅游宾馆经济分析与预测系统"在全国的推广工作，取得了较好的经济效益。

研制完成全国首批"高校管理信息系统"

1979 年秋，我被借调到高教部设备局工作，在朱国璋局长领导下到全国高教部直属高校进行了考察和深入调研，应用系统工程的思想和方法，制定了《全国高校重点实验室发展规划》，明确了各高校重点学科和重点实验室的研究方向，以及急需配备的仪器设备和经费。一分耕耘一分收获，由于制定的发展规划论证清晰、说服力强，1981 年获得了联合国教科文组织首批 2.5 亿美元的世界银行贷款，用于加强 26 所重点综合性大学、多科性工科院校及农、医、师范院校的教学实验室，建立 44 个中心实验室和计算中心。

当时清华大学、北京大学、西安交通大学、上海交通大学、复旦大学五所高校均获得贷款逾 1000 万美元。这五所高校引进了价值 300 万美元的 DPS8 和 DPS6 计算机系统，以及价值 700 多万美元的先进的理化分析、测试设备。从 1981 年起，我负责筹建西安交通大学计算中心，先后任计算中心副主任、主任，建设了 14 米 × 18 米大跨度机房。1984 年 4 月，西安交通大学负责当时引进的全国第一套 DPS 系列计算机系统的安装和验收，从上海包了 7 架飞机，安全运回总重 18 吨的货物到西安机场，胜利完成了 DPS 系列计算机系统的安装、调试和验收任务，并率先在全国高校中建立了程控电话分局，在全校普及了程控电话网。这批计算机系统的引进，为我国高校计算中心、计算机教育和管理信息系统事业的建立与发展奠定了坚实的基础。

1984 年，担任西安交通大学副校长的汪老师，与加拿大国际开发署签署了中加联合培养人才协定。1984 年 8 月，汪老师就委派我作为访问学者，到加拿大阿尔伯塔大学计算中心进修计算中心管理和管理信息系统。1984 年 10 月赴美国波士顿，参加美加高校计算中心主任联席会年会。在加拿大进修期间，我有机会访问了加拿大的多伦多大学、滑铁卢大学和卡尔加里大学，美国的哈佛大学、麻省理工学院、波士顿大学和伊利诺伊大学，较深入地学习了美加高校计算中心和管理信息系统的建立与管理经验。1985年5月，专访香港城市大学并邀请潘其浩先生回访西安交通大学，指导计算中心管理和管理信息系统研发工作。

1984年10月，郑叔良在加拿大尼亚加拉大瀑布前留影

1986年夏，国家教委部分直属重点高校利用引进的DPS系列计算机系统，着手建立本校的教育管理信息系统和校园网。在汪应洛副校长的大力支持下，我主持组织计算中心有关技术人员，利用DPS系列的DM-Ⅳ综合数据库系统和网络通信等软件，开发西安交通大学管理信息系统。

当时，建立管理信息系统首先遇到的就是中文显示和打印问题，汪老师在科研经费方面给予支持。我联系有关的显示器生产厂商给予研发经费补助，解决了中文显示问题。同时改造九针打印机，两次打印上下两行成功打印出一个汉字。经过一年多的努力，于1987年秋研发完成全国首批高校管理信息系统"西安交大行政管理信息系统——XJMIS"，并通过由北京大学计算中心主任张兴华教授主持的鉴定会审定，顺利投入运行。我还负责开发完成了其中一个重要子系统"高校财务管理信息系统"。同年，发表论文《关于建立我国高校管理信息系统的探讨》，有力地推动了我国高校管理信息系统的建立与发展。

管理信息系统的进一步发展是决策支持系统，为此，我于1991年发表论文《生产计划管理专家系统——人工智能技术在生产管理中的应用》，可惜后因母亲生病需要照顾，我调回杭州，而未能继续探索。

1992年后，我任杭州大学计算中心和中心实验室主任，通过中国科学院计算技术研究所与德国、美国联网，成为全国首批连入互联网的高校之一，并负责开发完成了基于互联网的"杭州大学管理信息系统"。1993年后，相继研发完成"杭州市消防管理信息系统""浙江省消防管理信息系统"，并顺利投入运行。

1987年后，我历任全国高校计算中心主任联席会、研究会副理事长；1994年任中国高等教育学会管理信息系统专业委员会第一届理事会副理事长，为我国高校计算中心和管理信息系统的建立与发展作出了自己的努力和贡献……

1991年末，我离开西安交通大学到浙江大学工作后，汪老师对我仍是关怀备至。1996年，他应我之邀，不顾1994年病后行动不便，仍专程到杭州来作系统工程和管理科学的专题报告，令我深为感动。

我在西安交通大学度过的28个春秋，良师益友汪老师的教诲和关怀，让我终生难忘。往事如烟，《中国大百科全书》上署名郑叔良、汪应洛发表的《人才拥有量分析》，已成小小的一个永久留念……

值此汪应洛老师九十华诞，谨以此文，以资祝贺！

第十四章

管理之星陨长安

2023 年 7 月 11 日，汪应洛因病医治无效在西安去世。

西安交通大学 7 月 12 日发表题为《音容虽逝 风范长存 缅怀汪应洛先生》的长篇文章，回顾了汪应洛在西安交通大学的工作和贡献，他大胆创新，团结奋斗，创造了西安交通大学发展历史上的"黄金时期"之一。

汪应洛的同事、国内外的弟子纷纷来电来函，悼念自己杰出的科学伙伴和崇敬的师长。和汪应洛共事逾一甲子的李怀祖，沉痛地称汪应洛是"我最敬佩的老领导和兄长"。

7 月 15 日上午 9 时，汪应洛的遗体告别仪式在西安市殡仪馆咸宁厅举行。

党和国家领导同志，中央和国家有关部委，各有关方面领导同志，学术界、兄弟学校，汪应洛院士生前的亲友、同事、学生以及社会各界人士，以不同方式进行哀悼缅怀，对汪应洛院士家属表示慰问。

追悼会大厅里挂着汪应洛的遗像，大厅四周摆放着一排排花圈和花篮，何继善院士的挽联"淡泊名利勇西迁 奠基系统管理 奋发图强跟党走 创始工业工程"悬挂在大厅的显著位置。汪应洛的遗体安放在苍松翠柏花丛之间，身上覆盖中国共产党党旗。

西安交通大学党委常务副书记荣命哲主持了汪应洛的遗体告别仪式，西安交通大学党委书记卢建军介绍了汪应洛的生平。西交利物浦大学执行校长席酉民作为学生代表发言，他表示，全体学生将秉承先生遗志，为国家、为社会、为人民作出更多贡献，以成绩和贡献回报师长、感恩母校。

汪应洛的长子汪时奇代表家属感谢党和政府、学校及社会各界对家父的帮助和关心关怀，他说：

尊敬的来宾：

家父仙逝，不胜唏嘘。

回顾家父的一生，他的成就，使我们全家为之骄傲与自豪；他的品格，为我们树立起学习的榜样；他的智慧，感染到我们的方方面面；他的努力与牺牲精神，令我们肃然起敬。

他平时非常忙碌，总是见缝插针挤时间写东西。据他同事说，谈工作经常只能找吃饭时间他才有空。他经常坐飞机前后都排满工作，只在飞机上睡觉，跨洋时差几乎不影响。"996"对于他根本不算什么。

他晚年经历过 4 次巨大的健康挑战。

1994 年的脑出血。他在与时间连续几天赛跑后，倒在讲台上。那次事后父母才告知在美国的妹妹与我。从此事，感受到父母生怕影响我们工作所特有的关爱。

经过医护人员的特别努力，多方领导的格外关怀，家母及诸多弟子与同事、朋友的轮流陪护后，他终于回到了紧张的工作中。他虽遇重病，却意志坚强、始终乐观，长期坚持高强度锻炼，许多功能恢复不少。此类精神，非常值得我们晚辈学习。在此，特别感谢当时帮助、陪伴家父家母的众多善良人士。

2001 年春节发现的肠癌。痛苦的化疗并未减缓他在病榻上的工作节奏。也特别感谢许多相关人员的医护、关怀与照顾。

2016 年元宵节开始的严重心梗加下身瘫痪，终于迫使他离开紧张的工作。在陪伴父亲的日日夜夜，我切身感受到了来自各方面的温暖。

2023 年 6 月 8 日，家父因脑梗死住进重症监护室。此后，基本没有再真正苏醒。从脑瘫，到肺炎，再肾衰，接着心衰，7 月 11 日晚 10 点 39 分与世长辞。

今天，我们在此哀悼家父。我代表家属，感谢百忙中来到现场的所有嘉宾，感谢酷暑中为此会忙碌的所有人，感谢多次看望、关心家父家母的领导，感谢在所有群中分享感言及哀悼的群友，感谢所有以各种方式悼念家父者！

在此，我们全家深切地哀悼家父的离去。愿家父之魂永世长存！

所有来宾怀着沉痛的心情肃立默哀，向汪应洛院士遗体三鞠躬，深情送别这位可亲可敬、身先士卒为国之所需开疆拓土、扎根西北忠诚党的教育事业的师长。

汪应洛去世后，儿子汪时奇写了一篇纪念文章《家父逸事》，深情地回顾了汪应洛生前的件件往事：

一

记得家父说，中华人民共和国成立约两年后，废除了所有管理专业。

1952年家父留校交通大学任教后，很快被派往哈尔滨工业大学学习，由两位苏联教授培养中国第一批基于计划经济的苏式管理研究生。首批4位学员仅家父一人通过论文答辩毕业。

另外，在哈尔滨工业大学学习期间，第一年全体学俄语，第二年开始学专业。通常是大家先听苏联教授课，家父再用中文转达他人。毕业后，家父回交通大学组建机械系下的生产组织教研室从事苏式管理教研，并很快出版了中国第一本结合中国国情的苏式管理专著。

交通大学西迁时，生产组织教研室6位教师中的两位（家父与李怀祖老师）西迁。而后在西安的生产组织教研室（凭我儿时记忆）增加了张鸿庆老师、俞察老师、郭干慈老师、陶谦坎老师、欧阳毅老师、周瑾老师，可能还有记不清的一两位。

西迁后至1966年，家父成为机械系副主任。

1966年，随着全国管理专业的取消，生产组织教研室解散了，人员大多留在机械系。

1978年后中国的苏式管理逐渐变成美式管理。原来的许多美式管理老人已因年龄退出学术舞台。于是，有些人认为家父是某种角度的中国管理第一人。

1979 年，家父开始筹组管理工程教研室，最初加盟的是陈金贤老师与（行政）吴榴官老师。1980 年 6 月 16 日，成立管理工程教研室（约 10 人，其中包括 1966 年前的大部分生产组织教研室的老师），并开设培训班。1981 年初，成立管理工程系。

同年，家父与胡宝生老师、万百五老师、李怀祖老师等共同组建了系统工程研究所，并招收了该专业首批硕士研究生（例如我的杰出发小乐伟樑）。

二

1979 年，是中国与家父的重大转折点。

晚春，中国经济、管理代表团（包括家父）访美，开启了中国市场经济及相应管理的探索。

随后，家父赴美 3 个月深入调研和学习管理、系统工程、工业工程。

初秋，我的两个母校西安交通大学与上海机械学院，响应 1978 年秋钱学森关于中国建立系统工程专业的建议，率先在中国成立系统工程研究所，并招收硕士研究生及进修班学员。这时，家父是国务院系统工程学科第一召集人。1980 年，家父在中国率先成立管理工程教研室。1981 年初，家父成立管理工程系并任系主任。此年，家父升为副教授。

此后十几年，中国发生了翻天覆地的变化，家父的事业亦日新月异。

1984 年，西安交通大学获得全国唯一的管理学科博士点，家父成为中国史上首位管理学博士生导师。在家父等人的努力下，中国 10 所高校成立了管理学院，首开中国管理学院先河。作为创始院长，家父同年升为任西安交通大学副校长、教授，西安交通大学教学科研黄金五年开始。

三

最初，经家父等人的努力争取，管理成为机械学科下的分支学科。后来，家父等人努力变其为工学门类（中国当时共 11 门类）下与机械平级的学科。

1998 年，家父等人创建了中国第 12 门类：管理学。许多人说：家父是中国系统管理的奠基人，是中国工业工程的创始人之一。

在中国管理学领域，家父曾获得两项最高荣誉奖——"复旦管理学终身成就奖"和中国管理科学学会颁发的"管理科学特殊贡献崇敬奖"。

在中国系统工程领域，家父曾获最高荣誉奖"系统科学与系统工程终身成就奖"。

在中国机械工程领域，家父曾获五年一评的"科技成就奖"。

四

1994 年，国务院商讨 21 世纪科技发展的大政方针，对管理领域拨款比例似为重中之重。在北京召开的一次关键性会议上，原本代表中国管理学的三位代表，有两位因故缺席，此会上，中国管理学的前途似一下压在家父一人身上。在准备此次会议发言及答辩时，又恰好遇到几件其他大事，于是家父疲于奔命，有些饭只能带在车上吃。当家父成功完成发言及答辩后，倒在讲台上，发生了严重的脑出血。经与会众人的帮助及中日友好医院的努力抢救，躲过人生一大劫。

五

据家母家父的回忆，1949 年夏考交通大学时，家父家母

（首次）无意中见面，互相对视一眼。两人考取交通大学管理学院后，在体检时再次相遇，又是一次对视，两人都加深了印象。

为什么两人都选择了交通大学？

家父同期考取当时中国最好的大学——圣约翰（教会）大学与号称"民主堡垒"的交通大学。当时上海刚解放，众人热血沸腾迎接新中国。家父被此时代热潮所深刻感染，外加交通大学的堂哥汪应沛的热情介绍，于是选择了该校。家母主要是因为交通大学毕业的二表哥，后来被誉为"中国潜艇之父"的尤子平的深刻介绍，以及受从交通大学管理学院毕业的大表哥影响，报考了该校的管理学院。

进入交通大学管理学院后，虽是同班同学，家父对家母早有好感，两人却没多少交流，大概是因为家母过于矜持而家父又尊重家母吧。

1951 年，交通大学与全国一样，撤销了管理专业，两人皆转入机械系。这时，机械系 1949 级有 80 多位男生及两位女生。女生受关注的程度可想而知。

1951 年，家父加入了中国共产主义青年团，很快又成为班里的团干部。接着经组织安排，家母成为家父的入团培养对象。从此，家父家母开始频繁接触。

为了紧急弥补第一个五年计划（始于 1953 年）的人才短缺，交通大学决定 1949 级学生于 1952 年 9 月提前大半年毕业。

毕业前夕，党组织邀请家母等积极分子列席旁听家父的入党讨论会。正是这次会议，让家母非常激动，确定了对家父的感情。家母又专门咨询了与家父同卧室、同班、同组（六七人）、长家父两岁的前地下党领导者、交通大学党总支组织委员史维祥的意见，得到了鼓励，更加坚定了终身之选择。

与此同时，家父对家母的感情也在不断加深。家父也专门咨询了自己的入党介绍人史维祥对同班家母的看法。此后他们基本确定了终身选择。

当毕业分配来临时，两人确定了恋爱关系，于是互赠（使用中的）钢笔作为信物，并向组织汇报了此关系。

家父于1952年9月9日被批准加入中国共产党。此后，家父分配留校当教师，家母分配在正在迁往远郊闵行的上海电机厂。

1952年11月，作为交通大学教师的家父，服从国家安排，全国首批4人赴哈尔滨工业大学，师从苏联教授读研计划经济基础下的苏式管理。当时正值抗美援朝全国节衣缩食时期，他们在哈尔滨每天吃高粱米、玉米及白菜萝卜，吃出了胃病。

家父离沪赴哈之际，我的祖父母与家母一起去火车站送家父。祖父母坐在露天长凳上，远远祝福着恋恋不舍的情侣。火车离开后，祖母约家母周末来家。家母如约，受到盛情款待，家母感到很温暖。以后多次上门拜访，关系越来越近。

1954年暑假，家父在非常挤的火车上坐在行李上，几天后到上海腿都肿了。

1954年8月25日，家父兴高采烈地与家母领了结婚证。正准备婚礼时，突然接到哈尔滨工业大学校团委的电报，要求作为团委委员的家父速回哈尔滨组织抗洪抢险。

许多年后，家母才通过同学聚会，从同学那里知道家父紧急回哈尔滨的真正原因：延长对家母的政审。当时党员结婚的配偶要通过政审。而家母在中学毕业前，曾参加了一个地下党发起的班级联络组织为大家毕业后保持联系服务，而该组织出现可疑人员。

1954年11月29日，家母通过了组织对她的政治审查。

1955年夏，家父成为唯一毕业的中国首批苏式管理研究生，回到上海，返回交通大学组建生产组织教研室管理专业任教。

1955年7月19日，家父家母在愚园路家父家中举办了迟到的婚礼。次日，家父与家母首次去娘家，这在今天非常不可思议。7月21日，只请了一天婚假的家母，要回厂里上班，于是，家父陪家母到了闵行的电机厂。由于家母住在集体宿舍，只能借住于一位工人的家里一星期，而人家则暂住亲戚家。

1956年，家母因为交通大学西迁而调入该校任教。刚入交通大学不久，就休产假迎接我的诞生。

同汪应洛搭档几十年的李怀祖老教授撰写了题为《一生献给管理教育和管理学科——怀念汪应洛院士》的长篇文章，深切怀念自己的老领导、老朋友。他说，汪应洛院士离开了我们，时间冲淡不了我对他的思念，他的高大形象永远活在我心中。他为发展中国管理教育和管理学科献出了毕生精力，成为改革开放后中国管理教育兴起的奠基人。我有幸与汪老师共事逾一甲子，一直作为助手在他领导下工作，目睹他一生献给管理教育和管理学科事业的全过程，忘我工作，艰苦奋斗，开拓进取，追求卓越。

岁月悠悠，转眼间，汪应洛院士已离我们远去一年多，但那份教诲之恩，却如同昨日之事，历历在目，温暖而深刻。他渊博的学识、严谨的治学态度、宽广的胸怀和无私的奉献精神，影响并培育了一代又一代学子。汪应洛院士的博士研究生连维良撰写了题为《润物无声 微以致远——纪念汪应洛院士逝世一周年》的文章以表对恩师的怀念。

学生的笔触，传达出导师对学生成长乃至人生观、价值观形成的深远影响。让我们共同铭记这位伟大的灵魂工程师，让恩师的精神，如同不灭的灯塔，继续照亮我们前行的道路，指引我们持续探索知识的海洋，领悟人生的真谛。

润物无声 微以致远
——纪念汪应洛院士逝世一周年

转眼间，汪老师离开我们已经一年了。每每想起跟随老师学习时的经历和老师曾给予的帮助，总是无限怀念、感慨万千。

记得2010年4月我在洛阳工作时，已80岁高龄的汪老师亲赴洛阳，为市直单位和装备制造企业作了题为《发展服务型制造 优化产业结构》的专题报告。装备制造业是洛阳的支柱产业，当时正面临转变发展方式、加快产业升级、壮大规模、提升水平等诸多现实问题。在两个多小时的报告会上，汪老师围绕装备制造业与生产性服务业融合发展，阐释促进制造业加速服务化已是新的发展趋势，为我们增加了认识、开阔了眼界。针对洛阳装备制造业的现状、特点和比较优势，汪老师高屋建瓴地指出，要加强产业融合、推行服务型制造，在政策环境、平台建设、产业组织等方面综合施策，促进制造业产业结构优化和向产业链高端转移。汪老师的报告为洛阳发展壮大支柱产业、提升经济发展水平明确了方向，擘画了蓝图。

汪老师是我国管理工程教育与研究的奠基人和开拓者，执教70多年始终致力于系统工程等领域的学科发展和人才培养。他不仅推动国内大力发展管理教育，建立起具有中国特色的管理学学科体系，更是将系统管理的理论和方法应用于解决国家重大需求与社会实践问题，为国家经济社会发展作出了卓越贡献。他参与三峡工程论证，为山西能源基地发展进行整体规划，围绕"双碳"目标研究多能源耦合利用路线图，践行了为国献智、丹心报国的一生，是科技战线的功臣、民族振兴的脊梁。

严谨求实的治学精神和崇高的品德，使得汪老师成为学生景仰的楷模。他所授予的知识、方法、思想，以及他所树立的人生榜样，指引、激励着学生努力前行，在工作中开拓进取，为党和国家事业努力作出积极贡献。

职责所系，在推进社会信用体系建设的实践中，人们对系统管理理论和方法有了更切肤的体会与更深刻的认识。信用建设工作错综复杂，涉及经济社会发展各个方面。在信用信息归集共享时，我们长期受限于信用信息散落于不同部门和机构，"信息烟囱"林立，需要时要一一申请、查询。运用系统管理的理念，从整体上进行谋划，尝试构建全国信用信息共享平台，便有豁然开朗之感。如今，全国信用信息共享平台作为信用信息归集共享的"总枢纽"，归集信息后按照需求提供给部门、地方以及依法依规开放给市场主体使用，大大提高了信用信息的使用效率。信用建设最能有效发挥作用的方式就是让守信者获得更多激励，让失信者付出更高代价。同样运用系统管理理念，充分调动各地区、各部门的资源，构建信用联合奖惩大格局，包括对部分失信被执行人采取限制乘坐飞机、限制乘坐火车的高等级座席等限制高消费措施，取得了积极效果和良好的社会反响，大量失信被执行人迫于联合惩戒的压力主动履行了法律义务。

2020 年初新冠疫情期间，医疗救治、生活保障、复工复产等工作异常紧急与复杂。我遵照组织安排前往一线参与应对新冠疫情，承担物资保障等工作。正是应用了系统工程的科学管理理念和方法，系统地谋划口罩、防护服等医用物资的生产、运输和分级分类使用，才为较短时间内解决医用物资严重不足等问题作出了行之有效的努力，为抗击新冠疫情取得决定性胜利贡献了绵薄之力。

在促进新能源领域健康发展方面，也是应用汪老师管理学方法解决现实问题的可考例证。以太阳能发电、风力发电为主的新能源在我国快速发展，迅速突破 10 亿千瓦级并呈迅猛增长之势。在给我们带来绿色低碳能源的同时，新能源也存在随机性强、波动性大等特征，与用电需求不能很好匹配。如何更好地利用新能源，尽量避免"弃风弃光"，是摆在职能部门面前的难题。以系统工程理论为指导，统筹平衡、综合施策，一方面，加强支撑性调节性电源和电网调节能力建设，确保在冬夏用电高峰期，即使是新能源出力不足也能保证下游电力供应；另一方面，加强新能源消纳的协调平衡，在新能源发电较多时适当减少煤电、水电的发电量，使更多的下游用户用上"绿色电力"，从而促进我国新能源大规模发展，推动我国能源绿色低碳转型迈出坚实步伐。

　　回顾汪老师为国家、为学校作出的巨大贡献和给我们每个学生的谆谆教诲，我们的心底总是充满崇敬、景仰之情，满怀绵绵的思念。斯人已逝，思想永存。汪老师开创的事业，汪老师高尚的人格和隽永的思想，在我们心中永远熠熠生辉！

参 考 文 献

本书编委会 . 百问三峡 . 北京：科学普及出版社，2012.

陈景华 . 盛宣怀 . 哈尔滨：哈尔滨出版社，1996.

霍有光 . 交通大学（西安）百年高等机械工程教育年谱 . 北京：中国文史出版社，2014.

霍有光 . 交通大学（西安）年谱（1950～1978）. 北京：中国青年出版社，2013.

霍有光 . 为世界之光——交大校史蠡测 . 北京：中国文史出版社，2014.

霍有光，顾利民 . 南洋公学交通大学年谱 . 西安：陕西人民出版社，2002.

陕西省地方志编辑委员会 . 陕西省志大事记（1949～2009年）（第一卷）. 西安：三秦出版社，1996.

《汪应洛文选》编委会 . 汪应洛文选 . 西安：陕西人民出版社，1996.

西安交通大学 . 彭康纪念文集 . 西安：西安交通大学出版社，2009.

《西安交通大学大事记》编写组 . 西安交通大学大事记（1896～2000）. 西安：西安交通大学出版社，2004.

《西安交通大学校史》编写组 . 西安交通大学校史（1959～1996）. 西安：西安交通大学出版社，2003.

殷瑞钰，汪应洛，李伯聪，等 . 工程哲学（第二版）. 北京：高等教育出版社，2007.

竹前 . 交大之树长青 . 西安：西安交通大学出版社，2007.

附　　录

附录一 汪应洛院士生平大事年表

1930 年

5 月 21 日，出生于安徽芜湖。

1949 年

7 月 9 日，毕业于徐汇中学。

9 月，考入交通大学管理学院（与张娴如、史维祥成为同学）。

1951 年

6 月，管理学院取消，转入机械系。

加入中国共产主义青年团。

1952 年

夏，与张娴如确定恋爱关系。

9 月 9 日，加入中国共产党。

9 月，毕业留校担任助教。

11 月，被派往哈尔滨工业大学学习。

1954 年

8 月 25 日，与张娴如领取结婚证。

1955 年

6 月 27 日，从哈尔滨工业大学研究生毕业。

7 月 19 日，与张娴如举办简单的结婚仪式。

下半年，出版中国第一部管理学教科书《企业组织与计划》。

秋，交通大学机械系成立生产组织教研室，任讲师。

1956 年

确定西迁，张娴如从上海电机厂调入交通大学。

1958 年

8 月，迁往西安，担任机械系副主任（生产组织教研室 6 人中两人西迁，另一位是李怀祖）。

11 月，儿子汪时奇与奶奶陈琪珍到西安。

秋，成为交通大学党委委员。

1962 年

设立自动化生产组织专业并招收本科生，一年后被废除。

1969 年

年初，服从安排赴陕南留坝山区劳动。

12 月，服从安排赴陕西岐山五丈原战略疏散。

1970 年

上半年，结束疏散回到交通大学。

1978 年

招收西安交通大学首位管理硕士研究生汪慕红。

1979 年

晋升为副教授。

春，随中国管理学家代表团访问美国。

1979 年

招收西安交通大学首位系统工程专业硕士生乐伟樑。

9 月 15 日，与胡宝生等人成立系统工程研究所。

1980 年

1 月，成立恢复管理专业筹备组，并任组长，副组长为陈金贤。

6 月，成立管理工程教研室，并任主任，副主任为陈金贤。

受国家经委委托，举办首期厂长经理班，后续办了多期。

参加国务院组织的"山西能源重化工基地发展战略研究"项目。

1981 年

年初，成立管理工程系，任主任，副书记为顾林祥（主持工作）。

11 月，举办管理工程研修班。

1982 年

2 月，成为三峡管理专家（至 1991 年）。

1984 年

晋升为教授。

国务院学位委员会成立管理学科（系统工程下的子学科），任学科组长兼召集人。

西安交通大学获全国唯一管理博士点，成为当时全国唯一的管理学博士生导师。

3 月，任西安交通大学副校长，分管科研工作。

9 月 3 日，西安交通大学管理学院成立并任院长，薛强任书记，李怀祖任副院长。

1985 年

2 月，任国务院学位委员会管理组召集人。

1986 年

获国家教委科技进步奖一等奖。

1987 年

席酉民成为中国大陆（内地）首位管理工程博士。

1988 年

建立中国首个管理博士后站。

任《管理工程学报》《工业工程》主编。

1990 年

荣获国家教委、国家科委联合授予的"全国高校先进科技工作者"称号。

1991 年

中国 9 所高校开始 MBA 试点，任中国 MBA 协作小组组长。

1992 年

5 月，任中国机械工程学会常务理事兼工业工程分会主任委员。

兼任上海理工大学系统工程研究所名誉所长。

1997 年

担任西安交通大学管理学院名誉院长。

1998 年

1 月，获国家教委科技进步奖一等奖。

2001 年

获中国机械工程学会科技成就奖。

2002 年

9 月 10 日，获西安交通大学"伯乐奖"。

2003 年

当选为中国工程院院士。

2004 年

12 月，获上海财经学院双聘院士。

2006 年

参加主编《工程哲学》。

2008 年

获中国工程院第七届光华工程科技奖。

2012 年

获首届"系统科学与系统工程终身成就奖"（中国系统工程界最高荣誉）。

2015 年

10 月，获"复旦管理学终身成就奖"（中国管理学界最高荣誉）。

2020 年

获西安交通大学终身成就奖。

2021 年

10 月，获上海理工大学管理学院"杰出贡献奖"。

2022 年

获中国管理科学学会"管理科学特殊贡献崇敬奖"。

2023 年

7 月 11 日，去世。

附录二　汪应洛院士主要论著

汪应洛．系统工程导论．北京：机械工业出版社，1982.

汪应洛，陶谦坎．系统工程．北京：机械工业出版社，1986.

汪应洛．系统工程及其应用．北京：科学出版社，1990.

汪应洛，席酉民．战略研究理论及企业战略．西安：西安交通大学出版社，1990.

汪应洛，席酉民．战略决策．贵阳：贵州科技出版社，1990.

汪应洛．系统工程理论、方法与应用．北京：高等教育出版社，1992.

汪应洛．技术创新．西安：西安交通大学出版社，1993.

汪应洛．经济规划理论与方法．北京：机械工业出版社，1993.

汪应洛．系统工程（第 2 版）．北京：机械工业出版社，1995.

《汪应洛文选》编委会．汪应洛文选．西安：陕西人民出版社，1996.

汪应洛，刘旭．清洁生产．北京：机械工业出版社，1998.

汪应洛．系统工程理论、方法与应用（第二版）．北京：高等教育出版社，1998.

汪应洛．工业工程手册．沈阳：东北大学出版社，1999.

《铜川 21 世纪议程》编撰委员会．铜川 21 世纪议程——实施可持续发展战略纲要．西安：西安地图出版社，2000.

汪应洛，安义中．生产率工程．成都：四川大学出版社，2001.

覃征，汪应洛，张磊，等．网络企业管理．西安：西安交通大学出版社，2001.

陈菊红，汪应洛，孙林岩．灵捷虚拟企业的科学管理．西安：西安交通大学出版社，2002.

汪应洛．系统工程（第 3 版）．北京：机械工业出版社，2003.

殷瑞钰，汪应洛，李伯聪，等．工程哲学（第二版）．北京：高等教育出版社，2007.

汪应洛．服务外包概论．西安：西安交通大学出版社，2007.

汪应洛．系统工程（第 4 版）．北京：机械工业出版社，2008.

汪应洛．系统工程简明教程（第三版）．北京：高等教育出版社，2009.

殷瑞钰，李伯聪，汪应洛，等．工程演化论．北京：高等教育出版社，2011.

汪应洛．工程管理概论．西安：西安交通大学出版社，2013.

汪应洛．系统工程（第 5 版）．北京：机械工业出版社，2015.

殷瑞钰，李伯聪，汪应洛，等．工程方法论．北京：高等教育出版社，2017.

汪应洛．系统工程（第 6 版）．北京：机械工业出版社，2024.

附录三　汪应洛院士主要兼职

1984～1998 年，任中国系统工程学会副理事长。

1985～2002 年，任国务院学位委员会管理科学与工程学科评议组召集人。

1986～1997 年，任国家自然科学基金委员会管理学科评审组组长。

1982～1991 年，任长江三峡工程重大科学技术研究专家组专家。

1988～2023 年，任《管理工程学报》《工业工程》编委会主任委员。

1990～1998 年，任全国软科学指导委员会委员。

1991～2023 年，任陕西省决策咨询委员会委员兼工业组副组长。

1992～2001 年，任中国机械工程学会常务理事兼工业工程分会主任委员。

1994～2023 年，任美国 *Computer and Industrial Engineering*（《计算机与工业工程》）杂志国际编委。

1996～1998 年，任国务院学位委员会办公室工商管理硕士教学指导委员会顾问。

1997～2023 年，任机械工业部先进制造技术研究中心专家委员会委员，兼系统管理及综合集成研究室首席专家。

1997～2023 年，任西安交通大学管理学院名誉院长。

2003～2010 年，任《中国工程科学》杂志编委。

2009 年，任西安交通大学第一届学科建设规划与发展委员会委员。

2009 年，任《20 世纪中国知名科学家学术成就概览·管理学卷》编委。

2009～2023 年，任管理科学与工程学会顾问。

后　记

今年恰逢西安交通大学管理学院恢复建院 40 周年庆，《汪应洛传》修订再版工作启动，令人为之振奋。修订版的《汪应洛传》增添补充了汪应洛院士诸多新的教学科研成就资料，匡正了初版时的一些疏误，使管理学泰斗汪应洛院士的学术成果日臻完善。

汪应洛是我国管理学界的奠基人和开拓者之一。他是由苏联专家培养的新中国第一位管理学研究生；他在读研究生期间就写出新中国第一部管理学教科书《企业组织与计划》；他推动开创了中国管理工程学科，推动开创了中国管理学门类；他创建了新中国第一批管理学院之——西安交通大学管理学院；他是中国第一批管理博士生导师；他培养出了我国大陆（内地）第一位管理工程博士……一系列的"第一"，奠定了汪应洛在中国管理学界的崇高地位。

作为他的学生，为汪老师写传感到十分幸运和激动，但又感到诚惶诚恐。汪老师的人格、治学精神、学术成就让我高山仰止。吾辈才疏学浅，资历不深，难以完全吃透汪老师的学术思想，更难深入洞悉汪老师科研成果的现实意义和长远意义，即使悉心收集汪老师的历史资料、学术成果，也是挂一漏万。2015 年，在编著《汪应洛传》期间，中国工程院的领导和众多院士对《汪应洛传》的写作指明方向，西安交通大学的各位领导也给予了大力支持，在西安交通大学管理学院时任院长黄伟、党委书记孙卫，党委副书记尚玉钒等支持下，《汪应洛传》编辑委员会于 2015 年组成，抽调力量，调集资料，创造写作条件，使《汪应洛传》撰写工作得以顺利进行，基本按计划完成了《汪应洛传》初版的撰稿任务。

感谢西安交通大学老校长史维祥的大力支持，为写作《汪应洛传》提供了大量翔实宝贵的资料；感谢李怀祖教授、赵卓贤教授、郭干慈教授等的鼎力相助，感谢郭菊娥、王能民、李刚等老师的积极参与。贾峰菊老师为《汪应洛传》写作的采访、组稿等工作录像、摄影，留下了许多珍贵的音像资料。汪应洛院士的夫人张娴如教授、儿子汪时奇和女儿汪时华为写作提供了翔实的素材与诸多方便，我们才得以执笔顺利完成《汪应洛传》的写作任务。值得一提的是，西安交通大学校史和大学文化研究中心主任贾箭鸣老师、西安交通大学出版社编审房立民老师对《汪应洛传》的拟定工作给予了密切的关注和大力支持，他们的热情帮助让我们感激不尽。西安交通大学机械工程系毕业生高喜爱为《汪应洛传》部分采访录入电子文稿，并承担校对任务，表达了她对当年机械工程系副主任汪老师的感恩情怀。另外，西安交通大学的许夏陆、王鹏、池静宜、岳园园、邢晋等同学也参加了人物访谈和部分文本的转录工作，对他们的辛勤付出也表示感谢。

《汪应洛传》初版于 2016 年 4 月正式出版后，在广大读者中引起了强烈的反响，诸多媒体以《汪应洛传》中的史实为蓝本，对汪应洛院士的学术思想和科研成就进行了广泛的宣传，对促进我国管理科学的发展产生了积极的作用。时至今日，西安交通大学管理学院院长冯耕中、党委书记马晓彬等领导班子成员支持并组织《汪应洛传》修订再版，为管理学院恢复建院 40 周年增加了浓墨重彩的一笔。为此，我们采访收集了汪应洛院士晚年的工作和教学科研资料，对初版进行了补充和修正，使汪应洛院士的传记内容更加丰富多彩，史料价值和可读性更有所提升。感谢杨善林院士为本书作序，感谢陈晓田研究员、袁治平老师与梁磊老师为本书修订工作作的贡献。

由于时间仓促，加之水平有限，本书中难免有疏漏和不足之处，恳请各位专家和读者批评指正。

李志杰　吕绚丽

2024 年 5 月 30 日

作者简介

李志杰，生于 1943 年，陕西省岐山县人。1969 年毕业于西安交通大学电机工程系电机与电器制造专业，中共党员，主任记者。出版作品包括《汪应洛传》《孙继元临床实录》《钟兆琳传》《周锦水传》《周惠久传》《李志杰科普小品选集》《李志杰高喜爱文集》等。多次荣获陕西新闻奖和全国科普作品奖。2000 年被中共陕西省委和省政府授予"陕西省优秀新闻出版工作者"荣誉称号。系陕西省作家协会会员、西安市作家协会会员、中国科普作家协会会员、陕西省科普作家协会会员、陕西省书法家协会会员、陕西省秦腔艺术研究会名誉会长、西安交通人学校史与大学文化研究中心专家组成员。

吕绚丽，生于 1971 年，管理科学与工程博士。2003 年获西安交通大学工商管理硕士学位后留校担任汪应洛院士秘书，主要负责汪院士学术、科研、行政等工作，并兼任西安交通大学与香港理工大学共建知识管理研究中心副主任、管理学院院办副主任。现任西安交通大学管理学院党委秘书兼院办副主任、国家发展和改革委员会与西安交通大学共建改革试点探索与评估协同创新中心行政主任。2003 年至今，参与并承担汪应洛院士负责的国家重大咨询研究项目20 余项，如"制造强国——中国服务型制造业的发展战略研究""三峡工程论证及可行性研究结论的阶段性评估""中国智慧城市建设与推进战略"等。参与国家发展和改革委员会及地方政企委托研究项目 20 余项，如"国有企业改革发展方向及混改、并购、重组中防范国有资产流失问题""建立健全普惠养老服务体系重点问题""完善促进消费体制机制实施方案落实情况评估""基于可再生能源消纳责任权重的新能源打捆消纳比例"等研究；主持"陕西省《产业转移指导目录（2012 年本）》修订意见"项目研究；参编著作 4 部：《工程哲学》《工程方法论》《工程知识论》《工程演化论》；参编教材 2 部：《工程管理概论》、《系统工程》（第 6 版）；发表中英文学术论文 10 余篇。获陕西省第十五次哲学社会科学优秀成果奖二等奖，陕西省决策咨询委员会咨询课题"咨询创新奖" 2 项。参与撰写政策建议 30 余篇获国家及省部级批示；荣获西安交通大学校级"优秀共产党员"、"优秀党务工作者"等荣誉称号。